野人

教出好女兒

Raising Grils

培養快樂、優秀、氣質女孩的教養經典

適合0~18歲

暢銷紀念版

【三版】

上千個親子輔導經驗、200萬冊暢銷作家
中國十大最具影響力教養作家
雲曉—著

推薦

一堂每個父母必須補修的學分

曾有些朋友跟我吐苦水：「同樣都是自己生的孩子，為什麼女兒好乖巧好貼心，可是兒子就像是個精力過剩的野蠻人呢？」

也有朋友會很挫折：「奇怪，我的兒子很獨立，不必大人操心，女兒卻很黏人，情緒又起伏不定，好傷腦筋耶！」

的確，男孩與女孩很不一樣。雖然這二十多年的女權運動讓兩性平權已成為普世價值，我們一直力求在社會制度上弭平兩性差異，包括從幼稚園起，到小學、國中，男女合班已經成為主流做法，可是一旦人為刻意忽視男女的差異之後，反而衍生出非常多的問題，因為性別差異真的存在，從大腦的結構與發展開始，男女生的大腦在生物基礎上根本就不同，因此了解男女之間的差異，對於男生與女生採取不同的對待方式，其實是必要的。所謂男女平權應該針對機會的平等與同工同酬的平等，而不是忽略男女生天生的不一樣。

《教出好女兒》這本書，作者用非常生動且具體的例子，條理分明的跟我們分享遇到什麼狀況可以如何處理，我認為這是每個有女兒的爸爸必須補修的學分，甚至連身為女生的媽媽也需要藉由閱讀本書的過程來反省一下，因為大人是善忘的，正如《小王子》的作者曾說的：「每個大人都曾經是個孩子，但是他們卻都忘記了！」

甚至因為這本書還提供了很多如何引導孩子學習的方法，所以連家裡只有男孩的父母，其實也應該要參考一下，協助孩子面對成長過程的挑戰。

——李偉文（牙醫師、作家、環保志工）

推薦

堅持用嚴謹的愛來愛孩子！

做為兩個女兒的母親，在這養育的十二年光陰裡，毋寧可以說是挫折的淚水與喜悅的笑靨中、層層又疊疊的，都說女娃們是貼心甜蜜的天使，但其實我的實戰經驗是，不同的女娃兒，也會有不同面向的叛逆與調皮！教出好女兒，可一點也不比教出好兒子容易啊！

這本書裡，分析了許多小女孩在大腦生理方面的科學研究數據，作者並提出了可因應的教養概念與模式，我尤其對於他所強調的「嚴與愛結合，最能樹立真正的威信」更是心有同感，在這物質條件幾乎舒適得要荒唐的教養年代，我曾經提筆寫下〈愛而嚴謹〉的文章來述說，我所給予小女孩們的教養係建立在紀律的常規與信任的權威之上，要愛孩子，要用嚴謹的方式來愛我的女兒們，這一點我始終是不渝的。

這是一本頗實用的工具書，倘若期望自己的女兒們，日後可以長成一位大方、有氣度、有氣質、聰敏懂事的女性，書中有許多提醒和論點頗值參考，謹此誠心推薦給為教出好女兒而勉力學習的父母親們。

——番紅花（親子教養作家）

推薦

能養能教才能教出好女兒

我不是一個喜歡談兒女經的人，但是，談起我家三個女兒，做為一個三個女兒的爸爸，總是不免露出一抹滿意的微笑。

內人對於沒生個兒子，可能有些「內疚」，曾經私下問我：「我們都沒有兒子，你會不會有些遺憾？」我的回答很簡單，很乾脆，就是「一點都沒有過，三個女兒都這麼好，這一生很滿足了，別人還羨慕我們呢！」

三個女兒各差八歲，老大大學畢業，老二高三，老三小四，三個女兒感情很好，都愛讀書，懂得自我學習。老大酷愛語文，兼及外語，出國前為了照顧爺爺，自願延後留學；老二在爺爺臨終前大學學測，每天一邊讀書一邊協助餵食爺爺，無怨無悔；老三活潑乖巧，喜愛畫畫，要送她去學畫，她會忙著說：不要不要，我自己學就行了。三個女兒從來都不喜歡花我們的錢，連學費都要自己賺，這種獨立自主的精神，帳務清楚的態度，或是節儉的習慣，都不是我們教她的。

三個女兒從小不夜哭，鄰居都不知道我家有嬰兒，直到一兩歲了，帶出門，被看到這麼可愛的小孩才說：你家小孩呀！怎麼都沒聽過哭聲？我才想起別人家的小孩都會夜裡嚎啕大哭，我們家的小孩真的沒有過。別家的小孩上學難免有些吵架爭端，我們家三個女兒不會欺負人，也不會有人欺負她們。我問過她們，班上有沒有會欺負人的同學，會不會也欺負妳？她們說：有這種人，但是他們不敢欺負我，甚至他們在欺負同學，看到我來了，就不敢再欺負了。被欺負的同學，也知道那些欺負人的同學，在我面前就不敢使壞，都會跑來找我。

這是為什麼？我們討論過後，歸納出來的原因是：邪不勝正呀！做人要有原則！我的眼睛會責備他們呀！他們知道我不喜歡吧！他們知道這樣不對，會怕我生氣呀！就像小偷怕警察，壞人也一定會怕好人的。

我的歸納是教養，一個有教養的人是受人敬重的。教養，是一個人懂得自我約束，心存善良，尊重別人。所以，一個孩子來自有教養的家庭，他會有高尚的品德，脫俗的氣質，那是一種陶冶，一種素質。我們為人父母的，能生能養是一回事，能養能教才是最重要的事。

這本書，以科學的數據和文化的論述，具體而可行，讓我們能教出好女兒，這是社會責任，也是一種生命的完成，為人父母的不能不讀，讀了還要付諸行動，工作事業或可一生無成，養兒育女卻不容一點失敗。

——陳木城（作家，退休校長，中華民國兒童文學學會第九屆理事長、海峽兩岸兒童文學研究會常務理事、野菜學校創辦人）

目錄

給父母的建議
管教女孩，父母要樹立威信
嚴與愛並用最能樹立真正的威信，讓女孩既敬又愛！
／父母要同一陣線，教育態度一致
／以身作則是建立威信的關鍵／少而精的管教更有效！

給父母的建議
女孩需要父母的肯定與鼓勵
／千萬不要否定女兒的成績／父母要學會做喝采的觀眾
／告訴女孩「下次會做得更好！」

給父母的建議
表揚女兒的技巧
／表揚要真誠，要發自內心，幫助孩子看到自己的優點
／表揚女孩的行為，而非她本身
／表揚要具體，孩子才知道自己做對了什麼！
／藉由偶像之口表揚，女兒會做得更好！

給父母的建議
批評女兒的藝術
／用愛感化女兒／用「沉默」代替懲罰／對女孩要賞罰分明
／增加身體接觸／批評的同時，不忘發現她的優點，女孩更容易接受

給父母的建議
給予尊重，讓女孩快樂成長
／多商量、引導，少命令、訓斥／尊重孩子但不遷就孩子

給父母的建議
尊重並培養女孩的多種興趣愛好
／尊重並支持女孩的興趣愛好／女兒遇到困難時，就是給予協助的最佳時機

／引導女兒從正向、逆向、橫向等不同角度思考
／多提出開放性問題，女孩才會開放性思考
／多玩思考遊戲，提高女孩對邏輯推理的興趣

逆向思考能力：突破舊方法的束縛，產生新的觀念

／運用生活實例培養逆向思考能力／玩遊戲培養逆向思考能力

動手實做能力：擁有靈巧的雙手代表擁有發育良好的大腦

／讓女孩做些能力所及的家務／引導女孩自己動手解決問題

時間管理能力：掌控時間和生活，提高學習效率

／作息更有規律／有效利用黃金時間／充分利用每一分鐘
／定期檢查時間運用，才會知道是否浪費時間

理財能力：養成節儉的習慣，掌握幸福的重要關鍵

／帶女孩一同「消費」，才知道錢怎麼花？怎麼來？
／引導女孩「正確消費」／從小培養女孩的儲蓄意識
／和女兒一起儲存「教育基金」

人際相處能力：決定孩子的心情以及做事的積極性

給父母的建議

如何培養孩子與人交往的能力

／會分享的女孩既快樂又受別人喜愛／潛移默化中教導女孩基本的交往技能
／讓拘謹、膽小的女孩多與陌生人往來／教導女孩體諒他人，而不是只會考慮自己

應變能力：面對任何突發狀況都能從容以對

／給孩子出難題，鍛鍊生活應變能力／玩遊戲鍛鍊孩子的反應能力

別讓女孩變成驕縱蠻橫的小公主

／別讓女孩產生無謂的優越感／絕不遷就不理智的行為

讓女孩不靦腆、不害羞，大方不忸怩

／錯誤1：給孩子貼上「害羞標籤」，孩子就真的害羞一輩子
／錯誤2：不鼓勵反指責，讓孩子自信心受打擊
／當個受歡迎的客人與盡職的主人／提高孩子的自我評價／讓女兒擁有自信

提醒女孩與其重視外表，更要提升內在

／不要讓衰老聽起來像咒語／真正的自信並非來自於外表
／給女兒一面新的鏡子／讓女兒為自己的外表感到自豪
／建立正確的審美觀／讓女兒體驗「創造美麗」的樂趣

教導女孩愛乾淨整潔、講求衛生

／錯誤1：規矩很多，但卻不嚴格執行／錯誤2：要求很多，但卻不教孩子方法
／堅持原則，讓女孩知道規則不能打破／藉助醫生的口
／學會物歸原位，以及疊衣服

建立公德心，對環境多一份愛

／父母要做好榜樣／教導公德心的準則／經常和孩子討論發生在身邊的真實事例

有禮貌的女孩一生受人歡迎

／在家中提高使用「敬語」的頻率
／引導孩子體會禮貌，而非強制執行禮貌／讓孩子學會互換角色

鍛鍊身體，訓練良好的體能

／藉由體育活動訓練毅力／藉由體育活動培養求勝心／藉由體育活動增進親子感情

進入青春期，女孩不像小時候優秀？

／別苛求女兒，父母別表現出著急的焦慮／父母的鼓勵是女孩努力的助力

改掉各種壞毛病，建立良好的學習習慣

／培養專注、全心投入的好習慣／培養細心的好習慣／培養認真思考的好習慣

讓女兒學會獨自學習，為自己的事情負責

／向孩子「示弱」／讓女兒學會獨自學習

提高女孩的學習能力，積極探索新事物

／提升學習的欲望

不苛求不放縱，理智對待女孩的學習成績

／對於成績不好的女孩，多關注健康和快樂／對於成績好的女孩，少驕縱

提高執行力，制定並確實執行學習計畫

／該如何讓女孩持續執行計畫？

讓女孩學會預習：掌握學習內容

／讓女兒對預習感興趣／預習時不懂是正常的！只需先標記出來！

／預習、寫作業、複習，該怎麼安排？

讓女孩學會複習：保持優異成績

／讓女兒了解「遺忘曲線」，掌握最佳記憶時間

／選用恰當的複習方法／注意運用複習的技巧

讓數學不再是女孩的「痛」

第一章

教出好女兒
從了解她們開始

從媽媽受孕的那一刻起，決定性別的那條染色體就已經決定了孩子未來的宏偉藍圖。更具體地說，是染色體所含的荷爾蒙不同，造就了女孩與男孩的差異。這也是女孩安靜、合作、喜歡一切美好的事物，男孩坐不住、愛搗亂、喜歡冒險的原因。父母必須了解女孩的成長規律，在不同的成長階段，採取不同的教育方式。

男女大不同——荷爾蒙決定兩性差異

討論女孩與男孩的差異前，我們先來看看這位母親的感想：

「在我成為母親前，曾認為男女孩的差異是由社會和父母教育造成的，這些外在因素促使女孩具有女性氣質、男孩具有男性氣質。但是當我生了女兒後，開始懷疑自己的觀點。因為女兒不到兩歲就會抱怨她的小襪子沒有花，然而我從不曾告訴她有花的襪子比較漂亮。

兒子出生後，我的觀點更是被徹底推翻。一開始，我堅信自己採取的教育方式可以讓他與眾不同，不會像其他的男孩一樣調皮、愛冒險，因此我不買手槍玩具、不讓他看有暴力鏡頭的節目，然而他還是喜歡一些打鬥遊戲，把香蕉當成手槍、把吹風機當成衝鋒槍……我沒有教他們怎麼當個女孩和男孩，這些表現顯然都是他們的天性。」

事實正是如此，從媽媽受孕的那一刻起，決定性別的那條染色體就已經決定了孩子未來的宏偉藍圖。更具體地說，是染色體所含的荷爾蒙不同，造就了女孩與男孩的差異。這也是女孩安靜、合作、喜歡一切美好的事物，男孩坐不住、愛搗亂、喜歡冒險的原因。

女性荷爾蒙決定女孩的天生特質

與男孩相比，女孩似乎來自另一個星球。男孩天生就是個「小冒險王」，他們崇拜英雄、喜歡競爭。

那麼，女孩的天性是什麼呢？針對這個問題，唐和吉妮·艾利溫（Don and Jeanne Elium）在《養育女兒》（*Raising a Daughter*）書中提出了明確的解答：**女孩更注重人與人之間的關係。**

每當女孩接觸一個新的領域或環境時，她們最關心的是：

「我們之間有關係嗎？」

「我們之間關係的本質是什麼？」

「在這種關係中，我處於何種地位？」

「要維持彼此關係的聯繫，我應該做些什麼？」

對女孩來說，自我意識的提升來自於情感的滿足以及人際關係的品質。

她們腦袋裡總是想著：

「今天很高興，因為媽媽誇我懂事還擁抱了我。」

「爸爸今天好像對我的表現不滿意。」

「怎樣才能讓老師喜歡我呢？」

「班上的同學喜歡我嗎？」

「怎樣才能交到更多知心朋友呢？」

決定男孩冒險、競爭等天性的是體內的男性荷爾蒙睪固酮（testosterone），女孩的天性也是由體內的女性荷爾蒙決定的。

從媽媽受孕那一刻起，女性染色體基因便被女性荷爾蒙啟動，這些荷爾蒙在女孩出生前就決定了她們細心、安靜、敏感、溫柔等天性，同時也更注重人與人之間的關係。

舉例來說，雌激素（oestrogen）控制女孩情緒的穩定、思考的過程、做事的動機、愛好、焦慮，以及如何處理外來的壓力和性衝動。當雌激素活動不穩定，就會使情緒產生波動；如果雌激素過低，女孩就會感到孤獨、生氣、易怒、悲傷、失望、缺乏自尊，這也是女孩比較敏感的

從媽媽受孕的那一刻起，染色體所含的**荷爾蒙**不同，造就了女孩與男孩的差異。

原因。此外，黃體素（progestogen）使女孩比較喜歡小孩子和小動物，催產素（oxytocin）則使女孩產生更多的「憐憫之情」，也就是「母性的本能」。

女孩體內也有睪固酮，但是只有男孩的二十分之一，因此女孩較不具攻擊性。雖然女性荷爾蒙使得女孩溫柔、有強烈的同情心、會體諒和關心他人，使她們不像男孩那樣富有攻擊性、冒險性和控制欲，而是更具預測力、穩定性、謹慎細心、從容，但這也造就天生就變化無常的情緒。

男孩與女孩的大腦發展差異

女孩和男孩的不同不僅於此，由於大腦的細微差距以及大腦中某個部位的發育先後順序及程度不同，也造就了女孩與男孩的差異。

女孩的各種知覺比男孩更敏感

女孩對噪音的反應較強烈，同一個聲音在女孩聽來比男孩聽到的響亮兩倍；在觸覺方面，最不敏感的女孩也比最敏感的男孩得分高；女孩的視覺記憶比較好，在黑暗中看得比男孩清楚；女孩的味覺和嗅覺也比男孩敏感，因為女孩有較多味蕾，更容易受到氣味的吸引。

正因如此，女孩比較擅長發揮聽覺、視覺、觸覺、味覺和嗅覺等，捕捉那些微妙的、不容易被人察覺的資訊以及更具體的細節，以建立自己的直覺系統。

女孩與男孩的表達和行動方式不同

女孩對人更感興趣，在搖籃裡就表現出喜歡與人交流的傾向。先交流後行動是女孩習慣的方式，這個傾向來自於她們的語言能力。

由於女孩大腦左半球神經末稍的發育早於男孩（女孩的語言大腦組織位於左半腦前區，男孩則分布在左半腦的前區和後區），所以她們較早學會說話、書寫、造句，擁有良好的語言推理能力，並且很少出現閱讀問題，一上學就表現出男孩不具備的優勢。

女孩的空間感和抽象思維能力不如男孩

女孩缺乏空間能力（例如改變物體形狀，選擇正確路徑），美國做過一項測試，讓男孩、女孩把不同的火星塞和瓶塞分別插到對應的內燃機、瓶子上，結果男孩的成績遠超過女孩。

這或許可以解釋女孩較弱的抽象思維能力使得她們在數理方面的學習比男孩困難。當數學不再只是四則運算、必須運用抽象的概念和理論時，女孩的語言能力便派不上用場了。

建議家長讓女孩多玩立體積木和遊戲，以增強空間能力。（參見第126頁）

給父母的建議

讓女孩原本優異的天賦盡情地發揮

當女孩還小的時候，往往展現許多出色的天賦，例如：

同齡的小男孩還說不出一句完整的話時，小女孩已經可以跟人聊天了；

雖然女性荷爾蒙使得女孩溫柔、
有強烈的同情心、會體諒和關心他人，
但這也造就天生就**變化無常的情緒**。

同齡的小男孩們還熱中於玩變形金剛和玩具槍時，小女孩已經能歌善舞了；同齡的小男孩常常因為一點小事而打架時，小女孩已經充當起人際關係的調解者……

每個女孩都有與眾不同的天賦，在父母正確的引導下，就能獲得良好的發展。

發揮語言的天賦

由於大腦結構的優勢，女孩通常比男孩更早、更流利地使用語言，男孩通常要到四歲半才能清楚表達，而女孩三歲時就能做到了。

到了十六歲時，女性聯繫大腦左右半球的神經纖維「胼胝體」比男性大了四分之一，促使左右腦有更多的交流，更容易用語言表達情感。女孩大腦內負責語言和寫作的區域也較活躍，所以能使用更多詞彙，寫作也更生動細膩。

正由於女孩具有語言天賦，父母必須鼓勵她們說出自己的感受和體驗、表達自己的觀點。特別是在青春期初期，更要保護女孩不被過度的自尊打敗，克服自卑的情緒，因為父母的鼓勵決定了女孩是否敢於發揮自己的語言天賦。（參見第112頁）

一位女孩曾這樣自豪地說：「有次數學課，我用一種簡單的方法解出一道複雜的題目，但是老師並不認同我的做法。當我把這件事情告訴爸爸時，他對我說：『女兒，妳是對的！』後來，我成長過程經常遇到類似情況，但是爸爸那次的鼓勵給了我繼續說下去的勇氣！」

發揮巧手的天賦

當男孩們字還寫不好時，女孩手部的小肌肉群已經靈活協調地發展，使她們能夠充分開發利用「手」的功能。當女孩畫出第一幅畫，縫製第一件服裝，寫出第一個毛筆字，家長要懂得欣賞，給予適當的褒獎。

當然因為年紀小，女孩做得還不盡人意，有些家長也會擔心女孩被針扎到，或者因為她們在牆上、地上畫畫而大發雷霆。然而，如果只看消極的一面，卻沒有注意到女孩所展現的才華，就會在無形之中扼殺了她們的藝術天分。

建議不妨多製造一些機會，讓女孩盡情施展創造力和想像力，例如可以準備一些大紙鋪在地上或放在桌上，讓孩子盡情塗鴉；或是準備一個籃子，放一些布頭或毛線，讓孩子享受縫紉的樂趣。在孩子創造的過程中可以給予適當的指導，例如如何小心使用針線……（參見第133頁）

發揮社交的天賦

女孩把世界看成一種關係，她們傾向於關係式的生活方式。由於天生喜歡語言、社交和與人交流，又能促使相關技能發展得更好。（參見第142頁）

如果父母對這種關係式的生活方式表示認可和贊同，女孩就更容易開發並利用這種潛能，為自己和他人服務。有一位媽媽曾這樣說過：

「女兒小時候是社區裡的孩子王，喜歡帶著一幫孩子玩，孩子們發生糾紛也總來找她解決。有一次鄰居家的兩個小男孩起了爭執，他們年紀並不比女兒小，結果在她協調之下幾個孩子很快就和好，繼續愉快地玩耍。

我的女兒顯然具有交際的天賦，於是我讓她接觸更多人、試著招待客人，刻意把這天賦引發出來。現在，女兒自己經營了一家企業，還有一個幸福美滿的家庭。」

由於女孩具有語言天賦，父母必須鼓勵她們說出自己的感受和體驗、**表達自己的觀點**。

別因為一句批評的話，扼殺女孩的自信心！

但實際生活中，我們又是怎樣看待自己的女兒呢？

女孩唱歌走音了，媽媽馬上糾正，並且還說：「別再折磨我們的耳朵了！」

女孩把剛從幼稚園學到的舞蹈跳給爸爸看，爸爸看完後笑得肚子都痛了，最後給了女兒一句評價：「寶貝，妳跳得舞蹈好奇怪呀！」

女孩拿出自己畫的第一幅畫對媽媽說：「媽媽，妳看這是我畫的番茄。」媽媽馬上笑了，說：「寶貝，這怎麼是番茄呢？番茄是圓的。」

對於敏感的女孩來說，消極、否定的批評聲音對她的危害更大。

也許就是因為媽媽說了她一句「妳唱歌真難聽」，她就會從此拒絕唱歌；也許正是因為爸爸說她跳舞奇怪，她從此再也不肯碰那雙舞鞋；也許正是因為別人嘲笑她畫的番茄什麼都不像，從此她便會放棄當畫家的夢想。

身為她們最親近的人，我們都這樣對待她們的作品，這對她們的心理將會造成很大的傷害、會嚴重地打擊她們積極向上的動力、阻撓她們沿著天賦的道路繼續往前走的腳步。

因此，父母一旦發現女孩的天賦，就要積極地引導，讓那些天賦成為她終身的財富。

給父母的建議

根據女孩大腦發展，按部就班培養語言、記憶及藝術能力

了解女孩與男孩的差異及原因後，就能根據女孩大腦發展，積極培養女孩的三大能力。

五歲之前：女孩大腦發育最快，激發語言能力

五歲時，女孩的大腦已經成形了。大家常說：「如果在五歲前沒有把孩子教好，那麼以後再怎樣教都無濟於事。」「在五歲前要教會她應該學會的知識，否則長大後她會比別的孩子落後。」這些話雖然不一定正確，但女孩五歲之前的教育確實很重要。

因為**五歲前是女孩大腦發育最關鍵的時期，也是大腦發育最快的時期**，因此父母除了要教會女孩所應學會的技能，如說話、控制自己的情緒外，還要讓她遠離危險的、有害的資訊。

另外，女孩在五歲前已經開始展現語言天賦，父母除了要教會女孩說話外，還要引導她發揮這個天賦，例如講故事給她聽並鼓勵她複述等，以提高語言表達能力。（參見第112頁）

八歲左右：女孩海馬迴活躍，培養記憶力

八歲左右，女孩大腦裡主管記憶的海馬迴（hippocampus）開始活躍起來。在這個時期，女孩的海馬迴比男孩大，更重要的是，女性海馬迴的神經元數量和神經傳遞速度也超過男性。所以**與同齡的男孩相比，女孩天生就有記憶力好的優勢。**（參見第119頁）

有人曾經做過實驗，讓一組八歲的男孩和一組八歲的女孩完成三件事，包括整理房間、倒垃圾、擦桌子。男孩通常需要父母多次提醒才能完成，女孩們則比較不需要提醒，而這主要歸功於海馬迴。

父母可以針對這個特點，引導女孩發揮記憶力天賦，如背誦古詩詞、玩記憶力遊戲等。

對於敏感的女孩來說，
消極、否定的批評聲音對她的危害更大。

十到十二歲：女孩額葉發展快速，開發藝術能力

十到十二歲，女孩大腦中控制思維、想像、語言創造能力的額葉發展快速，對於女孩的一生來說是一個關鍵期。

十二歲之後，經常使用的大腦區域會有更多的神經傳遞，較少使用的大腦區域則沒有，至於那些沒有使用的區域，大腦會自行去除多餘的組織。

也就是說，十到十二歲時經歷的關係、親情、體育、美術和音樂活動以及學到的理論知識很有可能在往後的生活中「保持」或至少「重現」，這和女孩的大腦在這段時期內迅速發育有很大的關係。因此，如果她們在這個階段沒有經歷過某些事情，往後也很難做好。

舉例來說，如果你的女兒在十一歲時彈過鋼琴，即使日後沒有成為偉大的鋼琴家，至少能夠保持樂感；如果她在十二歲時讀過很多書，那麼可能一生都喜歡讀書；如果她十歲時生活穩定，以後就比較有安全感。

也許有父母會問：「如果女兒十到十二歲時沒有學畫畫，十六歲時卻突然想學，是否一定學不好？」答案雖然不是肯定的，但十六歲時才學畫對女孩來說會是很困難的一件事。有一位舞蹈老師表示：「在十歲左右沒有接觸過舞蹈的孩子，等到過了十二歲，連學習一個很簡單的舞步都很困難。」

因此，想要發展女孩藝術能力的父母千萬不要錯過十到十二歲這個黃金時期。

第二章

女孩成長三階段

女孩從出生到七歲，主要是身體發育，她將學會走路、說話、思考，為日後的智力發展奠定基礎；八到十二歲是黃金學習時期，容易學會新技術、吸收新觀點，迫切地想和世界建立聯繫；十三到十八歲進入青春期，原本活潑開朗突然變得喜怒無常，既脆弱又敏感，既有強烈自尊又常因小事就覺得受傷害，容易受到外界的影響。對父母、對女孩自己來說，都是一段難挨的時光——小公主能不能順利度過陣痛期，成為快樂、自信的現代女性？

從出生到七歲——主要的成長任務是身體的發育

從出生到七歲這段時間，女孩的成長主要是身體的發育。

在這個階段，女孩將學會走路、說話、思考，為日後的智力發展奠定基礎。由於出色的語言和記憶天賦，女孩確實表現得比男孩優秀，但正因如此父母更容易在教養上犯錯。

最容易犯的第一個錯誤：

為了讓女兒贏在起跑點，不惜重金報名才藝班，訓練孩子的閱讀能力、思維能力……

然而這個做法有違女孩的成長規律，一位美國兒童心理學家研究表示，孩子在十到十一歲時才擁有理性的思維，如果在能力還沒有達到就強迫他們理解事物，只會加重孩子的負擔。因為這階段女孩的注意力集中在身體的發育上，而並非思維的發展、智力的提升。所以，如果父母試圖讓七歲以下的小女孩加速發展思維能力，只會令她今後對自己失去信心。

為什麼這麼說呢？我們都知道，女孩很注重人與人之間的關係，所以往往為了博得父母的喜歡而努力學習和練習，例如背詩歌給父母聽、為客人表演舞蹈……

但是，並非所有女孩都是學習天才。當她們長大後，很可能不像小時候容易取得好成績以博得父母的喜愛。一旦小時候與長大後的落差過大，脆弱的女孩就會感到沮喪，進而失去自信心。這也是很多女孩小時候性格開朗、伶俐，長大後個性變得內向、自卑的最主要原因。

最容易犯的第二個錯誤：試圖用講道理的方式贏得女孩的合作。

試圖讓三、四歲的小女孩接受我們所講的大道理或是聽從我們的告誡，是違背成長規律的做法，因為一個剛學會說話的小女孩無法理解這些道理。

三歲孩子的思維與九歲孩子的思維大不相同，與大人的思維更是相去甚遠，所以當一個三歲的小女孩做錯事時，父母用講道理的方法並不能改變她的行為。

那麼，我們應該怎樣對待這個階段的孩子所犯的錯呢？一位很有經驗的媽媽說：

「以前，我每天必須一直提醒女兒玩完黏土後要把它裝到盒子裡，不然黏土乾了就不能玩了，但我發現她總是忘記。後來我才意識到這些大道理對她完全不管用，於是每次都會親自幫她把黏土放好，示範了幾次後，我發現她就開始模仿我的動作把黏土放好了。」

對於七歲以下的小女孩，父母不能指望她們像大人一樣用邏輯思維理解問題，或是朝著一個目標有步驟地執行計畫，所以父母必須用行動告訴她們怎樣做。

當然，對於一些必須避免的行為，如自己到馬路上玩，或是吃掉到地上的食物等，父母仍然要給予明確的規範並重複提醒：「不！不能自己過馬路。」「不能吃掉到地上的髒東西。」

唯有這樣，她才能理解父母所說的話是真的，才真正意識到這種行為是不被允許的。

這些行為只有等到小女孩換牙，也就是七歲之後，才不需要父母提醒並重複了。

給父母的建議

適時幫女兒做決定，並同理她的情緒！

面對這個階段的小女孩，父母們還需要了解以下幾點知識和技巧：

試圖讓三、四歲的小女孩接受我們所講的大道理
或是聽從我們的告誡，
是**違背成長規律**的做法。

女孩還沒準備好，需要父母為她做決定

在這個階段，女孩會喜歡很多東西，例如漂亮的頭飾、不同款式的衣服、大大小小的洋娃娃……但是父母不能為她們提供過多的選擇，因為選擇太多，反而會讓她感到無所適從。

例如，如果媽媽問女孩：「妳晚飯想吃什麼？」這個問題對於還在進行形象思維的孩子來說太難了，她們往往不知道該怎樣回答。

但如果媽媽這樣問：「寶貝，妳晚飯想吃水餃還是炒飯？」女孩就能很快做出決定。

有些父母認為，給女孩很多選項、讓她自己做出選擇，是很好的教育方式。但是，一旦為女孩提供的選擇範圍過於抽象而廣泛，她們就會因不能理性思考而對這些選擇感到困惑。

其實，在女孩七歲前，許多事情必須由成人做主，這一點正好與男孩的教育相反。例如吃什麼水果、什麼時候刷牙、什麼時候睡覺等等，必須由父母為女孩安排好。

例如：「妳想去莉莉家玩嗎？」這種問題是小女孩無法自己決定的。

父母必須根據女兒平時是否喜歡和莉莉玩之類的線索來判斷，如果她確實喜歡，就可以主動建議：「妳可以去找莉莉玩一會兒呀！」這樣女兒就會高高興興地去找同伴玩了。

很多父母會認為這樣養育女孩有點「專制」、不尊重女兒真實的想法，然而我們前面已經說過，如果還沒有理性思考的能力，小女孩更喜歡父母替她做決定。

只要父母在做決定時態度溫和而堅決，更能容易贏得女兒的合作，也能使她有安全感，因為她知道父母在為她負責。

當然，七歲之後當她有了理性思考的能力，就不再需要父母為她做決定了。

不要讓小女孩過早進入成人世界

有一位母親曾說：「我和先生離婚後，女兒和她父親生活了兩年。最近我發現，六歲的女兒現在變得像個小妻子，會向我訴說爸爸的工作、爸爸的生活、爸爸對金錢的憂慮以及一切她爸爸過去跟我講的事情。

我覺得這對她的成長不利，於是和女兒在一起的時候，我會努力使她感覺輕鬆，例如和她玩家家酒、捉迷藏、扮鬼臉等，但女兒卻已經不喜歡這些了，而是喜歡和我像大人一樣聊天，詢問我現在的狀況等。我覺得這對她太不公平了。」

對於只有六歲的小女孩來說，這的確是很殘忍的事情。年紀小小就被拉到成人的世界裡、感受成人的壓力，不但不利於成長，甚至還會由於心理不堪重負而扭曲。

當然，這是一個特殊案例，這個小女孩生活在一個離異的家庭。但即使在一個正常的家庭裡，父母也要遵循女孩的成長規律，不要過早把女孩拉進成人世界。

怎樣才能避免女孩受到成人生活中的煩惱和憂慮的影響呢？

首先，不能把她看作大人來開玩笑，例如：「妳長大後打算找什麼樣的男朋友呀？」或者期望她們的行為像大人一樣，這些都會使這個階段的女孩感到困惑或不知所措。

其次，當她做出符合這個年紀的事情時，父母應該表揚，使她不會被成人世界吸引。

尊重女孩的情緒

女孩在嬰兒時期常常用哭來表達感情上或身體上的痛苦，例如尿布濕了、覺得餓了、冷了或是孤單了，女孩都會哭。這時父母總會耐心尋找原因，直到嬰兒不哭不鬧為止。

女孩七歲前，許多事情必須**由成人做主**，
這一點正好與男孩的教育相反。

當女孩會說話後，哭鬧的原因也變得複雜，有時是因為需要父母的關注、有時是覺得父母不再愛她、有時可能因為與同伴之間發生誤會等……

然而此時的父母開始期望女孩懂事而否認她的情緒，經常對孩子說：

「妳一定是裝的！」

「沒事的，打針一點都不痛！」

在情緒受到否定後，女孩會變得不再喜歡與父母合作，有時甚至會像小男孩那樣和父母發生衝突……

於是父母開始疑惑：「我們的女兒為什麼愈來愈不聽話呢？」

其實，並不是女孩愈來愈不聽話，而是她們長大了，有了自我意識，當她們的感覺、情緒遭受否定後，就會不高興、不開心。

所以，**想要讓女孩聽話，就要學會尊重她們的自我意識、尊重她們的情緒**。

舉例來說：

當一個四歲的小女孩對爸爸說：「爸爸，我不想看醫生。」

如果爸爸回答：「我知道，去看醫生，醫生就有可能幫妳打針，妳很怕打針是嗎？」

女孩就能表達真實的想法：「嗯，我不想打針，打針很痛。」

此時，爸爸只要說：「我知道打針很痛，我小時候也這樣認為，不過妳不用怕，爸爸會一直陪著妳。」女孩就會乖乖去看醫生了。

與男孩相比，女孩敏感得多，因此當感覺和情緒被父母否定後，反應就會比男孩更強烈。

因此，認同她的感覺和情緒，往往可以促使女孩更樂意與父母合作。

八到十二歲——黃金學習時期

八到十二歲的女孩開始走出夢幻般的世界，會驚喜地發現自己是獨立存在的個體。這個時期，她的大腦額葉生長速度幾乎和嬰兒期一樣快，促使她更容易學會新技術、吸收新觀點、掌握新的能力去思考、爭論。

這時女孩不再害怕分離和孤獨，而是迫切地想和這個世界建立聯繫。就像前面已經提過的，這是女孩的黃金學習時期，所有的事情都很新鮮，精采的世界在召喚著她，它們將在女孩今後的人生中留下深刻的印記。

這一時期女孩所經歷的關係、親情、體育、美術和音樂活動以及一些理論知識將帶往未來的生活，而這個時期沒有學過、沒有經歷過的事情，以後很有可能做不好。

這一階段的女孩往往會表現出以下幾種特點：

不再全面相信父母，開始學習思考建立自信

對父母來說，八歲前的女孩很容易管教，因為她們不問所以、絕對相信父母的智慧和權威。但八歲後，女孩不再相信父母總是對的，開始懷疑父母的見解和意見，有時甚至懷疑老師的答案、懷疑一切她們所接觸到但不了解的事情。而這一切也讓女孩展現出前所未有的自信。

開始體會到善惡

這個階段的女孩會開始認真問父母這些問題：「邪惡從哪裡來？」「世界上為什麼會有邪

八到十二歲的女孩不再害怕分離和孤獨，
而是迫切地想和這個世界**建立聯繫**。

惡？」儘管父母努力避免女孩接觸邪惡，但她仍然可以從同學的口中、外部的世界發現邪惡。不過這並不值得擔心，只要在正確的教育環境裡生活，反而會促使正確道德觀的形成。

能夠進行理性思考、理解因果關係

她開始理解因果關係，以及自己在事件中所扮演的角色，也開始學會「討價還價」了。

「媽媽，我現在想玩，功課等到明天早上再做好嗎？」

「媽媽，如果我這週末幫忙多煮一次飯，下週末就可以不煮飯，就可以去奶奶家玩。」

人際關係變得複雜，在分分合合中建立同性友誼

在這一階段，女孩會更注重人際交往，尤其是與同齡女孩的交往。當然，女生的天性也會在此時顯露出來——她們會兩兩組成「最好的朋友」，絕不允許第三個女孩的介入，讓那些試圖加入者感到被排斥和不愉快。

此時的女孩重視的是她最好的朋友，當然「最好的朋友」也不斷改變。父母們別試圖告訴女兒「要重視友誼」之類的大道理，因為她們的友誼就是在分分合合中形成的。

給父母的建議

鼓勵女兒養成好習慣，學會認同並保護自己

儘管八到十二歲女孩的生活充滿了活力和熱情，但是處於這個充滿誘惑的時代，女孩也會

感受到緊張和壓力。唯有在父母的正確引導下，她們才能健康成長。

女孩想長大又想依賴的矛盾期，最需要父母的寬容和鼓勵

八到十二歲的女孩常常會犯一些錯誤，例如她們不願做家事，說謊，否認自己的錯誤，與父母頂嘴，用哭來向父母示威，變得固執、難以對付……這個階段的女孩已經明白自己的責任了，知道自己該做什麼、不該做什麼。在大多數情況下，她們會履行自己的責任，但時常也會抱持兩種矛盾的心理：一方面希望自己快點長大，另一方面仍然依賴父母為她們做事情。因此，此時她們需要父母的寬容和鼓勵，而不是一味地批評和指責。

也許會有父母說：「不懲罰她，不就等於姑息嗎？」

事實正好相反，**當我們懲罰女孩的時候，反而是剝奪了她反省的機會。她會覺得反正自己已經為錯誤付出了代價，便不再去深入思考她犯的那些錯誤**。

十歲的小女孩蕊蕊是全家吃飯最慢的一個，令媽媽生氣的是，她吃完飯從來不收拾餐桌，而是把飯碗一推去做自己的事情。媽媽對這種不負責的行為很不滿意，每天晚飯後都會對女兒發牢騷：「妳怎麼這麼不乖，最後一個吃完飯，不會把餐桌收拾一下嗎？」但是蕊蕊總是振振有詞地提出自己的理由：「媽媽，我為此挨了這麼多罵，為什麼還得去收拾餐桌？」媽媽完全拿這個女兒沒辦法，但爸爸的絕招卻讓女兒每次都心甘情願地收拾餐桌。

有一次，爸爸媽媽都吃飽了，蕊蕊還在慢慢地吃。此時爸爸說：「我們家女兒長大了，吃完飯一定會把餐桌收拾乾淨的，對吧？」

「好吧，今天的餐桌由我來收拾。」蕊蕊爽快地答應了。

事實正好相反，當我們懲罰女孩的時候，
反而是剝奪了她**反省的機會**。

對於這個階段的女孩來說，父母的鼓勵會使她心裡那座天秤往好的那方面傾斜，從而選擇往好的那方面走。就像案例中的蕊蕊，吃完飯後，其實她的心裡正在猶豫要不要收拾餐桌？受到媽媽指責時，她會想：「我不用收拾餐桌了，因為我已經挨罵了。」但爸爸的鼓勵卻會讓她很自然而然地選擇收拾餐桌。

女孩良好習慣的形成期，必須訂立明確規範

八到十二歲這個階段是女孩良好習慣的形成期，例如勤勞、衛生、守時等。由於女孩的行為容易在好與壞之間徘徊，所以此時父母必須為她們制定明確的規範。九歲的小女孩已經有能力做家事，並且在父母的稍加提醒下完成。而一個十一歲的小女孩如果沒有在規則規定的時間內回家，父母就有必要讓她懂得遵守承諾。

小女孩珊珊放學回家後總是把外套到處亂扔，第二天早上不是為了找外套浪費時間，就是因為外套被壓得太皺而不高興。為此，媽媽制定了一個規矩：外套脫下來要掛在衣架上，否則會被放進一個「遺忘箱」，並且一週後才能穿。

有一次，媽媽幫珊珊買了一件新外套，珊珊穿去學校引來了很多羨慕的目光，因此很喜歡這件外套。但放學回家後，她卻忘記了規定，又順手把外套扔在客廳的沙發，接著就去忙自己的事情了。第二天早上，當珊珊準備去上學時，發現心愛的外套不見了，於是問媽媽：「媽媽，我新買的那件外套呢？」

「妳昨天把它放到哪了？」媽媽問。

「我好像放在客廳的沙發上了！」

「那不好意思，寶貝，按照我們的約定，那件外套必須在遺忘箱裡待上一週，妳可以去衣櫃裡找一件別的外套穿。」媽媽很認真地說。

於是珊珊只好穿著舊外套去上學，不過此後亂扔外套的壞毛病確實改善了。

只要替這個階段的女孩訂下明確的規則，並且確實執行，不僅可以改正女孩很多壞毛病，還能養成很多好習慣。

告訴女孩，要正確對待性騷擾

一般情況下，女孩在十幾歲時都會對男孩子、自己的身體以及與「性」有關的問題感興趣。隨著生活條件的改善，女孩的「第二性徵」也提早來臨，胸部開始隆起，有些甚至已經開始經歷月經初潮。

也正是在這個時期，女孩很容易受到「性騷擾」，同齡的男孩會對著她們隆起的胸部指指點點、當然也有一些圖謀不軌的成人在打她們的主意。由於這時的女孩對「性」並不了解，受到騷擾後，心理往往會受到很大的傷害。

更讓家長擔心的是，由於女孩沒有正確的自我保護意識，遇到性騷擾之類的事情，往往羞於向父母開口，有些甚至會因此自責，不停地問父母：「我是壞女孩嗎？」這對於女孩的成長是一個很大的隱憂。

因此，**在這個時期，父母有必要讓女孩了解正確的性知識以及如何自我保護。**例如：

不要跟著陌生人走，尤其是不認識的陌生男人；在學校，要和同伴一起去廁所；任何一個人要妳脫衣服都不能答應，包括妳的好朋友、老師以及父母認識的熟人。

八到十二歲這個階段是女孩**良好習慣的形成期**，例如勤勞、衛生、守時等。

此外，還可以假設各種情況，並告訴她遇到這些情況該怎麼辦。例如：「如果一個男生在他父母不在家的情況下，要妳和他一起回家，怎麼辦？」「如果一位跟父母很熟的叔叔要妳坐到他的膝蓋上，並且不讓妳下來，怎麼辦？」「如果有人要妳脫衣服，怎麼辦？」

告訴女孩，面對性騷擾的情況，答案只有三個：說「不」、逃跑、告訴大人。

當這個階段的女孩了解性知識後，就會產生自我保護意識；當她掌握了一定的自我保護知識後，再遇到性騷擾時，就不會只顧著害怕而忘記了說「不」，而會採取一定的措施來保護自己，且對於心理的傷害也不會那麼巨大了。

讓女孩保持女性特質

許多八到十二歲的女孩會忽然變得喜歡把頭髮剪得很短，故意讓自己看起來像個男孩子，或是會像小男孩那樣去爬樹，也會熱中於比賽騎車速度、爬高等帶有冒險性的活動……

在這個男女平等的年代，小女孩和小男孩都有機會展現自己，因此小女孩也有很多機會嘗試那些以前只有男孩子才能做的事。這對女孩的成長是有利的。

但父母也應該注意，不要把女孩當成男孩來養。例如：買中性的衣服、留短髮、用教養男孩的方法教養女孩……這些對於小女孩的成長都是不利的。

要讓女孩健康成長，家長就要讓她保持女性特質，鼓勵她注意自己的行為動作，舉止優雅；鼓勵她談吐大方，不忸忸怩怩……

八到十二歲是女孩良好習慣的形成期，在這種環境中成長，女孩長大後會多一份優雅、多一份自信。

十到十八歲——青春期，請理解女孩不安的心情

到了這個階段女孩進入青春期，於是父母們會發現，原本活潑開朗的女兒突然變得悶悶不樂、喜怒無常、神神祕祕、情緒波動大，還有一些自戀。

可愛的小公主變成家裡「最難對付」的人，她有一顆脆弱而驕傲的心，既表現出強烈的自尊，因為一點小事就覺得受到傷害；又經常陷入矛盾中，舉棋不定，容易受到外界的影響。

對大多數父母來說，這是一段喜憂參半、難挨的時光——小公主能不能順利度過這段陣痛期，成長為一個快樂、自信的現代女性？

然而對女孩來說，面臨這時期的變化其實也不輕鬆，心裡充滿了疑問：

為什麼我的身體會有變化？我會變難看嗎？我會變胖嗎？

別人會怎麼看我？我應該怎麼辦？我應該說出心裡話嗎？別人會喜歡我嗎？

青春期的女孩更敏感，父母的鼓勵與支持很關鍵！

隨著女兒年齡增長，當父母的也常有種疑問：她的天賦似乎開始減少，有些甚至已經慢慢消失了。面對女兒天賦的消失，很多女孩的父母很疑惑：為什麼女兒愈長愈沒出息呢？

其實，並不是女孩愈長愈沒出息，這與女孩的發展規律有關。

青春期之前，女孩的智力要比男孩發展的快一些，這時的女孩會表現出很多天賦。但到了青春期，由於受身體和情緒的變化等因素的影響，女孩天賦的表現會受到一定的影響。

但這並不是影響女孩發展的主要因素，兒童心理學家表示，父母對女孩的態度往往決定她

的未來。

我們都知道，女孩是敏感的，青春期的女孩更敏感。家有女孩的父母更能深刻地體會，在青春期這段時間，他們與女兒的關係時常會變得很緊張。儘管父母已經盡量尊重女孩的感受，但她還時常會因為父母不經意的一個眼神、一句話、一個動作而傷心。

女孩很在乎父母怎樣看她，對此，這位兒童心理學家總結出一段話：

父母對女孩的影響是潛移默化的。它不僅塑造女孩的人生觀和價值觀，還描繪著女孩看自己的表情。如果父母眼中的女孩正直自信，女孩就不會辜負這份信任；如果父母眼中的女孩懦弱無能，女孩就會對自己產生懷疑。女孩從父母的眼睛裡看到了自己，她的自我意識由此產生深刻的烙印。

接著，我們來看看這個階段的女孩呈現出以下幾個特點：

必經月經初潮，女孩成人儀式的準備

月經初潮是女孩的成人儀式。東方女性平均初潮年齡是十三歲左右，但有部分人十一、二歲就來了。

月經初潮標誌著女孩告別童年時代，進入有責任感、成熟的女性時期。然而這種變化並不簡單。女孩們對此有不同的感覺，有人覺得自豪而甜蜜，有人認為這沒什麼，也有人認為這是一件羞恥的事。這正是家長們擔心的：女孩會怎麼看待這種變化？她能不能接受自己的變化？聰明的家長會替孩子打預防針，提早告訴女孩這件事的意義，以及如何做好身體和物質上的準備。（參見第306頁）

情緒多變，需要父母的引導

青春期女孩的情緒多變，剛才還是晴空萬里，不知什麼原因，突然間就烏雲密布。但如果事情往她們所希望的方向發展，或是得到了好朋友的讚揚，她們失落的情緒馬上又會好轉。

家長們常常會感覺女孩彷彿處於情緒的滑輪上，隨時都會由一種情緒滑向相反的情緒。對待青春期女孩這種情緒特點，父母可以用言傳身教讓她們知道，她們的情緒會對別人造成很大的影響。與此同時，女孩的智力發育也會使她們漸漸懂得運用理智來控制自己的情緒，但父母的引導會使她們快一點擺脫這段情緒多變期。

會忽然迷戀某個人，需要父母理解並有耐心

這個階段的女孩子還會忽然迷戀上某個人，早期的迷戀對象可能是和她的生活有直接關係的人，例如老師、同學、朋友等；當然，也可能是有一定距離的人物，例如影星、歌星等，這可以稱為崇拜。

這種迷戀行為對青春期女孩的成長有很重要的作用，它可以滿足女孩對完美和圓滿的渴望。但她們對崇拜對象的狂熱程度又令父母擔心，怕她的情感被人利用而上當受騙、怕她看到崇拜對象的缺點而否定自己、怕她的情感付出得不到回報而受到傷害……

一位媽媽曾描述過女兒崇拜偶像的經歷：「我的女兒十四歲那年，忽然迷戀上好朋友的哥哥——一個大二學生。每到週末她都會找藉口去找好朋友玩，其實我們知道她是為了與心中的

偶像接觸。我們很不喜歡他，因為他吸菸、喝酒、打架，而且根本不像個學生，然而女兒只看到他完美的一面。但有一次女兒發現他是個酒鬼，而且時常喝得爛醉如泥，她回來後大哭一場，接下來幾週總是一個人待在房間裡，但最終還是恢復了往日的歡笑。」

女孩子的迷戀行為是成長過程中正常的一部分，因此，**父母要有足夠的耐心，理解她們，不做任何評判和嘲諷，這樣才能使女孩分辨理想與現實，坦然承受失望和傷害。**

♀ 尊重女兒、協助設定目標，找回迷失的自信心！

面對青春期女孩的各種變化，父母們首先要做到的就是理解她們的情緒和行為，同時也要懂得一些溝通技巧。

幫青春期的女孩找回自尊

女孩是敏感的，青春期的女孩更敏感，她需要知道自己是重要的、有用的、有價值的。這個時期的女孩要面對很多事情，例如荷爾蒙的衝擊、升學的挑戰、家庭的期望以及心靈的渴望。她們常會懷疑自己的能力，幫助女孩面對這個難題的方法就是鼓勵她們增長自己的見識，同時讓她們知道她們的觀點很受重視。

當然，這並不代表父母一定要贊同這些觀點，但一定要給予尊重。例如父母可以這樣說：「妳確定已經仔細考慮過自己的觀點了？」「妳可以讀讀這些資料，它可以提供一些佐證。」

如此一來，她會感覺到父母對她的觀點是感興趣的、是重視的，持續與父母交流，並且一點點增加自尊。

對青春期的女孩要寬嚴相濟，只關注最重要的事

對於青春期的女孩來說，想要快樂地成長並不容易，因為有時她們會覺得父母總是看她不順眼，例如批評她的衣服是奇裝異服，責備她的髮型太怪異等等，所以她們也會像男孩那樣出現叛逆的傾向。其實父母沒有必要在一些小事上吹毛求疵，這樣只會使自己與女兒的矛盾更深。因此，對於這些事情，父母們要對女孩寬容以待。

對此，一位爸爸曾這樣說：「教育青春期的女兒，我只關心最重要的面向，也可以說是寬嚴相濟，因為這樣不會使我們之間的關係總是緊張，還可以給女兒更大的成長空間。雖然我對女兒染紅色的頭髮、塗紅色的指甲感覺到很厭煩，但我不會去計較這些事情，但當女兒滿口髒話時，我就坦率地告訴她這種行為不好；她可以借媽媽漂亮的衣服來穿，但如果她不小心把衣服弄壞，就必須為這個行為負責。因此，雖然處於青春期的女兒情緒很不穩定、脾氣也極差，但我們與女兒的關係仍然很好。」

如果與青春期的孩子計較太多，家長每天就會有生不完的氣，孩子也會有說不完的委屈。所以，最好的方法就是寬嚴相濟，只關注最重要的事，也就是與養成良好品性有關的事情。

讓女兒學會制定計畫和目標

在日常生活中，我們經常發現身邊的成人女性之中很少有人會制定計畫和目標。也許是她

教育青春期的女兒，最好的方法就是**寬嚴相濟**，
只關注最重要的事，也就是與養成良好品性有關的事情。

們沒有意識到制定計畫和實現目標的重要性，進而阻礙了女性的發展。

沒有計畫，生活往往是無序的；沒有目標，生活往往是盲目的。正是因為女性在這方面有缺陷，更要培養女兒這方面的能力。只要她真正掌握了這一本領，就會大大提高獨立生活的能力，同時也會使她比同齡的孩子更加出色。

青春期的女孩往往會向父母要求更多她們喜歡的東西，對於父母來說，這正是教女孩學會制定計畫和目標的好機會。

十五歲的菡菡想買一條兩千元的牛仔褲，但媽媽不同意，認為小孩子穿便宜的褲子就好了。於是媽媽對她說：「我可以幫妳出一千元，如果妳真的想要這條牛仔褲的話，我有個好主意，讓妳一個月之內可以買到它。」

「什麼方法？」菡菡興奮地問。

「妳可以自己賺錢呀！比如幫媽媽做家事，我會付給妳一定的報酬。當然，如果妳能有一個詳細的計畫書，目標就會實現得更早一些。」

於是，在媽媽的引導下，菡菡真的擬定了計畫書：

目標：六月十五日前買到我想要的那條牛仔褲

現有的：媽媽給的一千元

所需的：一千元

步驟1：每天晚上幫媽媽洗碗可得報酬二十元，六月十五日前可得到六百元。

步驟2：每天晚上放學後幫媽媽倒垃圾可得報酬十元，六月十五日前可得到三百元。

步驟3：每天從零用錢存一點，六月十五日前省下一百元。

另外，在這期間還要注意有關這件牛仔褲減價的廣告，購買時還要貨比三家。

她懂得了要用勞動換取自己想要的東西、學會了怎樣購買東西……最重要的一點是，她明白了**計畫書會使她感覺到目標一點點實現，以及一個個實現的喜悅。這種喜悅會讓她的生活在目標和計畫中愈來愈充實。**

灌輸正確的戀愛觀

受到種種因素影響，懵懂的小女孩很容易過早談戀愛。這時，父母不能以暴力的手段阻止，必須向女兒灌輸正確的戀愛觀。

有個媽媽知道正在讀國三的女兒談戀愛了，但她沒有指責女兒，而是跟女兒講起了自己的那段往事：「媽媽像妳這麼大的時候也談過戀愛，那時妳外婆剛剛去世，我特別希望有人能疼愛我，於是便把感情交給一個比我大很多的男人的手中。但後來我才發現這個男人有妻子和孩子，他並不想離婚。我當時很傷心，幾乎到了絕望的地步，成績當然是一落千丈。」

「後來怎麼了？」女兒好奇地問道。

「後來我碰到了妳爸爸。他從外地轉校過來，他開朗、樂於助人，聽說了我的事情後，不但沒有嘲笑我，反而給了我很多鼓勵和幫助。」媽媽沉浸在甜美的回憶中，「他把我從絕望的邊緣拉回來。後來，我們一起考上大學，然後畢業結婚，有了妳。」

「爸爸太棒了！」

「是啊，我也這麼認為。妳覺得李建怎麼樣？」

女兒臉紅了。「我不知道。我覺得他很帥。」

「寶貝，給妳一個建議：跟他設立一個期限——譬如考上大學，如果那個時候妳還是這麼認為，那麼不妨開始一段美麗的愛情。在這之前，妳可以跟他做很好的朋友。」

女兒點點頭，覺得媽媽說得很有道理。結果這段友情並沒有持續多久，很快女孩就發現，她心中的白馬王子沒有爸爸那麼寬容、真誠，這不是她想要的感情。於是，她從這段青澀的愛情裡走了出來。

這個小女孩的媽媽理解，對於陷入愛河的女兒而言，自己的理解就是對她最大的支持。她打開心扉，衡量女兒的處境，教女兒用理智來控制自己的情感，學會分辨幻想和現實。

青春期是女孩人生中非比尋常的時期，荷爾蒙開始影響女孩，像龍捲風一樣席捲女孩的生活，給她們帶來心理和生理上天翻地覆的變化。這段時間的女孩經常陷入迷茫，不知道自己要做什麼，該怎麼做，並為此感到害怕。她們因此而容易隨波逐流，迷失自我。**如果家長們能夠給予女孩足夠的理解、支持、關心和耐心，鼓勵她們說出自己的想法，女孩就會找到內心與外在世界的平衡，順利度過這段危險期。**

第三章

父母的態度
決定女兒的未來

父母是女孩最親近的人，也是女孩最信任的人。

她們需要父母的愛，其實，當女孩還在搖籃裡時，就強烈地希望父母與她交流，因此，當一個女嬰感受不到父母對她的愛時，就會哭鬧不止，只要父母過來跟她講幾句話，女嬰便會停止哭泣。女孩透過與父母交流獲得關心、理解、尊重、體貼和安慰，只有父母懂得溝通的藝術，才能真正走進女兒的內心世界。

營造適合孩子的家庭氛圍

美國心理學家桃樂絲・諾特（Dorothy Law Nolte）描繪家庭教育環境與兒童成長間的關係：

如果兒童生活在批評的環境，就學會指責；如果兒童生活在敵意的環境，就學會打架；如果兒童生活在嘲笑的環境，就學會難為情；如果兒童生活在羞辱的環境，就學會內疚；如果兒童生活在忍受的環境，就學會忍耐；如果兒童生活在鼓勵的環境，就學會自信；如果兒童生活在讚揚的環境，就學會自我肯定；如果兒童生活在公平的環境，就學會正義；如果兒童生活在安全的環境，就學會信任他人；如果兒童生活在讚許的環境，就學會自愛……

對於依戀家庭、依戀父母的女孩來說，家庭與社會相比，前者對她們的影響更大，因為家庭是她們主要的生活場所和賴以生存的地方。那麼，什麼家庭氛圍適合女孩成長呢？

一位美國學者為了探知兒童的內心世界，了解他們對父母和家庭有哪些最迫切的要求，走訪二十多個國家，針對一萬多名膚色不同、經濟條件各異的學齡兒童進行大規模調查。調查結果令人驚異：孩子們對父母和家庭最大的要求並非經濟、物質條件，而是：

1. 父母不要在孩子的面前吵架。
2. 對每個孩子應該一視同仁。
3. 任何時候都不能對孩子失信或撒謊，說話要算數。
4. 父母之間要相互謙讓，不可互相責備。
5. 父母與孩子之間要親密無間。

6.孩子的朋友來做客時，要表示歡迎。
7.對孩子不能忽冷忽熱，更不能動不動就發脾氣。
8.決定全家的事情時，應該徵求全家人的意見。
9.家庭要重視團體活動，星期天要到戶外玩。
10.父母有缺點孩子也可以批評，應該歡迎孩子提出不同的意見。

從這十條要求不難看出，孩子們心目中的好父母、好家庭，應該有友愛、輕鬆、寬容、民主和活潑的氣氛，這種良好的家庭生活最利於孩子的身心健康成長。

此外，有個兒童心理研究小組曾對三千多名學齡兒童進行心理狀況調查，其中有一個問題是「你最怕爸爸媽媽的是什麼」，答案五花八門，但值得深思的是，回答中最多的並不是「怕被爸爸媽媽打」，而是「我最怕爸爸媽媽生氣，怕他們吵架」。

家長可以問問女兒：「妳心中理想的家是什麼樣子？」然後實現答案中的合理要求，她會因父母的改變而驚奇，並在父母的改變中讀出尊重、關心、疼愛，也會因而改變自己。

給父母的建議

讓孩子在幸福的家庭裡快樂成長

每個父母都是孩子人生中最初的老師，因此應該努力為孩子營造出理想的家庭氛圍，這正是孩子身心健康發展的首要因素。

三千多名學齡兒童心理狀況調查，回答中最多的是「我最怕爸爸媽媽**生氣**，怕他們**吵架**」。

表達關愛勝於衣食無缺

女孩十分渴望父母的關心和愛護，如果父母對女兒漠不關心或是動不動就說教，讓她們無法感受到親情溫暖，往往就會產生逃離家庭的強烈動機。其中以過早談戀愛、離家出走等，是她們最常採取的消極對抗手段。

有一對夫婦，父親只關心女兒的功課，每天下班回家，總是只問女兒：「功課做好了沒？」母親回家後總是忙著做飯、收拾房間，而且不准女兒養寵物。女兒忍受不了家庭的冷漠，屢次放學不歸，不是步行到遠處的外婆家尋找溫暖和歡樂，便是在街頭遊蕩。

與心理專家諮詢後，女孩的父親每天晚上都會主動和女兒聊天，或者下兩盤棋，母親則答應女兒可以養幾條金魚，結果女兒再也不逃避回家了。

孩子的心願很簡單，只是希望父母能夠給予更多的關愛、更多的理解。只要父母適時轉變自己的態度，孩子勢必會漸漸回歸到健康成長的正常軌道。

家庭和諧是生活教育的基礎

有些家長經常充滿敵意地攻擊對方，卻從來沒有想過，這樣的家庭環境對孩子會產生多大的影響。

心理學家研究表示，孩子如果從小生活在氣氛緊張的家庭，智商一般較低，而且會有不少心理問題；而生活在和睦家庭中的孩子，心理都比較健康。

在夫妻恩愛、和睦溫馨的家庭裡，父母經常帶孩子散步、逛公園、做運動、玩遊戲等，孩子可以全方位接受生活教育，從而熱愛學習，對周圍的事物充滿好奇和求知欲。

反之，若夫妻感情不和，家庭氣氛緊張，父母不僅無心照顧孩子，甚至還會將孩子當做出氣筒。這種家庭的孩子情感上很痛苦，精神上很壓抑，健康和智力都會受到嚴重影響。

家庭是孩子成長的搖籃，父母的一言一行對孩子是無聲的教育，若父母辛苦、忙碌工作，又不忘營造和睦的家庭生活，可以讓孩子體驗到父母的勤勞，感受到奮鬥的樂趣。

家裡笑聲多，女孩EQ、IQ高

調查顯示，常有笑聲相伴的家庭，女孩子的EQ和IQ普遍較高。研究人員認為，提高孩子的EQ和IQ的因素雖是多方面的，而在輕鬆、愉悅的環境中學習、生活，的確能使孩子拓展知識，從而促進腦細胞的發育，並且有利於交際能力的鍛鍊。

家庭就是一個組織，每個成員都是構成這個組織的個體。如果每個人都帶快樂回家，家裡自然就充滿笑聲。反之，如果每個人都帶煩惱回家，家裡肯定會烏雲密布。

所以，父母最基本的責任是為孩子營造快樂的家庭氛圍。

給予關注——女孩渴望父母的愛

當男孩在思考自己怎麼打敗對手時，女孩已經開始思考她周圍的一切關係了。當然，最常接觸的家庭關係是女孩思考的重點，她常常這樣想：「我是爸爸媽媽的女兒。」這意味著她渴望得到父母更多的愛與關注。

父母最基本的責任是
為孩子營造**快樂的家庭氛圍**。

這個特質可以從女孩們經常玩的扮家家酒遊戲看出來，細心的父母會發現，女孩最常扮演的是媽媽的角色，她們會模仿媽媽的樣子，對洋娃娃說：「寶寶，該吃飯了，來，媽媽餵你吃飯。」在這些扮家家酒的遊戲中，雖然也有「寶寶」做錯事受到「懲罰」的時候，但更多時候是一家人在一起和樂融融的場景。這是女孩把現實生活搬進了遊戲中，這也是她的夢想：希望爸爸媽媽永遠愛她。

女孩天性傾向關係式的生活方式，她們需要父母的愛。但她如何感受父母對她的愛呢？一般說來，男孩是靠行動來表達自己的。但女孩不同，她們靠語言來表達自己，同時也是在與父母的交流與溝通中來確認父母對她的愛。

其實，當女孩還在搖籃裡時，就強烈地希望父母與她交流，因此，當一個女嬰感受不到父母對她的愛時，就會哭鬧不止，只要父母過來跟她講幾句話，女嬰便會停止哭泣，轉而用笑聲和揮動的手腳來向世界宣告：她因得到父母的愛而開心。

女孩透過與父母交流獲得關心、理解、尊重、體貼和安慰，交流對女孩來說意味著：

傳達或蒐集資訊：這或許是男孩交流的唯一理由。

探尋並發現想表達的內容：女孩往往透過交流發現自我、找到自我並釐清思路。

釋放情緒，改變心情：女孩最害怕沒有傾訴管道，傾訴使女孩得到感情的依託和支持。

保持與對方的關係：女孩相信交流中的真實情感，這種親密狀態能提升與對方的關係。

給父母的建議

用對方法，讓女孩健康快樂成長

想要讓女孩健康、快樂地成長，就要時刻讓她感受到父母多麼在乎她、多麼愛她。當然，這種愛不是溺愛，而是理性的寵愛。

與其送昂貴禮物，倒不如塑造有安全感的環境

女性荷爾蒙決定了女孩生活在關係的世界裡，因此，女孩對一切關係都特別敏感。尤其是家庭關係不和諧，會對孩子的心靈造成很大的傷害。

不和諧的家庭關係對於女孩會有很複雜且重大的影響，它使女孩無法建立對感情的信任和獲得最基本的對愛的需求。如果女孩從小就深陷充滿矛盾的關係中，對感情抱持懷疑態度，那麼，她對愛的需求永遠都不會得到滿足；如果女孩從小就沒有見過美好、寬容的感情，就無法用正常的心態與人相處。

家庭關係不和諧，尤其是父母之間的關係不和諧，會使女孩長期處於恐懼焦慮和無所適從狀態，這樣不僅會影響女孩的心理和個性發展，還將導致她無法完成成長過程中必要的角色認同。如果她一直在父母的爭吵中長大，便會認為婚姻只會帶來爭吵和煩惱，對於樹立正確的婚姻觀也會影響很大。

與此相反，在和諧家庭中長大的女孩就大不相同了。夫婦關係和諧、美好，女兒所看到的世界就是明亮的、健康的，而且這些美好的感情也會在潛移默化中影響女孩。

健康、和諧的家庭關係是父母給予女兒愛的證明和保證，這是女孩最需要的安慰，也是女孩幸福感、安全感的源泉。對於女孩健康成長來說，與其送她昂貴的禮物，不如為她營造一個健康、和諧的家庭關係。

家庭關係不和諧，這樣不僅會
影響女孩的**心理和個性發展**，
還無法完成成長過程中必要的**角色認同**。

有摩擦時，也要讓女兒感受到父母的愛

女孩需要大量的愛，但在成長過程中，與父母之間難免會產生一些誤會。每當誤會發生時，敏感的女孩就會認為父母不再愛她了，此時父母一定要設法讓女孩感受到愛。

一位母親描述育女經驗：「當我和女兒發生誤會時，我知道她心裡肯定有疙瘩。但是礙於面子，我也不好意思直接妥協。這時，我會把自己想說的話寫成信或小紙條告訴她。

有一次，女兒寫作業時頭低得快貼上作業本了，我念了兩句，沒想到第二天她竟然沒理我就去上學了。於是，我寫了小紙條放到女兒的書桌上。

親愛的女兒：也許我昨天念妳讓妳傷心了，但是念妳是因為愛妳，因為頭太低、離書桌太近對眼睛很不好。沒有心平氣和地指出妳的錯誤，是媽媽的錯，我向妳道歉。但媽媽還是希望妳能改掉這個壞習慣。女兒，媽媽是愛妳的，不管發生什麼事情，我都是愛你的！

放學後，女兒看到小紙條後，哭著對我說：『媽媽，我好怕，我以為妳不愛我了！』

我總結出一個經驗：女孩子在愛中才能健康成長，父母要時刻讓她感受到你的愛！」

和漸漸長大的女兒變成好朋友

怎樣才能教育好年紀大一點的女兒？怎樣才能讓她理解父母的苦心？對於這個問題，所有教女成功父母們，答案都驚人的一致：和女兒做朋友！

只有和女兒做朋友，敏感的女孩才會對你無話不談；只有和女兒做朋友，有著無數小祕密

的女孩，才會對你吐露心聲；只有和女兒做朋友，才能真正走進她的心靈，分享她的喜悅與哀愁。如果孩子不願意把自己的歡樂和痛苦告訴父母，不願意與父母坦誠相見，那麼談論任何教育都是可笑的。

隨著女孩漸漸長大，如果父母還是一味地以家長的權威管制孩子，孩子勢必會「愈來愈難管」。**與男孩的叛逆不同，女孩會因為得不到父母應有的理解和支持，而封閉自己的內心世界，甚至變得抑鬱。**

如果父母採取開放的心態，像對待朋友一樣對待女兒，情況就大大不同了。對女孩子來說，「柔能克剛」、「溫柔的話勝過棍棒的威力」絕對是顛簸不破的教育真理。

給父母的建議

父母如何和女兒當朋友？

教育學家們曾在一所小學裡做了一次調查，其中有八成以上參與調查的父母對自己教養女兒充滿信心：比較了解女兒的個性、女兒有不高興的事會告訴自己、知道女兒的好朋友是誰、女兒愛看的書籍是什麼……但教育學家們表示，很大一部分家長自認為放下了父母的架子，與孩子關係融洽，實際上卻沒有得到孩子充分的信任。

一個三年級的小女孩說出了孩子們的心聲：「爸爸媽媽雖然時常與我溝通，但內容僅限於『好好學習、考個好大學』之類的話題，他們與我溝通的目的性太強了。還有，我不喜歡爸媽總是拿我與別的孩子比較，什麼某某同事的孩子考上國立大學，誰又特別聽話懂事……一聽到

誤會發生時，
父母一定要設法讓女孩感受到愛。

這樣的話我就煩！」

一般來說，上小學的女孩已經懂事了，如果家長與她談話時經常帶有很強的功利性、總拿她與別的孩子比較，不僅對提高學習成績毫無益處，還會嚴重打擊孩子的自尊心。

那麼，父母究竟要怎樣做，才能真正走進女兒的心靈，和她成為朋友呢？

建立溝通管道，隨時掌握孩子的心理

與女兒交朋友，必須了解她心裡在想什麼。但是，該如何準確地了解孩子的心理呢？

一位父親分享他的經驗：「我們家有一個『意見箱』，每當與女兒之間出現溝通障礙時，我們都是靠它來解決問題的。有一次，女兒突然不開心，我很納悶，問她也不說，就寫了個紙條丟進意見箱裡：『爸爸怎麼惹妳不高興了，能告訴我嗎？』過了一會兒，女兒也丟紙條進去：『你叫我寫字，說這個沒寫好那個也沒寫好，還說我笨。』」

女孩的心理有時很難捉摸，就算父母開口詢問，她也不一定願意說出來。這時意見箱便成了父母與女兒之間的溝通橋梁。

當女兒慢慢長大後，家長還可以採取與孩子交換日記的方式，把自己不明白的事情寫在日記上，同時也要求孩子用日記來回答。這樣一來，雙方的心理、想法都能呈現在日記上，自然而然促進父母與女兒之間有效的溝通，進而成為好朋友。

平等對話，與女兒無話不談

想和女兒做朋友，就要隨時與她保持暢通的溝通，不要因為女兒的話題是你不能接受的、不能理解的，就拒絕交談或隨意駁斥。只有父母能夠做到與女兒平等對話、無話不談，才能真正走進孩子的內心世界，引導孩子的思想漸漸步入正軌。

一位睿智母親有個好方法提供參考：一天晚飯後，女兒問我：「媽媽，假如愛情和事業只能選擇一個，妳選哪一個？」我心裡一驚，十四歲的孩子怎麼會問這種成年人的問題！「我選擇愛情，有了愛情才會有溫暖的家，即使事業不成功，也有個避風雨的港灣。」

哪知女兒竟然回答：「我選擇事業，事業成功了，愛情自然會來。」我思忖著說：「事業成功的喜悅也該有人分享啊……」

「可是愛情太麻煩了，我不喜歡唯唯諾諾的男人。」女兒反駁道。

我知道她一直和某個男生關係忽冷忽熱，並且為此煩惱。我不便戳破，於是借用了一句歌詞自編自唱：「愛情這東西，擁有了好麻煩，沒有了又拚命想，來早了添麻煩，來晚了又著急，不早不晚最香甜哪！」女兒會意地笑了。

我覺得，學著和女兒交朋友、與她平等對話，讓我與她的心更貼近，彼此交流也更容易。當女兒向母親提出有關愛情話題時，母親像朋友一樣和女兒各抒己見，並在談話最後委婉地表達看法。可想而知，這樣一個開明、睿智的母親，自然會贏得女兒的信任和愛戴。

此外，父母平時也應抽空和孩子聊聊天，問一問孩子學校發生的事、人際關係的情況，以及對事物的看法等等。如果這時女兒告訴你一些真實感受和想法，例如對某個男同學有好感，千萬不可以指責她，要站在孩子的立場先試著理解，然後告訴她自己過來人的經驗、如果是自己遇到的話會怎麼處理。這樣一來，女孩就能感受到父母對自己尊重和信任，會愈來愈信任父母，把父母當成傾訴的對象。

像**朋友**一樣和女兒各抒己見，
並在談話最後委婉地表達看法。

談心≠聊天，適時排解女孩消極壞情緒

女孩因為感情豐富、感覺敏銳，注重與他人之間的關係，所以遇到的煩心事往往比男孩子多很多。

與朋友之間發生問題，女孩常會左右為難、悶悶不樂；面對父母的不理解和不支持，女孩雖不擅長反抗，卻會把鬱悶的情緒積壓在內心深處；面對學習和生活中遇到的困難，身體柔弱、心靈脆弱的女孩子往往不堪重負，更容易妥協、放棄……

如此一來，**積累太多壞情緒而無法傾訴和排解是很危險的事，所以，父母的任務也更加艱鉅，不僅要關注女兒身體的成長，還要引導她把內心的情感發洩出來，讓心靈也健康成長。**

那麼，家長要採取什麼樣的方法引導，才能讓女孩更快擺脫這些不良情緒的困擾呢？方法很簡單：多與你的女兒談心！

談心與聊天不同，聊天是一種輕鬆的交流方式，談心則需要父母從心理、情感等角度對孩子進行幫助，及時排解女兒的消極情緒。

如果說聊天是種簡單、平常的溝通方式，那麼談心就是種深入的心與心之間的溝通方式。一位優秀的女企業家如此回憶：「最令我記憶深刻的，就是每次遇到困難的時候，母親都會主動找我談心。她會和我並排躺在床上，手挽著手。我們談論過的話題很多，關於友誼、堅持、選擇、紛爭、理性……每次和母親談心後，我都覺得自己渾身充滿了力量。直到今天，我還記得和母親手挽手並排躺在床上的情景……」

的確，心思細密的女孩就是這樣成長的。在每次和父母談心的過程中，女孩學會了自信、

樂觀、堅強，也更積極地為了實現自己的理想而努力。

無數事實也證明，經常與父母談心的女孩，不僅在為人處事方面更優秀、意志力更堅強，與父母之間的關係也往往是親密無間的。

給父母的建議

該如何與女兒談心？

對父母來說，與女兒常常談談心並非難事。女孩的內心世界雖然豐富多采、難以揣測，但她們永遠願意向父母傾吐自己的心思。只要放下家長的架子，找一個合適時機，與女兒像朋友一樣傾心交談，你就會愛上這種溝通方式。

把握與女孩談心的時機

談心不同於聊天，它往往需要讓孩子認真傾聽，並仔細理解父母的話，努力朝父母提到的建議去做。因此，當女兒專注地做作業或玩遊戲時，不要和她談心。孩子心不在焉地與你交談，效果往往不會好。

那麼，什麼是與女兒談心的好時機呢？一般而言，家長會後是孩子們最急於和父母談話的時候，家長應該抓住這個機會，可以更了解女兒的情況。此外，父母與女兒談心的時機一般還有當女孩遇到困難時，當女孩遭遇失敗時，當女孩出現不良行為時，當女孩心情不佳時等。

談心時，父母要認真傾聽

有個九歲的女孩這樣抱怨：「跟父母談心真沒意思，他們總是一邊做別的事情一邊聽我說話，眼睛從來不看我，有時我都不知道他們是不是在聽我說話。」

的確，如果家長總是用一副心不在焉的姿態與女孩交流，往往會使自尊心極強的她們產生反感，進而放棄與父母溝通、交流。那麼，父母應該如何聽女兒說話呢？

首先，傾聽的態度一定要正確：

一是「停」，手和心理的「停」，即父母要暫時放下正在做和正在想的事情，注視對方，給孩子表達的時間和空間。

二是「看」，即仔細觀察孩子的臉部表情、說話的聲調和語氣、手勢以及其他肢體動作等非語言資訊。

三是「聽」，即專心傾聽孩子說什麼，同時以簡短的句子，例如「妳覺得老師不公平嗎？」、「妳很生氣自己被冤枉嗎？」等，將孩子的想法和感受引導出來。

另外，要表現出聽的興趣：

例如在傾聽時用簡單話語，如「太好了」、「真的是這樣嗎」、「我跟妳想得一樣」、「妳的想法太好了，請繼續說」、「我簡直不敢相信」等來表示你的興趣。

當女孩遭遇失敗時務必與她談心

女孩的成長過程常常會遇到困難，雖然這些都是加速成長的因素，但它們畢竟會為女孩帶來消極的影響。當女孩遭遇困難和失敗時，父母若能及時找她們談心，鼓勵她們從失落中走出來，久而久之，就能協助女孩更堅強、勇敢、不屈不撓。

有個小女孩在全年級的演講大賽上因為過度緊張忘詞，不得不主動退出比賽。遭遇失敗的小女孩很沮喪，一連好幾天都不能從失敗的陰影中走出來。女孩的爸爸覺得應該幫女兒一把，便找了個很好的機會，與女兒談心。

「女兒，還在為演講難過？」爸爸故意用很隨意的語氣問道。

「是呀，我覺得很丟臉，在同學面前抬不起頭來。」

「但是妳不覺得有勇氣參加這次比賽就已經很厲害了嗎？任何事情都要一步步來的。」爸爸繼續開導她。

「可是，很多同學都笑我。」

「妳沒有必要理他們。他們以為自己很行，卻沒有意識到自己的行為很無聊。嘲笑別人常常是沒有自信的表現，幹麼和他們斤斤計較呢？」

小女孩聽了爸爸的話後恍然大悟，終於從那次失敗的陰影中走出來了。

在女孩遇到困難或失敗時與她談心，不僅能讓她認識到自己不足，而且可鼓勵她、挖掘自己的潛能、發揮自己的優勢，促使她成長得更快，也很容易拉近自己與孩子間的距離。

非語言溝通的默契，讓女孩記憶深刻

相較於語言溝通，非語言溝通往往更能發揮意想不到的教育效果，更能激勵或打動女孩。

當女孩**遭遇困難和失敗**時，
父母若能及時地找她們談心，
就能協助女孩更堅強、勇敢、不屈不撓。

例如當女孩取得好成績，給她一個熱情的擁抱，比起純粹的言語表揚效果要好得多；當女孩犯錯時，父母批評的眼神比批評的語言更能觸動她。

語言學家亞伯特・梅瑞賓的研究表示：人與人之間的溝通高達九三％是透過非語言溝通，只有七％是透過語言溝通。而在非語言溝通中，有五五％是透過臉部表情、形體姿態和手勢等肢體語言進行的，只有三八％是透過音調的高低進行的。

因此，亞伯特提出了一個著名溝通公式：**溝通的總效果＝七％的語言＋三八％的音調＋五五％的面部表情。由此可見，非語言資訊在溝通過程中有多重要。**

那麼，對於教育孩子來說，什麼是非語言溝通呢？

兒童心理學家表示，非語言溝通是指運用適當的目光、聲調、動作等與子女進行溝通，例如對孩子表示喜歡、讚許時，可以撫摸孩子的頭、拍拍孩子的肩、點頭微笑、豎起大拇指等；對孩子不滿時沉默地向他直視一眼，或是臉部表情嚴肅等都屬於非語言溝通。

對於敏感、善於觀察的女孩子來說，父母的非語言溝通方式往往更能發揮教育的奇效。

例如當女孩做出自豪的事情，渴望得到父母的認可，這時如果父母單純用語言告訴她：「女兒，妳真棒，我們為妳感到驕傲！」孩子也會高興，但是或許沒過多久就忘了。

如果父母運用非語言溝通，微笑地走到孩子面前給她一個大大的擁抱，然後告訴她：「女兒，我們為妳感到驕傲。」如此一來，她將永遠記得父母緊緊的擁抱和鼓勵。

給父母的建議

多對孩子微笑，多給孩子擁抱

英國知名教育家斯賓塞曾說：「給自己的孩子多一些擁抱、撫摸，有時甚至親暱地拍打幾下，會使他們在人際交往以及智力、情感上更加健康。」

因此，在日常生活中，父母一定要多採取非語言的方式與女兒進行情感交流。

微笑魔力溝通＝無形的親情暖流

父母多對女兒微笑，女兒也會以微笑回應，這種微笑不僅是雙方情感交流的默契，也是一種表示友好的社會性行為。

這種親子間的微笑可以消除父女、母女之間的爭執、衝突、憤怒等不良情緒。

當你面帶微笑對女兒說：「媽媽知道妳已經很努力了，但事情還是發生了，我們一起汲取教訓，希望下次不會再發生。」相信她一定能從你的微笑中感受到你的真誠和鼓勵，效果比單純的語言好得多。

此外，微笑還可以用來表達對孩子的一種認可和鼓勵的態度。

舉例來說，有個六歲的小女孩正在餐桌上吃飯，她很想自己夾菜，於是拿起筷子，用徵詢的眼光望著媽媽。這時媽媽微笑著向孩子點點頭，小女孩高興地夾了一口菜，津津有味地吃了起來。媽媽走到女孩身邊，輕輕摸了摸她的頭，女孩順勢靠在媽媽的懷裡。

她們之間沒有使用一句語言，溝通卻非常順暢。這種溫馨的親子關係相信會令每一個父母非常羨慕。而這也正是微笑與點頭的魔力——它不僅給予了女孩認可和鼓勵，還能讓女孩體會到父母對她的愛。

親子間的微笑可以消除
父女、母女之間的爭執、衝突、憤怒等不良情緒。

讓愛的擁抱陪伴女兒長大

心理學研究表示，人都有一定程度的「皮膚飢餓感」，在父母與孩子的眾多接觸中，以抱著孩子和摟著孩子的肩膀最能使孩子產生強烈的幸福感和安全感。

女孩還小的時候，父母經常擁抱她們，但是隨著她年齡增長，父母給她們的擁抱會愈來愈少。一位心理學家曾說過，每天給孩子三次擁抱，會促使孩子心靈的健康成長，同時還可以增進親子間的感情。

一位母親在女兒很小的時候就堅持每天擁抱孩子三次。早上女兒醒來時，這位媽媽會張開雙臂抱抱孩子，親切地對她說：「親愛的女兒，真是討人喜歡，媽媽抱抱！」女兒放學回家，媽媽會放下手中的家務，抱抱孩子，熱情地對她說：「女兒，告訴媽媽妳今天學到了什麼呀？」晚上睡覺前，這位媽媽會溫柔地抱抱女兒，對她說：「寶貝，來，讓媽媽抱妳入睡！」現在她的孩子上六年級了，從來沒有和媽媽發生衝突。

在父母的擁抱中長大的女孩，因為能夠時刻感受到父母對她的愛，所以很願意與父母溝通，因此與父母的感情一般都很好。另外，能夠經常得到父母擁抱的女孩，心理比較健康，會以自信、樂觀的態度面對生活的一切。

犯錯了！用眼神替代責罵，讓女兒意識到自己的錯誤

任何孩子在成長的過程中難免會犯錯，父母也不免要斥責幾句。事實上，教育方式並不只有批評、責罵，其他的方式也會發揮良好的教育效果。比如在女孩犯錯誤的時候，如果父母能夠用眼神來「教育」她，相信效果會更好。

一個七歲的女孩想洗杯子，卻不小心把杯子打碎了。爸爸聽到響聲，快步走進廚房。女孩馬上向爸爸解釋：「爸爸，我不小心……」爸爸看了看孩子，有點責備，但更多的是關愛：「小心點，沒有傷到手吧？」看到女兒沒事，爸爸又去忙他的事情了。這個小女孩在日記裡這樣寫道：「我永遠也不會忘記爸爸寬容的眼神。以後不管做什麼事，我一定要小心謹慎，不再粗心大意了。」

教育的目的是讓孩子意識到自己的錯誤，並懂得如何避免錯誤，而不只是為了批評孩子，讓孩子心裡難過。上述例子裡，女孩的爸爸只用眼神就輕易達到了教育的最佳效果。因此，當**女孩犯錯時，家長用眼神一瞥，不僅可以讓她體會到家長的寬容，還可以時刻激勵她不再犯同樣的錯誤。**

常常親吻女孩，傳達愛意更直接！

親吻是一種比較親密的溝通方式，很多東方父母都不善於運用。其實，親吻能夠讓女孩更加深刻地感受父母對她的愛。

某教育雜誌上曾經刊載這樣一個故事：「媽媽問女兒想要什麼聖誕禮物，孩子回答『槲寄生』。媽媽很詫異，於是問女兒為什麼有這個要求，結果女兒回答：『媽媽，妳好久沒有親我了。』（槲寄生是一種植物，通常做為聖誕裝飾，實際上還代表著「親吻」的意義。）」

親吻是接納對方的一種表示，也是愛的表達方式之一。對於尚且年幼的女孩來說，父母不妨多親親她，讓孩子在親吻中感受到父母濃濃的愛意。

當然，親吻的部位也要注意，例如在上班前或下班回家時，可以親吻孩子的臉頰，親吻臉

親吻能夠讓女孩
更加深刻地感受父母對她的愛。

頻表示喜歡；在孩子臨睡前或起床時，可以親吻孩子的額頭，親吻額頭表示晚安……只要父母善於運用親吻，這種親密的溝通方式會使親子之間的情感更加融洽。

我想幫她解決難題，女兒反而不領情？

當女兒告訴父母她們遇到困難時，父母往往馬上就告訴她們解決問題的辦法，有時還會為自己的做法而洋洋得意，然而女兒卻常常不領情，甚至大發脾氣。這到底是什麼原因呢？

一位媽媽曾這樣說過：「當女兒哭泣或心情不好時，我常不假思索直接告訴她我的想法，直接教她解決問題的方法，從沒想過聽她訴說。然而當女兒告訴我：『要從這件事情解脫出來我需要一段時間。』如果我還是不理會，繼續講一些我認為有效的方法，她就會轉身不理我，或者對我發脾氣。**現在我學會了盡量讓她傾訴自己的感覺和想法，還學會了不做任何評價。當她平靜下來之後，再告訴她我的想法。努力從一個說教者，變成一個傾聽者。**」

在女兒的成長過程中，父母時常扮演救難英雄，似乎不顯顯身手，就沒資格當父母。然而，每當父母扮演「救世英雄」時，女兒的情緒只會更糟糕，有時甚至會引起親子衝突。

一天放學後，十歲的梅子哭著跑回家：「媽媽，體育老師說我的身體協調性不好，不能參加體操隊。」「怎麼這樣呢，我馬上打電話問問是怎麼回事。」說著，媽媽開始找電話簿。

但讓媽媽驚訝的是，梅子對於媽媽的「打抱不平」並不領情，哭著對媽媽說：「既然妳決定這樣做，那就隨妳的便吧！」說完跑進自己的房間，「砰」的一聲把房門關上。媽媽被她這種激烈的情緒嚇了一跳，最後也就沒有打電話給女兒的體育老師了。

後來，梅子堅決地說：「媽媽，我不想知道解決辦法，我只是想發洩一下。」在與梅子多次的溝通中，媽媽也意識到女兒並不喜歡「救世英雄」的角色。於是，每當女兒再向她傾訴某件事時，媽媽總是這樣問：「妳是想聽聽我的建議和想法，還是只想傾訴一下呢？」採取這種方法後，媽媽就很少再與梅子產生衝突了。

當女兒處於青春期時，甩門事件可能是經常發生的事，令父母傷心、難過、生氣，但在不了解女兒情緒的情況下，不論如何幫助女兒都沒有用。唯有了解女孩的情緒，也許並不需要語言，僅僅是一個認可的眼神、一個關愛的動作，就能使女兒走出不良的情緒。

給父母的建議

如何對待女孩多變的情緒？

對於正在成長的女兒來說，不僅有很多情緒需要向父母傾訴，更多時候，她需要父母認同、肯定並接納她的情緒。

同理女兒的壞情緒，但別急著給建議

對敏感的女孩來說，如果父母肯定她的情緒和感覺，她就會感覺自己被重視，即使正在發脾氣，父母對她情感的認同和肯定也能很快使她走出這種壞情緒，且愈來愈有自信。

但如果女孩的感覺沒有得到父母的肯定，就會產生不被重視的感覺，因而繼續傷心、哭

父母時常扮演**救世英雄**，
然而女兒情緒只會更糟糕，甚至會引起親子衝突。

鬧，甚至是甩門、大發脾氣。此外，情感一直得不到父母肯定的女孩最終會變得悲觀。

其實，當女孩向你表達自己的情感時，尤其是負面情感，如悲傷、憤怒等，父母與其提供孩子解決問題的辦法，不如接受她的情緒，並且對於讓她產生負面情緒的遭遇表示同情。

孩子一邊哭一邊說：「媽媽，我的小白兔死了。」

媽媽：「難怪妳這麼傷心！」

孩子：「我們是好朋友！」

媽媽：「失去好朋友是很難過的事，媽媽理解妳的感受。」

孩子：「我每天都餵牠吃東西，給牠喝水。」

媽媽：「是呀，妳很用心地照顧牠，真的很遺憾，或許妳可以問問獸醫這是怎麼回事！」

孩子馬上不哭了反而認真地說：「我一定要去問問。媽媽，我能再買一隻小白兔嗎？」

當父母同情孩子的遭遇時，孩子過分激動的情緒會漸漸緩和，一旦情緒緩和，就很容易採納父母的建議。父母認同孩子的情緒就是向孩子傳達這樣的訊息：你的感受是正當的。別再用錯誤的方法安慰孩子，因為只有孩子的情緒得到認可後，才會聽進所有安慰的話。

別再火上加油，先接受、體諒女兒的情緒

全校一起看電影，琪琪從電影院回來後，顯得非常生氣。她看到桌子上的晚飯，忍不住大聲抱怨：「媽媽，妳又做煮蘿蔔！妳知道我不喜歡胡蘿蔔！」

「妳好像很不開心。」媽媽說。

「我很生氣，我坐得很後面，什麼都看不到！」

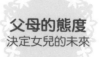

「怪不得妳不高興，坐得那麼後面就沒什麼意思了。」

「當然！我前面是一個高個子男生，幾乎擋住了我的視線，頭還不停地晃來晃去！」

「真的。」琪琪慢慢平靜了下來，「媽媽，妳今天煮的胡蘿蔔好像比以前好吃。」

這位媽媽的做法太棒了，她的溝通方式簡直滿分！

當女孩情緒激動時，父母最需要的是接納她們的情緒、表示同情，而不是火上加油。

如果媽媽說：「我辛辛苦苦做飯，妳卻不知道感激！」勢必會引起母女倆的爭執，爭執到最後，兩個人都筋疲力盡，媽媽覺得女孩不懂事，女孩覺得媽媽不體貼。「這一天真是糟透了！」琪琪可能會為這一切感到極度沮喪。

還有一種可能是，媽媽覺察到琪琪生氣的原因，卻予以斥責：「琪琪，我知道妳看電影不開心，但妳不應該責怪我煮的胡蘿蔔！」雖然媽媽說得沒錯，琪琪沒有好好處理自己的情緒，但是這種直接的指責通常會引起女孩的排斥。「喔，妳說得沒錯，可是我覺得很不舒服！」女孩心裡這樣想，「我覺得妳並不體諒我！」

然而，當媽媽體諒並接納女孩的情緒後，女孩氣憤的心情便平復了一大半，且意識到自己剛才太衝動了，所以用「媽媽，妳今天煮的胡蘿蔔好像比以前好吃」這句話委婉表達歉意。

媽媽是女孩生命最初的老師，女兒是媽媽的影子

女孩是媽媽的影子，有什麼樣的媽媽就有什麼樣的女兒。

父母**認同孩子的情緒**就是向孩子傳達這樣的訊息：你的感受是正當的。

不管媽媽們是否意識到，大多數的女兒把自己的母親當成模仿對象。從日常生活的接觸中，母親會在各個層面影響女兒。女兒也正是在生活的各個細節中感受到母親所傳遞給她的對於自我、女人、男人，以及生活的觀念。

母親是樂觀還是悲觀地對待生活，決定著女兒對生活的態度是樂觀還是悲觀；

母親在家庭中的地位，決定著將來女兒在她的家庭中的地位；

母親是以事業為重還是以家庭為重，決定著將來女兒如何處理家庭與事業的關係；

母親是否有主見、是否善良、是否有愛心，決定著女兒的個性與品德。

我們用現實生活中最常見的一個例子來說明這個問題。

卉卉總是一面照鏡子，一面皺眉頭，媽媽發現她這個毛病已經很久了，便問她：「寶貝，妳照鏡子的時候為什麼總是皺眉頭呢？」

「跟妳學的呀！我仔細觀察過妳照鏡子時的情形，總是表現出一臉不滿意的樣子，我猜每個人都會對自己不滿意吧！」卉卉認真地說。

卉卉說的是正確的，她的媽媽照鏡子時總是看到自己的缺點：顏色單調的頭髮、皺紋日益增加的皮膚、一點點加重的雙下巴……

由此可見，女兒不僅與媽媽的表情相同，面對同一事物時，看問題的角度，甚至看到的情況都是一模一樣的。卉卉媽媽照鏡子時看到的大多是自己的缺點，因此卉卉在鏡子中只能看到自己不滿意的地方，並且理所當然地推斷出：也許每個人都會對自己不滿意吧！

對於正在接受新事物、新思想的孩子來說，這是多麼危險的一件事！小小年齡便只能看到生活中悲觀的一面，又將如何面對人生旅途中的大風大浪呢？

給媽媽的建議

以身作則，為孩子樹立好榜樣

女兒是媽媽的影子，媽媽是女兒的榜樣。那麼身為母親，應該如何樹立好榜樣呢？

別抱怨、嘮叨，提高自己對生活的滿意度

我們都知道，女人愛嘮叨、愛抱怨，尤其是那些做了母親的媽媽，幾乎每天都生活在抱怨中——抱怨老公太懶，不能體諒她們的辛苦；抱怨孩子不聽話，處處讓她們費心；抱怨上司對她們太苛刻；抱怨同事太虛偽……

然而資料顯示，母女關係的好壞在於母親對生活的滿意度。每個孩子都不喜歡聽媽媽嘮叨抱怨，尤其是處於青春期的女孩。她們最常說的話就是：「媽媽，妳煩不煩呀！」當她們煩到一定程度時，便會把媽媽的抱怨、嘮叨當作耳邊風，導致母女關係陷入惡性循環。

其實，媽媽對生活不滿意不僅會造成母女關係惡化，更影響女兒對生活的態度。如果媽媽總是抱怨，女兒不知不覺中也會學會抱怨。所以，想要使母女關係更和諧、想要使女兒健康成長，做媽媽的首先要學會停止嘮叨抱怨，以樂觀的心對待一切，提高對生活的滿意度。

一位媽媽在日記裡寫了以下內容：

昨天，女兒的同學小新約女兒去她們家過夜，沒想到今天她一回來就問了我一個奇怪的問題：「媽媽，妳說是做媽媽好，還是做律師好？」

「這兩者有衝突嗎？」我好奇地問。

「有衝突，小新的媽媽說她為了小新，連最喜歡的職業都放棄了。我以後不要做媽媽，我

資料顯示，母女關係的好壞在於母親**對生活的滿意度**。

想做律師。」

聽了女兒的話，我恍然大悟。小新的媽媽既然已經選擇為孩子而放棄事業，何苦還要在孩子面前抱怨呢？但女兒還小，我不想讓她感受到成人世界的壓力，於是轉移了這個話題。

很多媽媽喜歡把自己塑造成受害者的角色，想以此來博得孩子的同情和合作，但無數事實證明這一做法並不可取。孩子也許會同情受害者，但絕對不喜歡受害者，長期處於這種氛圍會使敏感的小女孩疏遠媽媽，或者因而陷入深深的自責和自卑之中。

等到女兒長大後，已經能夠明白媽媽對她的愛，此時媽媽可以說：「為了妳，我放棄了自己最喜歡的職業。」藉此談談自己做出這個選擇的感受，對於女兒以後處理家庭與事業的關係將有很大的幫助。

用正面和積極的態度和行為影響女兒

在雪兒還小的時候，媽媽就教她要孝敬長輩，並以身作則示範如何體諒老人、照顧老人。兩年前暑假，雪兒的奶奶無法再獨立生活了，雪兒便自告奮勇地說：「我已經上四年級了，有能力照顧奶奶了，讓我照顧她吧！」爸爸原本不同意，但媽媽說：「讓她去吧，她會學到很多在學校裡學不到的東西。」於是雪兒真的搬到奶奶家，幫奶奶做飯、聊天、洗衣服……當然，由於沒有同齡的夥伴一起玩，雪兒也曾感到沮喪寂寞，但是照顧奶奶的動力讓她仍在那裡度過了整個暑假。

好的品德是父母送給女兒一生最珍貴的禮物。媽媽是否孝敬公婆、是否有同情心、是否有愛心，女兒都看在眼裡，並模仿著。如果沒有為女兒做好榜樣，當妳老了、埋怨女兒不來看妳時，她可能會這麼回答：「妳也是這樣對待爺爺奶奶的呀！」到時候，妳將後悔莫及。

爸爸影響女兒一生的性格與氣質

很多女孩都偷偷穿過媽媽的高跟鞋和長裙，幻想自己有一天也能成為風姿綽約的女人。然而，連她們自己也沒有意識到，她們洗手的姿勢、哈哈大笑的樣子更像爸爸，甚至內心裡也一直朝著父親所希望的方向發展。

爸爸對女兒一生的影響極其巨大，他們在不自覺中影響了女孩的擇偶標準、性格和氣質。

爸爸影響女兒的擇偶標準

父親是女兒生命中第一位男性，能為女兒樹立心目中男性的標準——女孩希望別的男孩像父親對待自己那樣來對待她。

父親能使女兒懂得男人的深沉和廣博、榮譽與正義、價值與意義，當父親真誠地面對女兒，真實地表現出自己的男子氣概時，女孩將學會尊重男性，平等地對待男性。與此同時，她們也將學會青睞那些尊重她、平等對待她的男性，避開那些有暴力傾向的男性。

對於女孩來說，父親的影響是巨大的。在女孩的人生路上，父親能夠指引她對男性懷有健康的認識，也可能錯誤地引導她們，令她們在與男性相處時困惑迷惘，不知所措。

調查顯示，四〇%的女孩顯示出和異性交往的能力與父親有關。如果說母女的親密關係帶

給女孩滿足的體驗和情感的支持，那麼父女的關係則使女孩初步懂得怎樣與異性相處，以及如何維持異性間的關係。

爸爸影響女兒的性格

心理學家指出，母親影響女兒的是生活層面上，父親卻對女兒的性格有至關重要的影響。一般來說，媽媽給予女兒的是一種無條件的愛。

爸爸則不同，通常只在女兒取得好成績時才把愛做為一種獎勵給她。然而女孩的心靈是細膩敏銳的，爸爸如果不善於表達，會被女兒看作是爸爸不愛自己，在這種心理的影響下，女孩會變得自卑、悲觀，甚至對生活中的一切都不感興趣。

反之，如果女孩有一位關注她們、善於表達自己情感的父親，那麼女孩在父親的關注和鼓勵下，就會變得自信、樂觀，做任何事情都充滿積極向上的動力。

爸爸影響女兒的女性氣質

女性氣質雖然是在一生中不斷塑造而成的，但早期與父親的溝通與互動卻會促進或阻礙氣質的發展。如果爸爸欣賞女兒的女性氣質，例如當女兒注視爸爸時，爸爸能夠以微笑的眼神回應；如果爸爸讚賞女兒的新髮型、新衣服或新鞋子，那麼，她的女性特質都會倍受鼓舞。女兒對性別的自我認同受到父親對她外表的反應影響很大。

此外，父親還會讓女兒形成特殊的氣質，有資料顯示：四三％的女兒從父親那裡繼承藝術天賦；超過二五％的女孩成年後認為自己的服裝品味來自父親；五三％的成年女性認為自己的歷史、自然科學以及國際關係等女孩比較不感興趣的學科知識，是從父親那裡獲得的。

以上三個方面都是母親無法像父親那樣給予女兒的。同時，**父親還會影響女孩生活成功和幸福的兩個重要因素：一是她的自信，一是她對自己女性特質的認識和認同。**

給爸爸的建議

如何成為女孩的好爸爸？

父親對女兒的性格和一生幸福會有很大的影響，那麼，如何成為女孩的好父親呢？

爸爸要盡可能多陪伴女兒

父親往往是家庭中最忙碌的角色，但他必須這麼想：與事業相比，女兒更重要，因此無論多忙，一定要挪出時間陪伴女兒，才能讓她有安全感，這對女孩的成長是非常重要的。如果女兒從小缺乏安全感，在將來的人際關係中就會不斷地尋找「父親」而導致心理障礙。

很多爸爸會說，與兒子在一起，可以玩摔角等激烈的遊戲。但與女兒在一起，總不可能跟她玩扮家家酒或跳繩吧！爸爸當然沒有必要與女兒玩扮家家酒，但可以和女兒一起「工作」。

一位近四十歲的女性回想和父親相處的情景：「爸爸常想出能夠消磨時光的事情，如集郵、集幣，叫我跟他一起忙。一方面培養我的興趣，另一方面能創造我們父女相處的機會。」

其實，女孩渴望父親的陪伴，並不只是希望一起玩遊戲，而是希望獲得父親關注，這樣她就會在心理上得到滿足。

女兒對**性別的自我認同**
受到父親對她外表的反應影響很大。

爸爸需要準備「情感詞彙」密碼！

東方社會的父親常不善於表達自己的情感，尤其是面對女兒時，更不善於表達。針對這點，美國的父親就做得很好，他們常常會對女兒說：「我愛妳！」「我為妳感到驕傲！」當然，由於文化背景是不同，即使說不出「我愛妳」，也應該多多練習誇獎女兒「妳真棒！」「爸爸為妳感到驕傲」。

做爸爸的應該在對女孩多些關注的前提下，多找一些這樣的「情感詞彙」來拉近與女兒之間的感情，如此一來，「女兒大了，慢慢會和爸爸疏遠」的刻板現象就不會發生。

女孩自信或自卑取決於爸爸的關注

我們知道，在男孩的成長過程中，如果爸爸忽略自己應該扮演的角色，男孩就會因為沒有男性榜樣而變得缺乏男子漢氣概，甚至會變得「娘娘腔」。因此也許會有父母說：「女孩有媽媽做榜樣就好，爸爸不用特別參與女孩的成長過程。」

然而，這種想法大錯特錯。女孩很注重關係、很敏感，所以也會用一顆敏感的心去衡量自己與父親之間的關係。在某種程度上，爸爸對女孩是否關注，決定了她是自信還是自卑。

對於小女孩而言，爸爸是無所不能的——玩具壞了，爸爸弄個兩下就恢復原樣；家裡的燈壞了，爸爸很快就能修好。女孩能感覺到，爸爸是一家之主，是權威的象徵。

女孩從別人的關注之中，能找到自我認同的感覺。但如果關注來自於很有權威的爸爸，對孩子來說意義更是不同。如果父親對女孩毫不關心，她一開始會採取某些小伎倆或以哭鬧來引起父親的關注，若是無法達到目的，女孩就會感到十分困惑，認為父親不愛她了，因而感覺到被欺騙、生氣，甚至還會產生內疚的心理：

我究竟做錯了什麼？爸爸為什麼不願意理我？要怎樣做爸爸才會更喜歡我呢？

如果女孩長久生活在這樣的心理下，就會不自覺地為自己貼上「不夠聽話、不夠聰明、不夠可愛、不夠討人喜歡……」之類的標籤，造就一顆極度自卑的心。

給爸爸的建議

讓女兒用自信的眼光看世界

做為父親，你的世界裡不能只有事業；做為女孩的父親，你更需對她們多一些關注和關愛，因為這將決定你的女兒是用自卑或是自信的眼光看世界。

爸爸的支持會讓女兒更有自信

女孩在小的時候，社會就期許她們：不要亂爬亂動，不要大聲說話，要像個淑女……在女孩尚未進入青春期前，這些約束對她們不會有太大的作用，她們想做什麼就做什麼，想怎麼說話就怎麼說話。但是進入青春期後，女孩會忽然開始懷疑自己，被問到最簡單的問題時，她也會搖著頭說「不知道」；她們甚至為了不讓別人看出胸部的發育，而故意駝背走路。

此時，爸爸的支持對於她們來說將十分重要，爸爸的支持會讓她們更加自信。

爸爸對女孩是否關注，
決定了她是**自信還是自卑**。

有一天，八歲女孩張玲哭著回家，進門就對正在客廳看報紙的爸爸說：「爸爸，同學都欺負我……」原來，由於她的性格很像男生，常被其他女生嘲笑，男生也不願意跟她玩。因為沒有朋友，她便覺得大家都不喜歡她，都想欺負她。

聽完女兒的描述後，爸爸笑著說：「我的女兒只是不像其他女孩那樣柔弱，像妳這樣，將來才能有所作為呢！」聽了爸爸的話，她開始變得有自信，還發現同學們一點都不討厭她，很願意與自信的她交朋友呢！

對於注重關係的女孩來說，別人一句懷疑她的話，都會使她們自己懷疑自己。此時，來自於爸爸的肯定會讓她們重新審視自己，重新為自己定位。

當父親開始關注女兒的一言一行時，她會知道在生命中有一位重要的男性在關愛她，這種關愛甚於任何人。當父親開始注重女兒的言語和心聲，以及與女兒之間的交流時，她們會因此變得自信而堅強。

來自於爸爸的誇獎最有效果

東方人很「自謙」，尤其是爸爸，從不在別人面前誇自己的孩子，甚至當別人誇獎自己的孩子時，他們都會說：「哪裡，我家的孩子沒有你家的優秀！」卻從來沒有想過，這些自謙的話會對女兒造成多大的傷害。聽到這些話，敏感的小女孩會想：「原來我在爸爸心目中是這個樣子！」「我真的很不優秀！」……

有個父親曾說：「家裡有客人時，常會開玩笑地比較我兩個女兒，儘管我試著阻止，但有時客人們仍會無意識這麼做。有一次，一位客人對大女兒說：『妳不如妹妹漂亮。』女兒雖然沒說什麼，但我看得出她不開心，便笑著對她說：『叔叔在跟妳開玩笑！我的兩個女兒都很漂亮，都是爸媽最棒的女兒！』說完後，兩個女兒都自信地為客人表演節目，往後再遇到類似情況，女兒還會自豪地對客人說：『我爸爸說我們都是最漂亮的，都是爸媽最愛的女兒！』」

對於家裡有兩個孩子的家長來說，確實經常遇到這樣的情況，「妳不如妹妹長得漂亮」「妳爸爸媽媽比較疼妳姊姊」……一句不經意的玩笑話就會使敏感的女兒受到傷害，甚至自卑。因此，父母要學會如何保護女兒脆弱的自尊心。

爸爸的誇獎會讓女兒更加自信，如果爸爸經常對女兒說：「妳是最棒的！」女孩就會帶著這個心態進行社交：「我爸爸說我最棒，我就是最棒的！」凡是有這種心態的女孩，在人際交往中不再那麼敏感，思想和行動也不易受別人影響。

父女關係升溫的祕訣

十三歲女兒忽然對爸爸說想要染金髮，他的第一反應是：「這丫頭瘋了！」然而此時心裡出現另一個聲音：「不過是頭髮而已，沒什麼大不了！我像她這麼大的時候，不也因為髮型和父親鬧過彆扭嗎！」這位爸爸想到這些，開始慶幸至少女兒在做決定前會先告知，而非先斬後奏、突然頂著一頭金髮出現在自己面前。於是他開口說了一句有智慧的話（父母對子女不滿意，卻不知如何表達反對意見時，這樣說最好）：

「哦，什麼時候？」

爸爸的誇獎會讓女兒更加自信，
在人際交往中不再那麼敏感，
思想和行動也不易受別人影響。

「週日下午，有個同學要來家裡，我們要自己染。」女兒興奮地說。

「哦，用什麼染？」這個爸爸努力地思索要怎麼接話。

「在超市買的染髮劑，據說洗七次都不會掉色呢！」女兒自豪地說。

「哦！」這個爸爸最後用這個口頭語結束了兩人的談話。

因為不喜歡女兒把頭髮染成金色，又不希望自己干涉太多，於是他便選擇週日下午不要待在家裡。結果，女兒的朋友臨時有事，沒能準時赴約，久而久之，女兒想染髮的衝動也慢慢消失了。這讓他非常慶幸當女兒告訴他想染金髮的那天，他沒有說出任何拒絕的話。

我們可以想像，這個小女孩肯定是懷著忐忑不安的心情對爸爸說出自己的決定，也許爸爸民主的態度讓她吃驚，但藉由這件事情她會了解：爸爸是愛她的，願意尊重她的決定。以後當她做任何決定時，都會認真地考慮一下爸爸的感受而事先報備或商量。

由此，我們可以總結父親與女兒之間感情不受影響的好方法：父親不要輕易表達憤怒的情緒，不要輕易說出憤怒的言論。因為**父女任何一次憤怒的爭吵都會在女孩的心靈留下傷口，即使傷口總有一天會癒合，最終還會留下爭吵過的痕跡**。所以，對於敏感的女孩，父親更應該小心地呵護，避免憤怒的指責、批評、打罵，傷害父女間的感情。

給爸爸的建議

寵愛她但不要溺愛！

父親要給女兒多一點愛，但不是溺愛。父親對女兒的溺愛與母親的溺愛不太相同——母親的溺愛會使女兒懶惰、無法獨立，欠缺的是習慣的養成；父親的溺愛會使女兒蠻橫、霸道、不講理，影響的是個性及道德感。所以，試著讓父女感情升溫時，一定要區分寵愛與溺愛。

那麼，促使父親與女兒感情升溫的方式有哪些呢？

創造情感交流的機會

一位深知與女兒如何進行感情交流的父親表示：「平時我工作很忙，但是每個星期都會抽出一天來陪女兒。在這一天裡，我會放下所有的工作，把手機關掉，專心地陪著她；或是帶她去採購文具；或是帶她去挑一款喜歡的玩具；或是去公園玩；或是待在家裡陪她下跳棋……當然，在做這一切事情時，我會記得與女兒進行情感交流，用語言、行動等各種方式告訴她：『雖然爸爸工作很忙，但爸爸愛妳！』一天結束後，女兒會把她的日記給我看：『有爸爸陪伴的時光，是我最快樂的時光。』在女兒的表情中，我讀到滿足和幸福。」

女人是情感的動物，女孩更是如此。陪她採購文具、挑選玩具、帶她去公園玩等，通常是媽媽負責的事，因此她們更渴望爸爸的愛。這時，爸爸只要稍微付出，例如特別抽出時間來陪女兒，或是考試前寫個紙條鼓勵她……這些小舉動都能讓她們感到滿足。

經常讚美女兒

對於女兒來說，來自爸爸的愛比來自媽媽的愛更珍貴，爸爸的讚美也更能使女兒信服。

或許對於不善表達情感的父親而言，說讚美的話會感到有點彆扭，此時不妨以點頭微笑表示你對女兒的認同。此外，有時女孩對於讚美很挑剔，如果爸爸一味地稱讚「妳很漂亮」，雖

父親的溺愛會使女兒蠻橫、霸道、不講理，
影響的是**個性及道德感**。

然當下女孩會很高興，但這種話說多了，她就會感覺到厭煩。女孩需要的是各方面的肯定，例如想法、行為、精神、情感，而不僅僅是外表。

增加肢體接觸

我們經常會看到父親們把剛學會走路的女兒拋向空中，接住，再拋起來，再接住，如此反覆，直到把寶貝女兒逗得大笑為止。其實，女孩很喜歡這種冒險性的動作，因為肢體接觸也是父母之間增進感情的一種方式，透過肢體的接觸，女兒能夠感覺到父親對她的愛。

一位不善於語言表達，但很習慣用肢體接觸表達對女兒感情的父親分享說：「女兒小時候常常會因為某些小事不高興，看到女兒不高興時，我就對女兒說：『來，讓爸爸抱抱。』當我把女兒抱起來時，發現她很快就高興起來了。女兒漸漸長大，我會拉著女兒的手為她講故事；女兒進入了青春期，我會拍著女兒的肩膀跟她講道理。」

直到現在，這位父親與女兒的感情一直很親密，遇到什麼事情，她首先想到的不是媽媽，而是爸爸。對於女孩來說，肢體的接觸讓她能更快、更直接地體會到爸爸的愛。

尋求媽媽的協助

孩子成長時期，與媽媽相處的機會較多，因此，媽媽的態度往往決定父女關係的好壞。

如果媽媽一直在女兒耳邊嘮叨：「妳爸爸就知道忙自己的事情，把咱們母女都忽略了！」那麼女兒也一定會抱怨爸爸、冷淡爸爸，甚至是仇恨爸爸；如果媽媽一直對女兒說：「妳爸爸雖然工作很忙，但他時刻在關心你，他是愛妳的！」那麼即使爸爸真的抽不出時間來陪女兒，女兒也會諒解、喜歡爸爸。

另外，當**不善言詞的爸爸與敏感的女兒發生衝突時，媽媽往往能夠巧妙地化解父女之間的矛盾與衝突，並且可以成為父女關係升溫的催化劑**。

爸爸因為反對十三歲的思璇穿奇裝異服，兩人大吵了一架。事後她委屈地對媽媽說：「爸爸平時根本不管我，但一回家看我不順眼，就挑我毛病！」當下媽媽什麼也沒說，只是傾聽女兒訴說心裡的委屈，等女兒稍微平靜一點，才跟女兒說：「任何一位父母都不會看自己的孩子不順眼。妳爸爸每天晚上回家，都是先問問妳的情況，『璇璇今天過得如何？』『璇璇今天高興嗎？』」看著女兒驚訝的樣子，媽媽繼續說：「有一天，妳爸爸竟然對我說：『我看了一本關於教育女兒的書，書上說女兒一定要富著養，才會有氣質、內涵和修養，為了女兒我要努力賺錢，把女兒培養成一個高貴的小公主。』」

聽完後，思璇哭著說：「媽媽，我錯怪爸爸了，我以為爸爸討厭我，不愛我了呢！」

「傻孩子，爸爸是很愛妳的，他之所以批評妳，也許是因為覺得妳的穿衣風格不符合他心目中高貴小公主的標準吧！我和妳爸爸都希望妳將來有氣質、有內涵，而不只是盲目地追求流行。當然妳已經長大了，有權決定要穿什麼了，這一點我會跟妳爸爸溝通的。」

從此思璇再也不抱怨爸爸，而是依照爸爸的期望，努力讀書以提升自己的氣質。

多麼明智的媽媽！因為她的調解，女兒得以理解爸爸，並加深對爸爸的感情。而且也正因為女兒理解了父母的一片苦心，才會心甘情願地按照父母所希望的去做。

女孩需要的是**各方面的肯定**，
例如想法、行為、精神、情感，而不僅僅是外表。

管教女孩，父母要樹立威信

談到自己在女兒心目中的威信時，很多父母都一肚子苦水：「女兒一點兒都不怕我，每次犯了錯都會強詞奪理地和我爭辯。」「都說男孩子不好管教，可我們家這個女兒也是愈大愈難管教了。你說一句，她頂你兩句。」

隨著時代的變遷，現代的女孩與過去截然不同。生活在獨生子女時代、物質生活充裕時代的她們，更自信、更獨立、更有自己的見解。再加上很多父母都對女兒寵愛有加，父母要想樹立威信更是難上加難。

然而孩子畢竟還小，思想容易偏激，如果父母不能及時給以權威的解答、嚴格的規範，女孩就很容易養成驕縱、偏執、以自我為中心的不良個性，對培養良好的個性習慣十分不利。

我們都希望自己的女兒能夠乖巧聽話，因此，**樹立父母應有的威信，讓她懂得尊重父母、信賴父母，既讓孩子心服口服，又能讓孩子理解父母的愛，進而和父母建立起一種積極配合的密切關係，就是現代父母的重要課題。**

給父母的建議

嚴與愛並用最能樹立真正的威信，讓女孩既敬又愛！

對女孩的教育，必須「嚴」與「愛」並用，才不會傷害到她敏感的自尊。在寬嚴相濟的教育方式下，父母也更易樹立權威形象，讓女兒既敬你又愛你。

例如，父母平時可對女兒要求嚴格一些，對於影響女兒個性發展的小細節、小錯誤不能輕易放過。但每次嚴格教育後，都應想辦法安撫和開導，使她感受到父母是愛她的。這樣一來，孩子既受到了教育，又不會對父母產生畏懼、抵抗心理。而且，當孩子懂事以後，也會對父母的嚴格教育心存感激。一位母親這樣描述自己「寬嚴相濟」的教育方法：

一次吃晚飯，女兒把一盤蝦端到自己面前說：「這是我的，你們不能吃。」我批評她，她不肯聽，我就把她的飯碗拿走，哪知她竟直接吃起電鍋裡的飯。於是，我一面「請」她去廁所面壁思過，一面叫她爸爸過十分鐘後進去開導她，一個扮白臉一個扮黑臉。

等事情過去後，我又為女兒準備了豐盛的飯菜，並把她拉到懷中安慰一番，讓她明白我的嚴厲是因為她這件事做得不對，並非媽媽不愛她。

從那以後，女兒再也沒犯過類似的錯，有時還會主動把自己愛吃的東西留給我們。更令我感到欣慰的是，我們的威信是建立在信任的基礎上。

父母要同一陣線，教育態度一致

教育孩子，如果父親一種態度，母親一種態度；或者父母一種態度，祖父母一種態度；一方嚴厲，一方寬鬆；一方斥責，一方袒護，這些都是不可取的。長此以往，父母在女兒面前的威信就會蕩然無存。

有一對父母對於教育女兒的觀點和方法很不一致，常常各執一詞。比如一個要求女兒自己穿衣服，另一個卻說女兒還小，我來幫她穿還省點事；女兒犯了一點錯誤，一個很不以為然，另一個卻非要女兒道歉不可。這對父母常常為此發生衝突，搞得孩子無所適從。

父母對於影響女兒個性發展的小細節、小錯誤不能輕易放過。
但每次嚴格教育後，都應想辦法**安撫和開導**，
使她感受到父母是愛她的。

當夫妻態度不一致時，切記不要在孩子面前持相反的態度、提相反的要求。如果爸爸處理問題粗陋，媽媽可以不表態，也不要當場反對，等到事情過後，媽媽再說服爸爸，取得一致看法後再去安撫孩子。這時，孩子既不會感到委屈，又會從內心深處信服父母，接受教導。

以身作則是建立威信的關鍵

古話說：「其身正，不令而行，其身不正，雖令不從。」如果想在孩子面前樹立威信，父母自己首先要做得更好。

比如，要糾正女兒亂扔垃圾的壞習慣，僅靠一再嘮叨是不行的，必須做給孩子看。孩子看到父母的行為自然會模仿，同時也就比較容易接受父母的要求。想想，如果父母自己都做不到的事情卻要求孩子去做，孩子又怎麼會聽從呢？

少而精的管教更有效！

很多當媽媽的都有這樣的感受：再怎麼苦口婆心，結果女兒根本不聽也不怕自己；反而是當父親的，往往在關鍵時候一句話，就頓時收到效果。

一位媽媽就曾這樣總結道：「在家裡女兒是我管教的，但是她爸爸的威信更高。就拿看電視來說，我一遍又一遍地催她把電視關掉，該做作業了，她卻像沒聽到一樣，總是拖了又拖。而她爸爸說一句話，孩子就會馬上執行。究其原因，我想可能是我管得太多、太瑣碎，讓女兒心生厭煩，反而不聽話。而她爸爸雖然平時很少說她，卻能抓住一些主要問題一管到底，這樣反而更有效。看來，要樹立父母的威信，還要管得少而精。」

這位母親的經驗總結，十分值得女孩父母們借鑑。如果父母每天都是絮絮叨叨，大事小事數落個沒完，孩子難免會產生厭煩心理。所以，有時候抓大放小，反而更有效。

給父母的建議

女孩需要父母的肯定與鼓勵

小女孩的自尊心很強，她們往往更在意父母的肯定或否定、更在乎父母的表揚或批評。也正因為如此，很多時候，往往父母一句不經意的否定和批評就會影響小女孩的一生。

女兒想學跳舞，父母表示反對，說：「妳太胖了，不適合跳舞。」女孩感到很自卑，從此再也沒有接觸過舞蹈。

女兒一次成績沒考好，父母就心急如焚：「妳怎麼都沒進步呢？竟然考這麼差！」孩子失敗了，父母沒有安慰孩子，反而挖苦道：「看，不聽我的話，失敗了吧？」

我們可以想像，一個被認定為「身材不好」的小女孩，怎麼可能自信地跳舞；一個被父母批評「怎麼學都不進步」的女孩，怎麼會有努力學習的上進心；而一個時刻被父母譏諷「不聽我的話就會失敗」的女孩子，又怎麼可能具有獨立思考和面對一切事情的能力？

美國著名的心理學家羅森塔爾（Robert Rosenthal）曾做過這樣一個試驗：他來到一所普通中學，在一個班級隨便走了一圈，然後在學生名單上圈了幾個名字，告訴他們的老師說，這幾個學生智商很高、很聰明。過了一段時間，教授又來到這所中學，奇蹟真的發生了，那幾個被他選出的學生真的成為班上的佼佼者。

為什麼會出現這種結果呢？正是「積極暗示」產生的神奇魔力。

因此，如果你的女兒長期接受消極和不良的心理暗示，情緒會受到影響，嚴重的話甚至會影響心理健康。反之，**如果父母對女兒積極肯定，藉由期待的眼神、讚許的笑容、激勵的語言，就能使女孩更加自重、自愛、自信，而她的表現也會令你大吃一驚！**

前蘇聯教育家蘇霍姆林斯基（Васи́лий Алекса́ндрович Сухомли́нский）曾告誡成人：「時刻都不要忘記自己也曾是個孩子。」每個女孩的父母不妨回想一下，你是否也曾因為父母的一句肯定而做到了什麼，或是因為父母的一句否定而放棄了什麼呢？

任何一個人都希望得到別人的肯定，甚至連成人也是如此。每個孩子都需要從自己最親近的父母那裡，得到真誠的肯定與鼓勵，容易自卑的小女孩尤其如此。

千萬不要否定女兒的成績

一天，女孩蓼蓼讀完了一本有些艱澀難懂的書，她非常高興，不由得高聲唱起歌來。

「蓼蓼，妳在吵什麼！」爸爸皺起眉頭說：「讀完書是很平常的事，用不著那樣高興。」

「可是爸爸，看完這本書真是讓我太開心了，它那麼難懂，可我居然把它看完了！」蓼蓼抬起頭對爸爸說，她很想得到爸爸的肯定。

「哼！妳以為我會表揚妳嗎？」爸爸愈說愈惱怒：「不要以為自己是個了不起的天才。我告訴妳，驕兵必敗！」

從此以後，蓼蓼臉上再也看不到那種快樂自信的表情了，做任何事也不再那麼積極了。

消極的評價對女孩的傷害就是這麼大，它會毀掉她的自信、樂觀，將懦弱與自卑灌進幼小而脆弱的心靈。蓼蓼因讀完一本很難懂的書而開心，並不是驕傲，而是成就感的正常流露。

父母們對女兒適時的肯定會使孩子確認自己的判斷，對自己的能力感到驚喜，下一次就會更加信心十足。當成就感被一步步提升時，孩子的潛力也會被一點點挖掘出來。

父母要學會做喝采的觀眾

一個鋼琴彈得很棒的女孩，曾在日記裡記下學習鋼琴的感受：

剛開始學鋼琴時，我曾認為彈鋼琴是世界上最辛苦的事情。可現在，我一天最快樂的時光就是彈鋼琴時，因為爸爸媽媽很愛聽我彈。

一天晚上，我正在練琴，屋裡靜悄悄的。忽然，我一回頭，發現爸爸媽媽都坐在床邊靜靜地聽我彈琴，爸爸眼裡含著淚水。我很害怕地問：「爸爸，你怎麼啦？我哪裡做錯了？」爸爸笑著說：「不，妳彈得太好了，我很感動。爸爸和媽媽一天中最高興的時刻就是聽妳彈琴，妳的琴聲把我們一天的疲勞都趕跑了。」真沒想到，我的琴聲有這麼大的力量。那種能讓父母因我而感到高興的感覺真的是好極了！

用賞識的眼光看待孩子，是現代父母送給女兒最好的人生禮物。父母若期望孩子成人、成才、成功，最佳的方法就是：永遠做女兒的欣賞者、喝采者，肯定她的成功，培養她的自信，欣賞她的才華。

告訴女孩「下次會做得更好！」

月月是一名品學兼優的學生，但在一次體育考試中，卻考了最後一名。月月難過極了，經

父母期待的眼神、讚許的笑容、激勵的語言，
就能使女孩更加**自重、自愛、自信**，
表現也會令你大吃一驚！

過很久，還是沒從這次失敗中走出來。

「女兒，還在為那件事難過嗎？」媽媽問。

「是啊，我跑最後一名，太丟臉了。」

「可是妳有沒有想過其中的原因？」媽媽說：「妳比其他同學年紀小啊！其他人的腿都比妳長很多。我問過妳的體育老師，他說妳是同齡孩子中跑得最好的，這場比賽對妳不公平。等妳個子再高一點，一定跑得比他們快。」

「媽媽相信下次妳會做得更好！」媽媽最後補充說。

在大多數情況下，女孩子的勝任感和自卑感往往會受到家長的影響——受到的表揚愈多，對自己的期望就愈高，就會產生很強的勝任感；相反，受到的表揚愈少，女孩隨之產生的自我期望和努力就愈低，從而愈來愈不相信自己。

所以，當女孩受到挫折時，家長肯定的眼神、肯定的話語、肯定的動作，就是她們最有效的強心劑。家長應該給予積極的回饋，幫助她們總結原因，提出改進意見並加以鼓勵。

給父母的建議

表揚女兒的技巧

如果自己的女兒身上似乎沒有優點，又該怎麼去表揚呢？

六歲的女孩小露，長得並不漂亮，個子也不高，學習成績也很一般，總在班上二十名左右徘徊，在任何一門功課上都沒有表現出過人的天賦。在父母的眼裡，女兒平凡得讓他們沒有誇獎女兒的機會，漸漸對這個女兒幾乎失去信心。每當小露不小心做錯了什麼，爸爸媽媽總會不約而同生氣地說：「我真懷疑妳是不是我的女兒，怎麼這麼笨啊！長大了肯定沒出息！」

做為父母，我們總是希望自己的孩子是最好的，可是父母也應看到，每個孩子都有長處和缺點，雖然孩子的天資有別、學習事物有快有慢、學習成績有高有低，但判斷一個孩子的好壞，不能只取決於一個面向。

就拿小露來說，也許她的長相一般，卻極可能擁有善良的心；也許成績一般，但可能比別人還努力；也許經常犯錯，但也許錯誤中蘊涵創意火花。只要父母用心觀察，不以苛刻、挑剔眼光看待女兒的一言一行，就會發現：女兒蘊藏著無數優點、有值得表揚的地方。當父母及時表揚這些優點，那麼，她必然會順著你的期望盡力表現，或許還會出乎意料也說不定。

不管你的女兒是否優秀，都請用平常心來對待。孩子的每個第一次、每個微小進步、每個善意的舉動，都是父母表揚的讚賞的理由。只要你發自內心地稱讚，注視著女兒的眼睛，溫和地對她說：「孩子，妳是我的驕傲！」相信每個看重父母評價的小女孩都不會令你失望！

表揚要真誠，要發自內心，幫助孩子看到自己的優點

一位媽媽聽說「要不停鼓勵孩子」後，便決定女兒每做一件事，無論做得如何，她都說：「女兒，太好了，妳太棒了！」女兒常被誇得莫名其妙反而說：「媽媽，妳沒事吧？」

表揚需要講究技巧，如果媽媽不分場合、不分事情地一味表揚孩子，孩子往往會被誇得莫名其妙，有時甚至還會引起女兒的反感，認為父母太「虛偽」。此外，有些父母認為鼓勵就是說好聽的話，這樣做也會引起孩子的反感。

用**賞識的眼光**看待孩子，
是現代父母送給女兒最好的人生禮物。

爸媽不在家時，女孩喬喬一個人把家裡收拾得乾乾淨淨，想給媽媽驚喜。媽媽一回來，高聲說：「我太愛妳了，你很有自覺唷！」喬喬一聽覺得掃興極了說：「真沒勁！」

孩子為什麼覺得掃興呢？因為她得到的只是「自覺」這樣不痛不癢的表揚，會因此認為：媽媽之所以愛我，是因為我打掃了房間，如果我沒有這樣做，她還會愛我嗎？

由此可見，表揚孩子應該發自內心，讚美孩子本身。只有這樣，孩子才能真正看到自己的長處、不斷進步。

表揚女孩的行為，而非她本身

某學者到住在中國的外國朋友家做客，朋友家的八歲女兒拿出水果來招待他，他接過水果，很真誠地對她說：「妳真漂亮。」

小女孩回房後，朋友很嚴肅地對他說：「你傷害了我的女兒，必須向她道歉。」

「我沒有傷害她呀，我還讚美他呢！」學者一臉茫然。

「問題就出在這裡，你讚美她長得漂亮，這是她的外表，是父母給予的，並不是她努力得來的結果。而她和你打招呼、遞水果給你，你卻忘了讚美她的禮貌。」朋友一本正經地說。

其實，很多父母也常常會犯這種錯誤。例如當你下班回家，女兒過來幫你捶背，這時與其誇女兒「真是個好孩子」，不如說「妳的力道剛好，媽媽現在舒服多了，妳這麼孝順，媽媽覺得很幸福」。這會讓女孩明白，孝敬父母是美德，她也會為自己擁有這樣的美德而自豪。

另外，對於年齡比較小的女孩，當她的表現很不錯時，一定要及時表揚。如果家長對孩子的良好表現視而不見，會大大傷害這些小女孩的積極性。

表揚要具體，孩子才知道自己做對了什麼！

很多父母在表揚女兒的過程中，往往會用「妳真棒」一句帶過，然而這不是一種正確有效的表揚方式。**對於一些年齡尚小的女孩來說，父母更應特別強調孩子令人滿意的具體行為，表揚得愈具體，孩子就會愈清楚哪些是好行為。**

例如，兩個小女孩在一起玩，一個不小心摔倒了，另一個趕緊跑過去把她扶起來，幫她拍掉身上的土。這時，父母就應該說：「妳今天把小朋友扶起來，做得真好，媽媽很高興。以後和小朋友一起玩，就要像這樣互相關心、互相幫助。」

這種更具體的表揚方法，既讚賞了孩子，又培養了孩子關心別人、助人為樂的良好行為。孩子以後再遇到相同的情況，就更容易做出正確的選擇。

藉由偶像之口表揚，女兒會做得更好！

芊芊的小阿姨是事業有成的職業女性，芊芊很崇拜她。有一次，從小阿姨家做客回來，媽媽無意間提了一句：「今天小阿姨誇妳很有禮貌。」「真的嗎？」芊芊很興奮。「真的，她親口對我說的。」媽媽說。

從此以後，芊芊遇到熟人就會打招呼、問好、幫忙他人，變得愈來愈有禮貌。發現這個神奇效果後，每次從小阿姨家回來，媽媽都會神祕地告訴芊芊：「小阿姨偷偷跟我說，芊芊搶著做家事，是個懂事的大孩子了。」「小阿姨誇妳很努力，說妳將來肯定很有出息。」

從此，芊芊每去小阿姨家做客一次，回來後都會有很大的改變。

表揚孩子應該發自內心，讚美孩子本身。
孩子才能真正看到自己的長處、不斷進步。

每個小女孩都會有自己崇拜的人，借他們的口來表揚你的女兒往往會產生很神奇的效果。即使她們沒有崇拜的人所誇的那麼優秀，也會朝著那個目標努力。這樣的表揚對於女孩來說，就是成長的推動器。

給父母的建議

批評女兒的藝術

雖然和男孩相比，乖巧的女孩較少惹父母生氣。但面對犯錯的女兒，父母們卻普遍會遇到一個難題：批評得重了，怕傷害女兒的自尊心，輕了又怕起不了效果；批評不到位，又怕女兒產生反叛心理。

「我家女兒太脆弱，一批評她或說她做得不對，就哭個不停，弄得我都不敢批評了。」

「每次對女兒嚴厲管教後，她都會變得沉默寡言、鬱鬱寡歡，甚至還曾邊哭邊問我：『媽媽，妳是不是不愛我了？』搞得我不知所措。」

「任我怎麼說，女兒都是一副事不關己的樣子，她根本就不怕我。」

這些家長們的苦惱，大致可分為兩方面：一是女孩子太脆弱，禁不起嚴厲的批評；二是家長在平時沒有樹立起權威，所以孩子不認為父母的批評是正確的。因此，要根本解決批評女孩該輕該重的難題，父母不僅平時就要培養孩子的抗挫折能力，還要樹立家長的權威。

此外，批評女孩也有技巧。很多時候，女孩所表現出的脆弱、自尊心強等特點，往往是因為她們在乎自己在父母心目中的地位。因此，父母一定要掌握女孩這種心理特徵，順應個性進行正確的批評。

用愛感化女兒

批評男孩的方法與批評女孩的方法有很大的差別。對男孩來說，父母需要讓他明白錯誤的原因，並提出合理的解決方法；而**對女孩來說，父母最關鍵的任務是在批評後，如何讓女兒既聽話，又能深切體會到你對她的愛。**

有個女孩個性非常叛逆，整天跟父母吵架。媽媽什麼方法都試過了，卻無法改善。一天，媽媽無意中翻出自己當年的育兒日記，裡面記錄著女兒成長的點滴。她拿出來念給女兒聽，從她出生時的喜悅，到她生病時媽媽的恐懼，以及對孩子的美好期望。剛開始女兒還似聽非聽，漸漸聽得入神，最後忍不住撲到媽媽懷裡，哭著向媽媽道歉。

愛可以感化一切。女孩再叛逆，對父母也有很深的愛。當她明白父母對她的愛有多深，就會用百倍的愛來回報父母。

用「沉默」代替懲罰

對於女孩來說，父母的批評往往會傷害到她的自尊心。因此，當女孩犯了錯，不妨換一種批評的方式：沉默。

一位媽媽寫道：女兒六歲時，竟然用剪刀把我剛買的羊毛衫剪得到處是洞，我氣極了，可又想到不能打罵來教育孩子，於是只得忍下怒氣，轉身不再理她，暗自考慮著懲罰的方法。

女兒見我十分氣憤卻沒有罵她，更是覺得不安，跟在我的後面解釋：「媽媽，我不想把它

要根本解決**批評**女孩該輕該重的難題，父母平時就要培養孩子的抗挫折能力，還要樹立做家長的權威。

弄壞……」接下來十幾分鐘，她一直圍著我轉，尋找和我說話的機會，我依然沉默以對。

過了一會，她便在我身邊哭了，一邊哭一邊說：「媽媽，我錯了，我再也不敢了！」見孩子已經真正意識到自己的錯誤，我知道這是教育的最佳時間，於是把女兒拉到懷裡，告訴她錯誤的嚴重性。從此以後，女兒不僅沒有再犯相同的錯，和我的關係也愈來愈親密。

女孩犯錯時，內心往往是忐忑不安的，她的辯解更是一種心虛的表現。此時，**父母的適當沉默，不僅能夠給予女兒足夠的時間反省，更是一種變相的懲罰。而且，讓孩子自己認識到錯誤，遠比父母的千百句批評更有用。**

對女孩要賞罰分明

批評的目的是藉由懲罰性的措施，讓孩子明白其中的道理，避免下次再犯。因此，批評只是一種手段，並不是最終目的。家長一定要做到賞罰分明，不要出爾反爾，否則女孩會不明白你的意思，從而達不到教育的效果。

一個小女孩撒了謊，被媽媽識破後，媽媽狠狠地罵她，小女孩傷心地哭了起來。看到女兒哭了，媽媽馬上就買一支冰淇淋哄她。整個過程被一位教育專家看到了，他問女孩的媽媽：「妳為什麼罵女兒？」女孩的媽媽回答：「因為她撒謊。」「但是又為什麼買冰淇淋給她，這樣是表揚她的行為，還是給她挨罵的補償？」在教育專家一問下，女孩的媽媽啞口無言。

規則一旦制定，就要嚴格執行，否則以後所有的規則都將被打破。

增加身體接觸

在批評的同時，父母最應做到的就是讓女孩感受到你對她的愛。這時，增加和女兒的身體接觸，就是最好的輔助方法。

例如，在批評女兒時，可以摟著她的肩膀說話，或拉著她的手講道理。這樣一來，即使父母說出一些指責的話，女兒也會坦然接受。因為她知道，父母是出於愛才批評自己，自己並不會因為這次錯誤而失去父母的愛。

批評的同時，不忘發現她的優點，女孩更容易接受

一位母親是這樣批評女兒的：

女兒放學回家後心事重重。晚飯後，她忽然站起來說：「媽媽，今天老師罵我！」

「沒事沒事，跟媽媽說，老師為什麼罵妳？」

她說：「第一，上課時，我動來動去；第二……第三……還有第四，老師說下課了，我就跟同學聊天，我們平常聊都沒事，不知道為什麼今天要罵我們。」

「媽媽還真不知道妳是一個能聊的孩子，這挺好的，表示妳能說話愛表達。但是妳聊天的時間不對。老師已經提醒不准聊天了，妳還在說話，就不對了。」

父母應當知道，切忌一味批評、全盤否定女孩。當女孩感覺自己一無是處時，往往就會陷入深深的自卑，認為無論自己再怎麼努力都沒用了。因此，在批評孩子的同時，也不要忘記發現她的優點。將優點和缺點一起說，她們才更容易接受。

給父母的建議

給予尊重，讓女孩快樂成長

隨著女孩慢慢長大，漸漸會有自己的「祕密」，渴望擁有一個獨立的個人空間，並且期望得到父母的更多尊重。

一位母親曾記錄了自己和女兒之間有關「尊重」的一次衝突：

十一歲的女兒很懶散，房間總是弄得亂七八糟。那天是個週六，我推開女兒的房門，進去幫她打掃。「媽媽妳進來幹麼？出去出去！」女兒很不高興地朝我揮著手。

「看看妳的房間髒成什麼樣！」我不顧她的抗議，拿起掃帚掃起來。

「妳看見我房門上『請勿打擾』的牌子了嗎？別隨便進來好嗎？要進來也應該敲門！」

「那以後妳自己把房間弄乾淨！」

「那是我的事，不要妳管！」女兒仍是一副不耐煩的口氣。

「妳這孩子怎麼這樣說話呢？」

「媽媽，妳應該尊重我啊！我也是大人了！」

面對女兒不尊重的態度，媽媽也許會很傷心、很難過，認為女兒太不懂事。可是仔細想一想，真的全是女兒的責任嗎？做為父母，你是不是認為尊重孩子是件微不足道的小事呢？你是不是會想：「連生命都是我給妳的，進一下妳的房間又如何？」

如果答案是肯定的，那麼難怪女兒會不尊重你了。因為你從來沒有尊重她，她才會以不尊重的態度來捍衛自己的權利。

要想讓自己的小公主快樂成長，首先要做到的就是尊重——當女兒希望自己的房間沒有人打擾時，父母就不要隨便進入；當女兒希望擁有記錄祕密的日記本時，父母就不要偷看。只要父母用自己的語言和行為賞識和尊重女兒，女兒也同樣會尊重你，從而把你當成她的好朋友，遇到什麼事情或者心中有祕密時，才有可能主動向你談起。

你愈尊重女兒的隱私，與她的距離也就愈近。

多商量、引導，少命令、訓斥

父母對待女兒的錯誤，絕對不要板著面孔指責，而應委婉地指出錯誤、提出解決的方法，盡量避免傷害她的自尊心。

燕燕寫字太快，所以字跡總是潦草。媽媽見狀對她說：「乖女兒，妳寫作業的速度真快，很不錯！不過，要是能再寫得整齊一點就更好了！我相信只要妳認真寫，一定做得到！」

燕燕顯得很無奈：「媽媽，我已經很認真了。」

「那我們來做個測試，認真寫一個字需要五秒鐘，媽媽和妳一起測試妳的寫字速度。」在媽媽的規定下，燕燕漸漸把寫字速度放慢，字也愈寫愈漂亮了。

女孩特別注重別人的評價，父母愈是尊重她，她就會愈自愛，愈注意修正自己的言行，以贏得父母更多尊重。因此，委婉地指出女孩的缺點，遠比赤裸裸的訓斥效果好得多。

委婉提醒孩子的方法還有很多，比如提醒女兒該做作業了，可以這樣說：「時間到了，是不是該做作業了？」而不要直接說：「別看電視了，快去做作業！」

再比如請女兒幫自己做一件事，可以這樣說：「妳能幫我把那件衣服拿來嗎？」而不要說：「把那件衣服給我拿來。」如果女兒幫了忙，你還要記得說一聲「謝謝」。這樣一來，女

父母切忌一味批評、全盤否定女孩。
將**優點和缺點**一起說，她們才更容易接受。

兒才會感覺你很尊重她，心情會很愉快，而且也很願意聽父母的話。

尊重孩子但不遷就孩子

一個小女孩在商店裡一直看著漂亮的洋娃娃，跟爸爸說她很喜歡這個娃娃，爸爸對她說：「這個娃娃太貴了，爸爸沒那麼多錢，我們到別處去看看好嗎？」孩子想了想說：「那好吧！爸爸，等你有錢再幫我買，好不好？」

大家都對她讚不絕口，有人問她的爸爸：「你如何讓孩子這麼懂事呢？」他的回答很簡單：「從女兒出生的那一天起，我們之間就是相互尊重：孩子對了，我尊重她的意見；孩子錯了，我絕不會遷就她，會找理由說服她，要求她也尊重我，這是習慣。」

多好的習慣！這個習慣使孩子從小就學會講道理。反過來，如果不尊重孩子，不管孩子提的要求合不合理，都一味地肯定或否定，那麼，孩子長大後不是變得蠻橫無理，就是變得畏首畏尾。**只有父母真正做到尊重女兒又不遷就她，才能使孩子健康成長。**

給父母的建議

尊重並培養女孩的多種興趣愛好

廣泛的興趣、愛好，對人的一生影響甚鉅。對於女孩來說，則更為重要——女孩有自己的愛好，並以此為樂，在以後的日子裡才不會因為一無所好而覺得孤單；女孩興趣廣泛，並能夠為此付出努力，就等於掌握了走進成功大門的一把金鑰匙；每一個興趣愛好，都有可能成就女孩的一生。

雖然很多父母都明白，培養女孩的多種興趣愛好很重要。但不可否認的是，大多數家長仍然按照自己的想法和愛好，為孩子安排未來發展的道路；或者強迫孩子放棄自己喜歡的事情，阻斷他們興趣愛好的萌發。

一個小女孩，偶然發現蚯蚓斷成兩半後，兩半都在蠕動，感到很好奇。她把斷了的蚯蚓分別擱進兩個有土的花盆裡，想觀察一下斷了的蚯蚓還能不能活。媽媽非常生氣地說：「一個女孩子玩什麼泥巴，沒出息！」隨後便把有蚯蚓的兩塊泥巴扔出門外。

面對孩子興趣的萌發，媽媽卻以「小女孩就應該乾乾淨淨，做點小女孩該做的事」為由，強制阻止了孩子的觀察、探索行為。這位媽媽也許不會想到，她的這一罵、一扔，很有可能就此斷送了一位女科學家。

做為父母，不能只欣賞孩子的興趣，還要善於發現孩子的興趣，以極大的熱情發現並支持，使其發展成一種能力。

尊重並支持女孩的興趣愛好

想要培養女兒的多種興趣愛好、開發她的智慧，父母首先應當做到的就是尊重她的興趣愛好，並使之得到適當的滿足。例如，如果女兒喜歡撲蝴蝶，不妨為她準備一隻撲蝶網，和她一起到戶外去抓蝴蝶，趁此機會教她一些有關蝴蝶或其他昆蟲的知識。回家後，父母還可以教她把蝴蝶製成標本的方法，然後和她一起對標本進行分類、存檔。有機會還可以為她提供一些有關蝴蝶的書籍。說不定，正是在這一過程中，造就了一位未來的昆蟲學家。

女兒遇到困難時，就是給予協助的最佳時機

任何一件事情，女孩剛開始可能有興趣，可是時間一長就會感覺枯燥乏味，這時就需要家長的支援鼓勵，特別是在遇到困難的時候，要和孩子一起去克服、度過難關。

一位媽媽在這方面就做得很好：女兒上小學三年級的時候，想要報排球隊，我和他爸爸都很支持，但心裡卻清楚女兒不一定能吃得了苦。果然，兩個星期後，女兒苦著臉跟我說：「媽媽，打排球好無聊。老師整天要我們跑步、做仰臥起坐，太累了。」

我笑著對女兒說：「老師是在訓練你們的耐力和彈跳力，這是打好排球必備的基本功。我相信妳是最棒的，別人可以，妳一定也可以。」

我還特地為女兒買了排球，鼓勵她和同學們一起玩。此外，我和她爸爸常去看她的訓練、比賽，經常和她聊排球。漸漸地，女兒成為球隊的明星，最後成為學校的排球隊隊長。

很多時候，女孩就像一棵幼苗，成長過程中難免會遇到困難、挫折。這時，父母就應像幼苗上綁著的兩根木樁，幫助她、鼓勵她、教會她如何戰勝困難，使她能順利而健康地成長。

第四章

培養女孩的全方位能力

在教養女孩的過程中，很重要的一點是，父母必須擬訂一份培養計畫書！

培養女孩的應變能力，讓她的一生更從容、更睿智；培養女孩的理財能力，讓她既是「才女」也是「財女」；培養女孩的手作能力，賦予女孩心靈手巧的特質；經常對孩子提出一些反問，引導孩子自行觀察和思考……讓孩子成為全方位的人才。

觀察力：認識事物的重要途徑、智力活動的基礎

相較於男孩，女孩更敏感、心思細膩、感觸力比較強，天生就富有更強的觀察力，所以很多父母往往覺得不需要特別培養女孩的觀察力。實際上卻又常聽到父母抱怨：「只要遇到相似字，女兒就會認錯或寫錯，她的精神太不集中了。」「女兒一寫作文，就不知道寫什麼好，她的寫作能力實在太差了！」「女兒的記憶力好像有問題，有時候連自己的東西都不認得。」

表面上看來，孩子的問題是出在寫作能力、記憶力、注意力等方面。然而這些問題的根源其實是相同的，那就是「觀察能力」。

「觀察」是一種有目的、有順序、有計畫、較持久的感知活動，是對事物全面、深入、細緻地觀看。正因為孩子缺少對事物的細緻觀察，才會寫錯認錯字，才會在作文中無話可說、無情可表，才會不認識自己的東西。

不論男孩或女孩，觀察力都是有差別的。這種差異，在孩子小時候就看得出來。

芊芊和丫丫是鄰居，平時總在一起玩耍。但是芊芊一歲多就能分辨家裡每個人的杯子，周圍環境的變化都逃不過她的眼睛；丫丫就不一樣了，平時總是一副視而不見的樣子，只顧玩自己的。三歲多時，有一回她們去公園玩，正好湖裡有一些野鴨子在游泳，芊芊目不轉睛地看著，回到家裡，不僅能惟妙惟肖地模仿小鴨子的動作，還能繪聲繪色地描述小鴨子是怎樣游泳的。而問起丫丫，她只是用手隨便比劃兩下，講話的內容誰也聽不明白。

其實，芊芊和丫丫的觀察力的差別很大。觀察力弱的孩子對周圍環境視若無睹，對一切都漠不關心；而觀察能力強的孩子對周圍發生的一切卻非常敏感、有興趣，可以從中汲取大量的

知識。孩子觀察能力差，往往是因為她們覺得每天的生活沒有變化，時間長了，便失去了新鮮感和好奇心，注意力也會變得遲鈍。因此，父母應加以引導，讓她們感到每天都很新鮮。

「觀察是聰明的眼睛，沒有敏銳的觀察力，就談不上聰明，更談不上成才。」

觀察能力不僅是孩子認識事物的重要途徑、智力活動的基礎，更是孩子完成學習任務的必備能力。所以，請不要忽視對女孩觀察力的培養！

利用孩子的好奇心，提高觀察力

孩子的天性是對周圍世界好奇，對於這份好奇心、求知欲，家長要積極維護、利用。當女孩問「是什麼？」「為什麼？」，除了一些無法藉由觀察得出的結論，家長千萬不要急於說出答案，而是想辦法引導她去觀察、去發現。

媽媽早上送芊芊上學，眼前一片霧茫茫。好奇的孩子問媽媽：「為什麼昨天路旁的樹木花草、行人車輛看得清楚，今天卻看不見了呢？」

這時，媽媽沒有急著把答案告訴她，而是反問：「對呀，妳想看看到底是為什麼？」

芊芊觀察後說：「今天有一層東西擋住了眼睛，這層東西是什麼？」

媽媽耐心地告訴孩子：「那叫霧。」

接著又反問芊芊：「妳想想，什麼時候會有霧？起霧後天氣會有什麼變化？」

經常對孩子提出一些反問，引導孩子自行觀察和思考，那麼孩子以後再遇到類似的情況就會主動觀察、尋找答案。在這個過程中，良好的觀察力就漸漸培養起來了。

此外，對於女兒優異的觀察表現，父母一定要多予以鼓勵和表揚，讓她願意更積極。

觀察是聰明的眼睛，沒有敏銳的觀察力，
就談不上聰明，更談不上成才。

引導孩子觀察大自然

觀察大自然是孩子認識世界、獲得知識的有效途徑。

爸爸媽媽帶著剛上小學一年級的南南到公園玩，媽媽提議：「我們三個人來比賽，看誰能最先找出春天的三種訊息。」一會兒工夫，南南就找到了：「春風吹來暖暖的；柳枝上冒出了一點點小芽；小河裡的冰化了。」

媽媽鼓勵說：「妳真了不起！接下來咱們比比誰能聽出春天美妙的旋律。」這下南南更高興了，眨著眼睛，仔細觀察樹枝、樹皮，傾聽各種聲音，每當有一個小小的發現都會感到欣喜。之後爸爸媽媽每隔一段時間就帶南南去一次公園，每次南南都會有新的發現。

家長在帶領孩子遊玩時，一定要讓孩子確定觀察物件及觀察目的。**經常這樣做，孩子就會留心周圍事物，逐步改掉凡事漫不經心、視而不見的習慣。同時，也會大大促進孩子觀察力、寫作能力、思維能力的發展。**

利用各種感官活動，增強觀察力

在觀察時，家長最好提醒孩子運用多種感官：看、聽、摸、聞、嘗、做、寫，親自實際操作，以增強觀察效果。例如：聽一聽，水流聲和鳥叫聲有什麼不同？摸一摸，真花和塑膠花的表面有什麼不同？嘗一嘗，水和酒的味道有何不同？種些花草樹木、養些小動物，指導她們留心觀察幼芽怎樣破土？花蕾怎樣結果？蟲兒怎樣吃？鳥兒怎樣飛？

最後寫下觀察日記：植物栽培日記、動物成長日記、天氣變化日記、氣溫變化日記等等。

藉由眼看、耳聽、鼻聞、嘴嘗等多種方式觀察事物、認識事物，孩子從小就會養成從多個角度來觀察事物的習慣，對於提高孩子的觀察能力十分有效。

另外，如果孩子年齡小，無法用文字寫下觀察日記，可以建議孩子採取筆錄、錄音、畫畫等形式。筆錄就是孩子口述觀察的經過、結果，家長用筆記下來；錄音就是用錄下孩子描述的語句；畫畫就是讓孩子把觀察過程以圖畫形式記錄下來。

給父母的建議

如何教導正確的觀察方法

由於孩子往往缺乏生活經驗和有系統的觀察能力，所以在觀察之初，父母就要教給孩子一些正確的觀察方法。具體來說，主要有以下兩點：

一個物體的觀察方法

有順序地進行觀察：父母要引導女孩根據觀察物件的外部特點，按照從整體到局部或從局部到整體、從左到右、從上到下、從外到內等順序進行觀察。

從不同角度進行觀察：家長應引導孩子從遠處、近處、正面、側面等各個角度進行觀察。

爸爸喜歡帶女兒小箐去參觀各種建築物，每次都要小箐從遠處的正面、側面、背面看建築物的全貌，然後再帶小箐走到建築物的正面、側面、背面看建築物的全貌，最後才會領著小箐走進建築物裡面，看看建築物內部結構及陳設。現在，小箐即使沒有爸爸帶領，也會自己按照這樣的順序去觀察任何一個建築，甚至夢想「當一名偉大的建築師」。

家長在帶領孩子遊玩時，
一定要讓孩子確定觀察**物件**及觀察**目的**。

兩種物體的比較觀察

為了使孩子能更準確地認識事物、發展觀察力，父母還可以讓孩子對兩種或兩種以上的物體或現象進行比較，找出他們之間的不同點和相同點。比如比較爸爸和媽媽、爸爸和爺爺、鵝和鴨、小草和韭菜、下雨前和下雨後、日出和日落、陰天和晴天……

表達力：不僅要會說話，還要把話說得更好

女孩語言能力的發展比男孩早，當同齡的小男孩只能簡單說幾句話時，小女孩可能已經能夠流利地講故事給父母聽了。很多父母甚至會因為自己的女兒「話太多」而抱怨：「女兒總是嘰嘰喳喳的，也沒什麼條理，我都聽不懂。」「女兒雖然話很多，但說了半天也沒什麼內容。」「女兒是挺能說話的，但是老師要她念課文她都念不好。」

如果仔細分析就會發現，其實這些抱怨幾乎是一致的：**孩子說話能力很強，表達能力卻很弱！為什麼善於說話的女孩反而出現表達能力不強的現象呢？**事實上，這雖然與生理因素、性格因素不無關係，但和父母的早期語言訓練不到位也有很大關係。

茜茜剛學會說話，媽媽便不再有意識地教她說話，總是說：「我家孩子本就愛說話，即使不刻意教，表達能力也差不到哪裡去。」但是現在茜茜上二年級了，媽媽卻開始擔憂：因為老師打過好幾次電話，說茜茜雖然很愛說話，卻太沒條理了，常常上句接不了下句。

這就是早期教育不良，導致表達能力差的典型例子。語言表達能力包括了流利、有條理、

有文采等諸多要求，不僅是教會孩子說話，更重要的是怎樣讓孩子把話說得更好、說得更棒，甚至可以達到語言運用自如的目的。

資訊時代，人們時時刻刻都離不開語言交流。語言表達能力已經成為衡量人才素質的重要標準。而且，語言表達能力也是學習文字的基礎，許多小學老師反映，口頭語言發展得好的孩子，進入小學後，在識字、造句、寫文章等各方面都會進步得比較快。

童年時代是孩子語言表達能力的啟蒙和高速發展階段，父母一定要在這個時期針對女孩的特點，用正確的方法引導她們去表達自己。

鼓勵孩子把話說得完整

孩子的表達能力不好有個重要原因：不知道如何才能完整地將意見表達出來。例如很小的孩子會說「洗手手、喝水水、吃糖糖」，這種表達方式就很不利於語言表達能力的培養，家長必須教導正確有效的表達方式。

小微在奶奶家長大，經常撒嬌說：「我要喝水水、我要吃飯飯。」當她回到媽媽身邊時，也這樣撒嬌。媽媽馬上意識到這樣不利於孩子語言能力的培養，於是試著改變這個壞習慣。

一天，小微對媽媽說：「媽媽，我要吃糖糖。」

媽媽立刻糾正：「乖寶貝，要這樣說：我要吃糖。來，再說一遍。」

「媽媽，我要吃糖。」

「妳想吃什麼糖？妳能用一句話把自己的要求說清楚嗎？」媽媽繼續引導。

「媽媽，我想吃那種黑色的巧克力糖。」

語言表達能力是學習文字的基礎，口頭語言發展得好，識字、造句、寫文章等各方面都會進步得比較快。

讓孩子學會組織語言，把多種主要資訊完整地表達出來，力求口齒清晰、用詞準確、富於表現力，孩子就能逐步學會說完整的話。另外，家長平時說話時也應盡量說長句，家庭語言不要過於簡單、刻板，多些生動，多些幽默，為孩子做好榜樣。

累積詞彙，多打比方

讓女孩的語言更有文采的有效方法之一，就是增加她的詞彙、運用多種修辭手法，如比喻等。當孩子習慣運用多種詞彙、多種形式表達自己的情緒時，語言表達能力自然會進入嶄新的發展階段。

小樂儀看到陽臺上媽媽剛買的一盆月季花開了，高興地對媽媽說：「媽媽，花開了！」

「能用個詞形容一下嗎？比如妳新學的那個姹紫……、爭奇……」媽媽引導著。

「對，陽臺上的鮮花姹紫嫣紅地盛開著，爭奇鬥豔。」小樂儀高興地回答。

「還能不能換一種說法呢？花開得像什麼？」

樂儀又仔細地看了看花盆，然後興奮地說：「花朵好漂亮，像隻大蝴蝶，很好看。」

這個方法很有效，先是引導孩子利用詞彙去形容花朵的美麗，又引導孩子運用比喻的修辭法。這不僅有利於孩子累積詞彙，更能讓孩子掌握令語言生動的祕密。

另外，父母平常和孩子說話時，要盡量避免語言單調貧乏。例如比「好看」更確切的詞可以說「漂亮」、「美麗」等；晚上城市廣場的燈亮了，用於形容「燈」的詞有「燈火輝煌」、「五顏六色」、「五光十色」等。

鼓勵女孩多講繞口令和故事

孩子由淺入深地學說話時，大人要有意識培養孩子的表達能力，鍛鍊其口才。

女兒瑩瑩上幼稚園時，媽媽就經常教她唱兒歌和講故事。媽媽會從兒歌中選擇幾段繞口令，讓女兒反覆朗讀，並鼓勵她一次比一次讀得快，如〈小花鼓〉：「一面小花鼓，鼓上畫老虎。小槌敲破了鼓，我用布來補。不知是布補鼓，還是布補虎。」

此外，還選擇了十幾個經典故事，反覆講給女兒聽，然後讓她跟著一起講。她聽熟了，理解了，也就記住了，自己就能接著講，甚至講完一整個故事了。

瑩瑩上小學以後，媽媽還讓她看故事書和動畫片，然後複述故事，訓練她講話的連貫性。急念繞口令、複述故事等朗讀方法，是提高語言流暢度、條理性的最佳方法。父母可在幼稚園到小學階段經常讓女兒練習。當孩子漸漸愛上朗讀，語言表達能力自然可以提高。

此外，父母也可以藉由和女兒一起做語言遊戲讓孩子進行「練說」，例如比賽成語接龍、猜謎語等。**以遊戲的方式鍛鍊表達能力，不僅會讓女孩覺得學語言是一件很有趣的事，同時對記憶能力、應變能力、想像能力、概括能力等，也是很好的訓練。**

創造力：培養多元思考的習慣，自行解決問題

「淘氣」的男孩往往比「老實」的女孩更有創造力，原因在於淘氣的男孩子接觸面廣，大腦受到的刺激多。對此，很多女孩的父母都會困惑不已：難不成要把女兒培養成瘋丫頭、淘氣

家長平時說話時也應盡量**說長句**，
家庭語言不要過於簡單、刻板，多些生動，多些幽默。

小公主，才能提高孩子的創造力嗎？

其實，這個擔心是不必要的。希望女孩乖巧、聽話，與創造力的培養並不是互相矛盾的。只要在教育女孩的時候堅持一個原則，她們就能創造力、聽話兼備。

行為習慣方面：父母應要求女孩聽話，而不禮貌、懶惰、浪費等不良行為習慣，一定要及時糾正。

思想方面：父母應放鬆對女孩的控制，尊重、啟發她各種想法；特別是等她長大一些後，父母更應放鬆要求，讓她在行為上也可以有自己的做法。

對於東方父母來說，如何讓女孩聽話、遵從一定的行為習慣規矩，並非難事。然而如何在控制孩子行為的同時，放鬆對孩子的思想管制則是東方的父母們不太擅長的。對此，不妨參考國外父母們的一些做法。

一位外國母親看到女兒用藍色畫了一個「大蘋果」，她表揚道：「嗯，畫得好！」並且摸了摸女兒的頭，孩子高興極了。這時有人問這位母親：「她用藍色畫蘋果，妳怎麼不糾正？」那位母親說：「為什麼要糾正呢？也許她以後真的能培育出藍色的蘋果呢。」

孩子們看到的世界很獨特，她們的想像力很豐富，如果以成人的思維方式粗暴地加以干涉，就會扼殺她們的想像力和創造力。外國家長容忍孩子「不聽話」是有道理的，它可以保護孩子的想像力，激發孩子的創造力。而一個擁有創造力的女孩，又怎會不成為才女呢？

常提出多元且開放的問題

很多時候，家長最常提出「封閉式」問題，如「1+1=?」「班上哪個小朋友最聽話？」

「這裡有幾個蘋果？」然而最能激發孩子想像的問題，是允許孩子自由發揮的問題。

臺灣學者陳龍安總結出了發問的「十字訣」，對於家長們教育孩子有很大的啟發。這「十字訣」是：假、例、比、替、除、可、想、組、六、類。

「假」：就是以「假如……」的方式和孩子玩問答遊戲。

「例」：即是多舉例。

「比」：比較幾樣東西之間的異同。

「替」：讓孩子多想些有什麼是可以替代的。

「除」：用這樣的公式啟發，除了……還有……。

「可」：可能會怎麼樣。

「想」：讓孩子想像各種情況。

「組」：把不同的東西組合在一起會如何。

「六」：就是「六何」檢討策略，即為何、何人、何時、何事、何處、如何。舉例來說，孩子要去郊遊，就可以和孩子討論邀請誰一起去？何時去？為何要去？到哪裡去？帶什麼去？**問題愈多元化，孩子所受到的思考刺激愈多**。

「類」：多和孩子類推各種可能。

善於提問題的父母也會是孩子的好榜樣：「父母經常提出問題，我也應該多提問」。父母們還可以與孩子比賽提問，透過競賽的形式，提高孩子提問的興趣，進而養成質疑的習慣。

當然，向孩子提出問題時，內容要符合孩子的年齡和知識範圍，不能過難或過易，否則都會損傷孩子思考的意願與積極度。

最能激發孩子想像的問題，
是允許孩子**自由發揮**的問題。

啟發孩子用各種角度思考問題

在日常生活中，父母要經常引導孩子以各種角度看待事物和分析事物，逐漸養成思考的好習慣，例如：家裡買了一條魚，可問孩子除了蒸以外還有什麼吃法？茶杯除了用來喝茶，還能說出別的用途嗎？突然下了一場暴雨，樹倒了，菜淹了，那麼這場暴雨完全沒有好處嗎？

社會上和家庭裡的每件事物，都可以啟發孩子多元思考。多元思考實際上就是進行發散性思維的訓練，而培養發散性思維恰恰是培養創新能力的前提。

鼓勵女孩自己動手解決問題

一天，家裡來了客人，媽媽請小茜幫客人倒茶。小茜端茶出來的時候，由於碟子光滑，茶碗在上面來回滑動，媽媽一聲不響地在碟子上又潑了一點點茶。這件事讓小茜很好奇，等客人走後，她問媽媽：「為什麼在光滑的碟子上茶碗很容易滑動，灑了點熱茶在碟子上後，茶碗又不動了呢？」

媽媽沒有直接回答她：「妳可以多做幾次試驗，研究一下呀！」

於是，小茜真的動手做起試驗。在仔細觀察和認真思考後，小茜終於得出了結論：茶碗和碟子表面總有點油，使它們之間的摩擦減少，所以容易滑動；灑上熱茶後，油膩溶解了，摩擦力增加，所以就不容易滑了。

年紀稍大一點的女孩提出問題時，家長先不要急著回答，要鼓勵她自己動手查資料或做試驗去尋找答案，這樣更有利於探索精神的培養。

記憶力：掌握正確的方法，就能記得又快又好

記憶，是大腦的重要功能，更是獲取知識的必要手段。如果無法記憶並理解學過的知識，未來的學習就會陷入困境。

然而，我們卻經常聽到女孩的家長們說：「我的女兒八歲了，學習很認真，但就是記憶力不好，背數學公式、英文單字等都非常吃力。」「因為記不住東西，女兒的成績直線下降。為了提高孩子的記憶力，我想盡了辦法，可是成效都不大……」

難道是因為女孩的記憶力天生就比較差嗎？事實上，科學研究表示，剛出生的小孩記憶力沒有太大差別，更與性別無關，而且人的記憶能力非常好，一個正常人腦的記憶容量相當於五億本書的知識總量，一生能儲存一千萬億個資訊單位，連再好的電腦也比不過。

那麼，為什麼**女孩在學習方面的記憶能力比較差呢？其實這與女孩的思維、記憶方式有很大的關係。女孩一般比較感性，因此可以記得很多年前的事，甚至細節，但不一定會記得簡單的電話號碼**。這也正是女孩記憶文章類的知識容易，而記憶公式類內容較難的主要原因。

值得注意的是，孩子的記憶力雖然受遺傳和性別的影響，會有或多或少的個體差異，但後天的記憶力培養與訓練更重要。只要父母多從女孩的角度出發，引導女孩掌握一些正確的記憶方法，她們都能成為學習的天才。

多和女孩玩提升記憶力的遊戲

針對年齡比較小的女孩，父母可用玩遊戲的方式來提升孩子的記憶力。只要持續進行，孩

年紀稍大一點的女孩提出問題時，
家長先**不要急著回答**，要鼓勵她自己動手查資料，
有利於探索精神的培養。

子就會愛上這種遊戲，進而擁有良好的觀察能力、記憶能力。

依次說出名稱：把若干樣（不少於六種）東西按先後次序排列在桌上，讓孩子看幾十秒鐘，然後遮起來，要求孩子憑記憶依次說出這些東西的名稱。

分辨顏色：讓孩子閉上眼睛，說出你穿戴的衣帽鞋襪是什麼顏色的。如果你也閉上眼睛說出她穿戴的衣帽鞋襪的顏色，將會引起孩子對遊戲更大的興趣。

看圖說話：把若干張（不少於十張）不同內容的圖片放在桌上，讓孩子看一會兒後蓋上，要求孩子盡可能準確描述看到的圖片內容。

觀察櫥窗：路過商店櫥窗時，先讓孩子仔細觀察一下櫥窗裡陳列的東西，離開以後，要求孩子說出剛才看到的東西。

鼓勵女孩運用所有感官記憶

一位兒童心理學家曾做過一個試驗：分別讓三組孩子記憶一幅畫的內容。對第一組孩子，他只告訴他們畫上畫了些什麼，並不給他們看畫；對第二組孩子正好相反，只給他們看畫，可是不講每張畫畫了些什麼；對第三組孩子則是不但講畫的內容，同時給他們看畫。

過了一段時間，這位兒童心理學家分別問這三組孩子記住了多少畫上的內容。結果第一組孩子記住的最少，只有六〇%；第二組孩子記住的稍多，記住了七〇%；第三組孩子記得最多，達到八六%。

任何人都是如此，只用視覺或只用聽覺，記憶效果都不是很好，但視覺與聽覺並用，效果就比前兩種方法好得多。因此，想要提升女孩的記憶力，要幫助她們同時運用所有感官。

利用聯想法記憶

當一種事物和另一種事物類似時，孩子往往會從這一事物引起對另一事物的聯想。因此，讓孩子把記憶的材料與自己體驗過的事物連結起來，記憶效果就會更好。

北京某小學低年級曾試驗一種集中識字的方法，可使學生在兩年內認字兩千五百個，閱讀一般書籍報紙。這種識字法運用了類似聯想記憶法的道理，把字形、字音相近，能互相引發聯想的字編成一組，像是把「揚、腸、場、暢、湯」放在一起，把「情、清、請、晴、睛」放在一起。每組漢字的右邊都相同，每組字的中文拼音也有共通點，這樣就可以學得快、記得住。

聯想的方法很多元，進行聯想記憶可採用相似聯想、接近聯想、對比聯想等不同方法。此外，在外語單詞裡，有發音相似的、有意義相似的，這些都可以利用相似聯想法來幫助記憶。

引導女孩找出記憶的規律

女孩子往往不擅長記憶數字，此時父母應該引導孩子發現一些記憶的規律，培養女孩的邏輯思維能力。

女孩小影總是記不住有關數字的東西，有一次，爸爸拿著一個附近電器行的電話號碼，對小影說：「女兒，我們一起看看怎麼來記這個號碼。妳能找出規律嗎？」

小影看了一會後回答：「482和我們家電話號碼的前三個一樣，12是電器行那幢樓的號碼，而16是雜貨店的門牌號碼。這幾組數字連起來正好是4821216。」

父親連忙表揚：「小影太棒了。妳用這種方法去記憶數字，一定可以事半功倍。」

針對年齡比較小的女孩，
父母可用**玩遊戲**的方式來提升孩子的記憶力。

女孩擅長具體形象的記憶，直觀、形象的東西，尤其是視覺映射，容易讓女孩留下深刻的印象。因此，**當女孩子記憶一些抽象的東西時，家長可以指導她，使抽象的東西盡可能與具體、形象的東西結合起來，概括出具有普遍性的結論。**這樣一來，孩子就很容易記住了。

想像力：進行探索活動和創新活動的基礎

想像是人腦的一種機能，使智力活動富有創造性。愛因斯坦曾說：「想像力遠比知識更重要，因為知識有限，而想像力概括世界上的一切並推動著進步。想像才是知識進化的源泉。」然而，雖然女孩天生就富有很強的想像力，但很多父母在教育的過程中，卻往往無意識地扼殺了這個天賦。

一天，一個小女孩跟媽媽到公園裡去散步。小女孩看見河邊的一棵樹光禿禿的沒有葉子，便對媽媽說：「樹葉回家睡覺了。」媽媽馬上反駁：「不對，樹葉又不是人，怎麼可能回家睡覺呢？秋天到了，樹葉都落到地下了。」

「秋天到了，樹葉會枯萎，會從樹上落下來」這樣標準答案，女孩隨時都可以學到。但從小時候起，思維就被「標準答案」束縛，女孩也許永遠都不可能再擁有豐富的想像力了。

但是，如果媽媽這樣回答：「對呀，樹葉也想家了。所以，秋天到了，它也投入大地母親的懷抱了。」這樣不僅會讓女孩了解到「秋天到了，樹葉會落下來」這個常識，還會保護她的想像力，不至於使她的思維被束縛。

做為成人，我們不可避免地要生活在一個充滿了「標準答案」的世界，可是在小女孩的內心，萬物都有靈性、一切都有可能，是一個充滿了豐富想像的世界。這個豐富多采的世界，正是孩子想像力的源泉。

因此，女孩父母們切記不要強迫孩子接受自己的「標準答案」。否則在教育孩子的過程中，你就犯下了扼殺孩子想像力的大錯誤。

少少的引導，保留女孩想像的空間

女孩學會摺小兔子後，把小兔子貼在紙上。這時媽媽問孩子：「小兔子生活在哪裡啊？」女孩就替小兔子畫了一個漂亮的房子，還有綠草地、美麗的小花。接著媽媽又問：「妳知道小兔子吃什麼東西嗎？」

「牠最喜歡吃蘿蔔，我得畫些蘿蔔！」

「妳覺得小兔子還需要什麼呢？」

「還需要朋友、媽媽、爸爸、玩具……」

女孩開始設計出愈來愈多的東西，原本只貼了一隻小兔子的白紙，現在不但有了漂亮的房子、綠色的草地、美麗的鮮花、可口的蘿蔔，還有在跑步的小烏龜、另一隻穿裙子的小兔子、大大的蘑菇、飛翔的小鳥、高高的太陽、彎彎的小溪。

和孩子玩遊戲時，父母一定要克制展現「聰明」，應該讓女孩成為遊戲的「主人」，才能讓想像力有足夠的發揮空間，而她也可以在自己的想像中玩得更盡興、更自主、更活躍。

找回自己的「童心」激發孩子的想像

有時孩子的想像是跳躍的、不著邊際的，用成人的思維根本無法理解。這時家長需要做的是耐心傾聽孩子的解釋，用「童心」激發孩子更多的想像。

對此，一位媽媽曾這樣描述自己的經驗：

一天，我去幼稚園接女兒回家，當時下著小雨，我和女兒撐著傘邊走邊聊。女兒忽然調皮地說：「媽媽，小雨點『砸』到我頭上了，好痛！」邊說邊做痛苦狀。

「沒關係，小雨點跟妳開玩笑呢！」女兒聽了後高興地笑了。

「妳想想，小雨點還會做什麼呢？」我繼續問。

「我不知道……」她似乎懶得思考。我只好啟發她：「比如，小雨點會在妳的頭上……」

「小雨點在我的頭上跳舞！」女兒興奮地說。

「對呀，小雨點還在妳的鼻子上溜滑梯呢！」我指著她鼻子上流下的小雨滴說。

女兒樂壞了，乾脆跑出雨傘：「小雨點還在我的頭髮上盪秋千！」

「說得真好！再想想，還有呢？」

「小雨點還會在我的手上溜冰，小雨點流到我的眼睛裡假裝是眼淚，小雨點滴到我的臉上幫我洗臉……」女兒一口氣說了很多。

對於孩子來說，「美麗的錯誤」更能激發、拓展想像力。比如，小草綠了，先不要告訴孩子那是春天到了，孩子會說「小草穿厭了黃衣服想換件綠衣服」；雪人融化了，先不要告訴孩子那是因為溫度高了，孩子會說「雪人在減肥」。只有家長更富有「童心」，孩子才更能發揮豐富的想像力。

鼓勵孩子編故事

孩子都喜歡編故事、講故事，有時講給小朋友聽，有時講給爸媽聽，有時自言自語。對此，家長一定要積極鼓勵孩子，不要冷言冷語，更不能隨便阻止。

一位媽媽提到她的經驗：跟女兒講《狐狸與烏鴉》故事時，講到「狐狸叼著那片肉，鑽到樹洞裡去了」就結束了。女兒聽了很不過癮，她問我：「媽媽，這烏鴉怎麼這麼笨呀？」我靈機一動，何不借這個機會培養一下孩子的想像力呢？於是我說：「是呀，這個烏鴉真是太笨了。那妳有沒有什麼辦法讓烏鴉變聰明呢？方法愈多愈好哦！」

女兒精神馬上來了，沒過一會，就繼續講起了《狐狸與烏鴉》的故事：「第二天，烏鴉想出辦法。牠在狐狸的洞前設了陷阱，使狐狸摔入了陷阱，教訓狐狸一頓。」「第二天，烏鴉叼來了一塊大石頭，用石頭砸狐狸，狐狸被砸得頭破血流。」「第二天，烏鴉叫來森林裡的夥伴，在樹上綁了裝滿水的水桶，等狐狸路過時，就把水桶放下來，狐狸被澆得渾身是水。」

就這樣，女兒開始愛上了編故事，想像也愈來愈豐富、愈來愈奇特。

在鼓勵孩子編故事時，家長可以引導孩子按照某個主題去編，並適時地給以讚美。好的故事，還可以讓孩子用筆記錄下來，不斷修改。時間一久，孩子的想像能力就會愈來愈強。

理性思考能力：強化邏輯推理，具備辨別能力

每個孩子剛出生時，智商不會有太大區別。不同的是，**女孩的思維方式與男孩不同，她們**

只有家長更富有「**童心**」，
孩子才更能發揮豐富的想像力。

更加感性，更加相信自己的直覺。正因為如此，面對問題時，女孩往往會輕信自己一時的感覺，而不去做更多的邏輯推理。

對於女孩的感性、不擅長理性思考，家長往往很擔心：「我的女兒，別人說什麼她都相信，我真擔心她將來會一直吃虧。」「女兒的數學總學不好，一遇到難題，她就退縮了。」「女兒很乖巧，卻很不具思考力，我教什麼她就學什麼，從來不會主動提出創造性的問題。」

家長們的擔憂是很有道理的。事實上，理性思考能力對於女孩子的一生至關重要。一個習慣理性思考的女孩，不僅學業成績會更優異、成長過程少走冤枉路，而且對人生的眾多選擇也更具辨別能力。甚至可以說，一個具有理性思考能力的女孩，將更能邁向成功的人生！

那麼，女孩的理性思考能力從何而來呢？其實，孩子的思維能力是在生活中一點點累積而來的。例如，女孩都愛聽故事，尤其是童話故事。有兩位媽媽在講《灰姑娘》故事時，媽媽甲把故事從頭到尾講一遍，女兒很快知道了這個故事的全部內容；媽媽乙講完故事後，問道：「女兒，妳想想，這個童話有沒有不合理的地方？」女孩想了想：「深夜十二點，馬車等都變回去了，那麼水晶鞋為什麼沒有變回去？王子是拿著灰姑娘掉下的水晶鞋才找到她的。」

很多父母在講故事時，都會停留在媽媽甲的階段。這樣不僅不會引發孩子思考，而且灌輸式講述還會讓孩子養成凡事全盤接受、不去深入思考的習慣。媽媽乙的做法不僅培養了孩子的閱讀寫作能力，更重要的是，她鍛鍊了孩子的邏輯思考能力，讓孩子自小便敢於向權威挑戰。因此，父母講故事時，不妨多啟發孩子的思考，引導孩子看到故事背後的故事。

同樣地，父母與女孩交談時，如不將理由解釋清楚，只是簡單命令式地強迫孩子服從，也容易延遲孩子邏輯思維能力的發展。

比如女兒要求買雪糕，媽媽只說「不准吃雪糕！」或「聽媽媽的話，不要吃。」沒解釋為什麼不准吃，只是一再重複不成理由的命令式話語，容易混淆孩子對理由與結論間的區別。

反之，如果這位母親能夠耐心解釋：「現在不能吃雪糕，是因為妳的咳嗽沒有完全好，否則會刺激喉嚨，咳得更厲害。」孩子就會明白媽媽的用意，了解到這樣的理由會得到這樣的結論，如此才能培養孩子的邏輯思考能力。

在教育女孩的過程中，家長們最容易犯的錯誤是，認為女孩子聽話、好管教，所以常常以命令代替解釋。**當命令愈來愈多、解釋愈來愈少，女孩就喪失了主動思考、主動探尋的動力。如此，理性思考的能力又從何而來呢？**

多提出需要推理因果關係的問題

在孩子還小的時候，父母就應經常提出一些需要做簡單的推理判斷才能回答的問題。比如，對孩子進行因果關係的訓練，即訓練孩子思考某個行為帶來的可預測的後果。家長可以這樣問女兒：「如果我忘記關水龍頭，讓它開一整夜，妳想會發生什麼事？」「如果沒有太陽，世界會變成什麼樣？」

和女兒玩因果遊戲時，父母也可以和孩子交換角色，由父母想像原因，孩子回答結果。

此外，父母還可以經常圍繞著「一物多用」、「一事多因」來提問，讓孩子回答：「水有什麼用？」「磚頭除了蓋房子還有什麼用？」「紙有哪些用處？」

父母在日常生活中，應依據各種生活情景，有意識地積極引導女兒主動思考。長此以往，女孩的推理能力、思考能力，都將得到大幅提升。

家長們最容易犯的錯誤是，認為女孩子聽話、好管教，所以常常**以命令代替解釋**。

經常與孩子爭辯

爭辯不僅可以引發孩子進行認真細緻的思考，且能培養其思維的敏捷度。

因此，父母可多與女兒就現實問題進行探討，如爭辯看電視、打電動時間長了好不好；觀看某一電視後，與孩子爭論對某一人物或問題的看法等。這樣不僅能鍛鍊孩子的思維能力，還能加強她對許多問題的認識。

一位媽媽寫道：為了從小就鍛鍊女兒的邏輯思維能力，我經常故意和她「衝突」。有一次剛看完連續劇，我故意問她：「妳喜歡這裡面哪個人物？」女兒興奮地回答：「當然是那個男主角，好帥哦。」我馬上說：「我不喜歡那個男主角，除了長相外，他還有什麼優點？」女兒急了：「他個性也很好、很善良……」對女兒的回答，我馬上給予反駁，她只好拿來紙筆，一口氣羅列出男主角的一大堆優點，然後一條條和我爭論……

最後我和女兒一起總結出「好男人的十大標準」。這也算是一種額外的收穫吧！

引導女兒從正向、逆向、橫向等不同角度思考

父母應該注意訓練女孩從不同的角度想問題，才能培養多元化思維。

小英總是要求媽媽買禮物。一次，媽媽問她：「女兒，把我身上所有的錢都給妳買好吃的好玩的好嗎？」小英立刻舉雙手贊成：「當然好。」

「可是，」媽媽繼續說：「如果我把所有錢都花掉，我們全家下星期的生活費就沒了，那爸爸媽媽和妳吃什麼呢？而且妳看其他小朋友，雖然沒有很多好吃的好玩的，不是一樣很快樂嗎？」小英低頭想了一下，使勁地點點頭。

對於任何一種解決方案，父母都應有意識地引導女孩考慮其利弊。並且，對同一個問題，父母不僅要引導女孩學會正向思考、逆向思考，還要進行橫向思考。

多提出開放性問題，女孩才會開放性思考

在輔導女兒學數學時，兩位媽媽分別給孩子出了一道題目：

媽媽甲：9□7（在□內填上適當的符號）。

媽媽乙：9＞□（在□內填上適當的數位）。

這兩道題目，都是讓孩子複習10以內數字的大小比較，但是對於孩子的思維發展而言，這兩道題相差甚大。

媽媽甲出的題目，答案是唯一的，是封閉性的，也就是說，在「9□7」這道題中只能填「＞」這個符號。而媽媽乙出的「9＞□」，在□內可以填「8、7、6、5、4、3、2、1或0」這9個數字，答案不是唯一的。而且媽媽還可以鼓勵孩子按順序寫出這幾個數字，培養孩子的排序思維；讓孩子用語言來表達「比9小的數都能填」，能培養孩子的抽象思維能力。

只有開放性的問題，才能引導孩子進行開放性的思考。

多玩思考遊戲，提高女孩對邏輯推理的興趣

思考遊戲能訓練孩子的邏輯思維能力，父母可多與女兒做一些思考遊戲。

媽媽給女兒出了一道題目：「魚缸裡有五條魚，死了一條，還剩幾條魚？」

女兒馬上回答：「四條。」

「錯，答案是五條。」

女兒顯得很茫然，媽媽拍拍女兒的小腦袋說：「我沒有說把那隻死了的魚撈出魚缸，所以魚缸裡還有五條魚。」

女兒不服氣，小眼睛轉呀轉，忽然高興地對媽媽說：「媽媽，我也出道題吧！」

「好呀！」媽媽很爽快地接受挑戰。

「樹上有十隻鳥，被獵人打死一隻，樹上還剩幾隻鳥？」

「沒有了，因為鳥都被槍聲嚇跑了。」媽媽顯然對自己的答案充滿信心。

沒想到女兒聽了答案邊笑邊說：「媽媽，我可沒說被打死的那隻鳥有沒有從樹上倒下來呀，所以恭喜妳答錯了，樹上還剩一隻鳥。」

用遊戲的方式進行思維鍛鍊，既可以滿足女孩的好奇心，又可以促使女孩對推理、思考產生興趣。相信不用太長時間，女兒的邏輯推理能力就會大大提升。

逆向思考能力：突破舊方法的束縛，產生新的觀念

女孩是否聰明，最直接的表現就是她是否具有創造性。而無數事實也證明，創造性思考往往來自於逆向思考。那麼，什麼是逆向思考呢？

有人落水，一般的思考模式是「救人離水」。而在「司馬光砸缸」故事裡，年紀小的司馬

光面對同伴落水、生命垂危，自己和同伴都搆不著水缸、喊大人又來不及下，靈機一動，果斷地用石頭把缸砸破，讓水從破缸中流出，救出了同伴。這正是逆向思考的最佳例子。

逆向思考指的就是與一般思考方向相反的思考方式，也稱反向思考。

逆向思考會使人突破舊方法的束縛，產生新的觀念、新方式，使難題得到解決。因此，只要從小培養女孩逆向思考的能力，就可以促使她們的思維迅速發展、智力大幅提升。

值得注意的是，在日常生活中，很多父母卻在無形中扼殺了孩子創造性思考的萌芽。

女孩嘉嘉聽完《龜兔賽跑》故事後說：「烏龜真笨，本來就跑不快，還要和兔子賽跑。」媽媽反駁：「瞎說，是兔子太驕傲，所以烏龜先到了終點，所以妳要記住驕兵必敗的道理。」

原本小女孩已經運用逆向思考，發現了故事的另一層深意，然而卻被媽媽的一番「正確理論」壓制了創意。長此以往，可以想像孩子勢必不會再違背媽媽的意思，而失去深入思考、換個角度思考的能力。

女孩四、五歲時，就可以進行逆向思考訓練，不僅有利於學習和工作，還對未來學習數學的幫助特別大。

運用生活實例培養逆向思考能力

如果父母僅以單向思維去訓練孩子，就會使孩子形成單一的思考模式，缺乏批判性、開闊性、準確性和敏捷性。對孩子進行逆向思考訓練，主要在於幫助孩子從小學會從正反兩面思考問題、判斷事物。父母可以先從生活中的實例入手。

比如，當女兒知道李叔叔是明明的爸爸、趙阿姨是明明的媽媽時，父母可以問她：「明明

女孩**四、五歲**時，可進行逆向思考訓練，
不僅有利於學習和工作，還對未來學習數學的幫助特別大。

的爸爸是誰？明明的媽媽是誰？」當孩子知道青蛙是小蝌蚪的媽媽時，可以反問他：「青蛙的孩子是誰？」

在日常生活中，結合孩子的認識能力，就地取材發展逆向思考能力，能夠幫助孩子準確地判斷事物、強化資訊，頭腦也變得靈活。

玩遊戲培養逆向思考能力

女孩都喜歡和爸媽一起玩遊戲，因此，父母可以利用遊戲來發展孩子的逆向思考能力。

一位媽媽是這樣和女兒一起玩逆向思考遊戲：

「琳琳，我們來玩一個遊戲。我發出命令，妳照我的命令去做相反的事，動作要快。如果妳贏了，就由妳發出命令，媽媽來做動作。」

遊戲開始，我看著眼前的女兒，開始發號施令：「舉左手！」

女兒真的舉起左手。

「不對，『左手』的反義詞是什麼？」

「是右手。」女兒笑哈哈地改舉右手。

我又說：「睜開眼睛！」女兒眨了一下眼睛，閉上了。

「向前走！」女兒轉身向後走去。我糾正她，應該是後退。

「抬頭！」她低下頭。

「放好凳子！」女兒愣在那裡：「『放好凳子』的反義詞是不是『不放好凳子』？」結果她把塑膠凳子扔出去！我們兩個樂得哈哈大笑。

如果是照命令執行任務，可以鍛鍊孩子思考的敏捷性以及反應能力的快慢。如果照命令做相反的動作，則提高了遊戲的難度，同時又可以鍛鍊孩子的逆向思考能力。

此外，玩反義詞遊戲也可以培養孩子的逆向思考能力——先說一些詞語，要求孩子在短時間內說出這個詞語的反義詞，比如你說「白天」，孩子就要說「黑夜」；你說「大樹」，孩子說「小樹」等等。

動手實做能力：擁有靈巧的雙手代表擁有發育良好的大腦

每位父母都希望自己的女兒可以成為一個心靈手巧的小才女，可是在現實生活中，很多女孩子的動手表現卻不盡如人意。

關於這點，有個媽媽說：女兒今年五歲，認識很多漢字、能講很多故事，在幼稚園裡表現很好，老師常常誇她很聰明靈敏。可是，老師也反映她有一個很大的缺點，就是不愛寫字、畫畫，手作能力比別的小朋友差。朋友的女兒很能幹，小小年紀就能解決一些比較複雜的問題，還能主動幫大人做一些事情。而我的女兒都七歲了，連自己穿衣服都不太會。

靈巧的雙手不僅關係到孩子的自理能力、學習能力，還是大腦發育良好的標誌之一。

科學研究表明，大腦中支配手部動作的神經細胞有二十萬個，而負責軀幹的神經細胞卻只有五萬個，可見大腦發育對手部靈巧的重要性、手部動作靈敏對大腦發育的重要性。

很多父母可能會問：「同齡的孩子，為什麼有些手作能力強，而有些手作能力差呢？」

玩反義詞遊戲
可以培養孩子的逆向思考能力。

其實，孩子手作能力的強弱雖然受到大腦發育的影響，但是和父母的教育觀念、教育方式更有莫大的關係。

一個發育正常的女孩，隨著年齡的增長都會出現擺脫父母控制的傾向，往往會大聲嚷嚷：「媽媽，讓我自己洗臉！」「媽媽，我要自己吃飯。」

孩子第一次洗臉總會洗不乾淨，第一次吃飯總會弄髒衣服或滿桌狼藉。**如果父母怕孩子做不好、怕麻煩而阻止孩子的「第一次嘗試」，孩子便會因為失去動手的機會而喪失手作能力。**

如果父母及時給予鼓勵和支持，結果就大不相同了。

五歲的玲玲十分喜愛爸爸買的那雙有漂亮鞋帶的運動鞋，可她總學不會繫鞋帶。媽媽有點心煩，主張去商店換雙不用繫鞋帶的鞋，爸爸卻不同意。

他鼓勵女兒：「繫鞋帶並不比吃飯難，只要多練習幾次，妳肯定能學會。」他還細心地將一條舊領帶拴在椅背上，讓女兒方便練習打結。果然，不出三天，玲玲不僅學會了打活結，還學會好幾種繫鞋帶的方法。

讓女孩做些能力所及的家務

如今，不少年輕父母對女孩一味溺愛，替女兒背書包、收拾房間等，什麼都不讓她動手。這種一切代勞的行為，恰恰使孩子失去了實踐和鍛鍊的好機會。因此，父母應在日常生活中，讓女兒做一些能力所及的家務，培養其手作能力。

一位母親就曾這樣記錄了自己的轉變過程：因為家裡就一個寶貝女兒，孩子的爸爸和我都認為應該寵她，什麼事都不讓她自己動手做。結果，她開始事事依賴家人，手作能力也很差。

有一次我很忙，沒有幫她把書包整理好，她自己整理不好十分生氣，就對我大吵大嚷，說我是一個不負責任的媽媽。我發現情況不妙，開始利用週末及放假時間引導女兒做簡單的家務勞動，例如疊被子、整理床單、收拾玩具和書籍、擺碗筷、掃地、倒垃圾等……

除了讓孩子做家事外，還可鼓勵孩子發揮創意做些小東西，培養孩子的手作能力。

引導女孩自己動手解決問題

小女孩拿著圖畫書跑過來指著「冬」字問媽媽：「媽媽，這字怎麼念？」

一位媽媽馬上告訴孩子，這個字念「冬」，冬天的「冬」。孩子得到答案後就跑開了。

另一位媽媽則說：「女兒，媽媽教妳查字典好不好？妳要是會查字典，這本書裡所有的字妳就都認識了。」接著，媽媽教會了女兒查字典，並讓她查出了「冬」字。然後，媽媽和孩子從冬天的雪花，談到了春天的鮮花綠地，又談到了秋葉飄零。

遇到女兒問自己不認識的字，很多父母都會像第一位媽媽那樣，迫不及待地告訴孩子答案。然而這並不是正確的教育方法，因為一旦孩子得到正確的答案，學習便到此為止。

故事中第二位媽媽引導孩子學會查字典、了解四季的做法，就很值得我們參考。在這個過程中，媽媽不僅讓孩子掌握了更多的知識，更教給了她一種實用的技能。擁有了這個技能，孩子就擁有了自我學習的能力。

教育孩子重在教方法，而並非給答案；引導孩子自己動手去解決一個問題，遠比告訴孩子千百萬個答案還有用。

迫不及待地**告訴孩子答案**並不是正確的教育方法，
因為一旦孩子得到正確的答案，學習便到此為止。

時間管理能力：掌控時間和生活，提高學習效率

在如何掌控自己的時間和生活方面，女孩們的表現常令父母不滿意。

一位女孩的父親就曾這樣抱怨道：

八歲的女兒做事像電影中的慢鏡頭，每個過程都可以分割成一個個細節，喜歡東摸摸西摸摸，彈琴一會兒喝水一會兒吃東西，明明二十分鐘能彈好的，總要花一小時。晚上刷牙洗臉，她要把洗手檯上的東西玩遍，每天晚上都磨蹭到九點多才上床。為什麼她不知道珍惜時間？平常我們做事都很講究效率，自己會規定時間看書、做事，怎麼她一點也沒學會？

表面上，故事中的小女孩做事磨蹭、拖拉。深入研究後，我們會發現，這其實顯示孩子缺乏一種很重要的能力——時間管理能力！一般來說，孩子缺乏時間管理能力的原因有二：

首先，孩子缺乏時間觀念。

孩子不知道珍惜時間，通常是因為他們不像成人一樣具有時間緊迫感，他們的時間概念比較模糊。孩子不知道把一件事盡快做完會有什麼更好的結果，也不認為自己慢有什麼不好。

其次，如果對所做的事情不感興趣、缺乏自信心，往往也會影響他們的做事效率。

我們常看到這樣的情景：孩子在畫畫或寫字時，心不在焉地在紙上亂塗亂畫，而爸媽則在一旁不斷地催促、責備。孩子在責罵聲中，畫畫、寫字的速度愈來愈慢，甚至玩起紙筆……

為什麼會這樣？原因無非是孩子對這個活動沒有興趣，是在爸媽的脅迫下不得不做的。**不珍惜時間，是孩子消極情緒的外在表現。**

那麼對於年齡尚小的女孩來說，怎樣才能讓她們具有時間意識、學會管理時間呢？

作息更有規律

良好的作息是養成時間觀念的前提。然而時間對女孩來說是非常抽象的概念，所以無法體會時間的重要性。但是，父母一定要堅持讓孩子養成有規律的作息。

建議父母可以和孩子一起制定一張作息時間表，什麼時間起床、洗漱要多長時間、吃早餐要多少時間、放學後先做什麼、然後做什麼、幾點睡覺等，都要做出合理的安排。

只有固定作息時間，形成習慣，女孩對時間才有明確認識，進而養成良好的時間觀念。

有效利用黃金時間

每個人都有生物時鐘，孩子也是如此。孩子常常會有這種感覺：在相同的時間，心情好的時候學習效率就高，情緒不穩定的時候，學習效率就低；在一天當中，早晨和夜間學習效率高，下午和傍晚學習效率低。可見，孩子的學習有一個最佳時機。

專家指出，對一個孩子來說，一天內有四段高效的記憶時間：

第一段：早上六至七點，適合記憶一些新的概念、新的內容。

第二段：上午八至十點，適合記憶大量基礎理論知識。

第三段：下午七至九點，適合記憶綜合性知識。

第四段：晚上十至十一點，適合記憶精確性高、容易出錯的知識。

當然，每個人的具體情況有所不同，有些人早上學習效率高，有些人是晚上。父母可以讓孩子觀察自己的特點，掌握自己的最佳學習時間，然後把重要的學習內容安排在最佳時間。

充分利用每一分鐘

大人知道許多事可同時進行，但是對孩子來說，由於時間意識不強，每次只會做一件事，而浪費許多時間。因此，父母要教孩子統籌時間的方法，幫助孩子提高時間利用率。

剛上二年級的女兒最近常向爸爸抱怨時間愈來愈不夠用。原來，五點鐘放學後，女兒坐公車和等車的時間就占了一個多小時，老師現在又規定每個學生必須在七點收看新聞。這樣一來，學習時間就減少了。

爸爸思考了一下，為女兒想到了一個好辦法。他教女兒把當天要記憶的詞語或英文單字做成小卡片放在口袋，在公車站等車以及坐車的時候，就可以默默地記憶。

這位父親不僅幫女兒解決了時間不夠用的問題，還讓女兒了解：時間是擠出來的、是計畫出來的，往後再遇到類似的情況，孩子就知道該怎麼做了。

定期檢查時間運用，才會知道是否浪費時間

有時候孩子也不太清楚時間是否浪費了。因此，**要想讓女孩合理地利用時間，就得讓她學會檢查自己的時間運用狀況。**

在日常生活中，父母可以要求女兒每天把時間運用的情況記在日記上，每月分析自己時間運用的規律，找出浪費的地方。這樣就可以幫助孩子減少時間浪費。

另一種方法是讓女兒先對自己每天要做的事情制定一個計畫，晚上再檢討自己的計畫，看哪些做到了、哪些沒做到；為什麼沒有做到，是不是哪裡浪費了時間。然後，父母可教她一些減少浪費時間的方法，幫助孩子每天按計畫完成任務。

理財能力：養成節儉的習慣，掌握幸福的重要關鍵

在現代社會，每個人都必須具備理財能力。而對於女孩來說，理財能力的培養更是直接關係到一生的幸福與發展。

但是有些父母會擔心：「女孩子這麼早接觸錢，會不會變得勢力、庸俗呢？」「女孩子小的時候有父母照顧，長大嫁人後有丈夫照顧，懂得理財也沒什麼用。」

其實，女孩是否會變得虛榮、勢力，與孩子是否過早接觸金錢關係不大。**擁有理財能力的女孩，反會更容易養成節儉、樸素、勤勞等良好的行為習慣**。特別是女孩嫁人後，如果沒有任何理財能力，只是一味地將自身的幸福依附於丈夫身上，這樣的幸福必然不牢靠。

而且，理財能力指的並非是教會孩子接觸錢、掌握錢、花錢、賺錢。**讓孩子有金錢意識、進行理財，往往也是讓他們學會體諒父母、理性消費、積極向上的最佳途徑**。

一次，小女孩茗茗纏著爸爸問：「爸爸，你賺多少錢呀？」爸爸一愣，馬上回答：「這關妳什麼事。小孩子不要問這些。」聽了爸爸的回答，茗茗不開心地走開了。

媽媽看到這個情景，趕緊將不高興的茗茗拉過來說：「我們家並不富裕，但也不貧窮。因為爸爸媽媽努力賺錢，我們比有些人家有錢，但比我們有錢的家庭還很多。」

爸爸的回答，正是大多數父母在面對這個問題時最普遍的態度。媽媽的回答卻很巧妙，既讓孩子知道能夠擁有幸福生活是因為父母努力工作，還灌輸孩子積極向上的意識：只要和爸爸媽媽一起努力，生活就會變得更好。這樣一來，孩子最基本的理財意識就建立起來了。

帶女孩一同「消費」，才知道錢怎麼花？怎麼來？

千萬別認為孩子還小，沒必要知道金錢的事。孩子身為家庭一分子，不管年齡多小都有知情的權利。而且，當孩子知道錢怎麼來，才能更加珍惜每一分財富，漸漸形成正確的金錢觀。

培養女孩正確金錢觀的重要方法之一，就是帶你的小孩一同去「消費」！

小晴雯要上幼稚園了，爸爸媽媽為了培養孩子的理財意識，決定帶她一起去繳學費。在繳學費的路上，小晴雯歪著腦袋問父母：「為什麼要把這麼多錢交給幼稚園呢？」爸爸媽媽告訴她，這些錢主要是用於支付幼稚園老師的薪水，用於買玩具、學習用品，用於買飲料、水果，並且用於修建小朋友玩耍的場所。同時，爸爸媽媽又說，這些錢是他們工作得來的，跟幼稚園的老師一樣，他們只有透過工作才能獲取金錢。

雖然只是繳學費路上的簡單對話，卻能讓小女孩明白兩個重要問題：一是，為什麼繳錢才能上幼稚園；二是，讓孩子意識到，錢是需要付出勞動才能得到的東西，並不能憑空得來。

引導女孩「正確消費」

對金錢沒有概念、有錢就想花、看上東西就想買、買了又後悔，這是很多女孩甚至成年人都有的不良消費傾向。因此，教會女孩合理而正確地消費，是理財教育很重要的一部分。

一位法國母親帶著六歲的女兒到超市買東西，當孩子看中一樣東西時，母親並沒有禁止，而是親切地說：「來，讓我們看看這個東西的價錢多少，哇，一法郎，妳覺得是不是太貴了？如果我們買旁邊那一個，可以買五包妳愛吃的薯片，妳看要哪一個呢？」

女兒想了想，選擇了後者。購物結束時，母親又拿出一些錢給女兒，對她說：「乖女兒，幫媽媽結帳好不好？」

在購物過程中，母親既給女兒充分的選擇權，又控制孩子的非理性消費。在尊重孩子意願的前提下，不僅教女孩學會比較後再購買的理財之道，更在結帳時培養她對金錢的認知。

從小培養女孩的儲蓄意識

孩子的儲蓄意識應當從小培養，例如有的小女孩喜歡吃霜淇淋，如果買一杯要花十元的話，家長就應告訴她：「妳想吃可以，但是今天只能給妳五元，明天再給妳五元，妳才能買來吃。」這就是孩子儲蓄觀念的萌發。

在一些節日，家長或親戚朋友常會給孩子一些零用錢，或者讓孩子得到一些勞動報酬。這時，家長應該幫女孩在銀行開一個存款帳戶，讓她把所有的錢都存入這個戶頭，每隔一段時間就和孩子一起計算這個戶頭得了多少利息，並教她一些利息的計算方法。

女孩到了六、七歲時，做父母的應該讓她懂得如何為短期目標存錢。例如女兒要買一件自己喜歡的、並不太貴的玩具時，父母就可以利用這個機會教孩子存錢。父母可以為孩子訂一個明確的計畫：每天應該存多少錢、存多少天，就能買到自己想要的東西。這樣一來，她就會有目的地把父母給的零用錢存起來。

和女兒一起儲存「教育基金」

孩子每年的學費都是一筆不小的開支。因此，父母可以鼓勵孩子把壓歲錢存起來，或是為新學期做準備，或是為自己日後上大學做準備。

教會女孩**合理而正確地消費**，
是理財教育很重要的一部分。

小學二年級的小琴收到壓歲錢後，媽媽提出建議：母女倆投入相同數量的錢，成立「上學基金」，以後上學的學雜費、書本費一律從這裡開支。想到媽媽也會往自己的「上學基金」中存入相等的錢，小琴高興地同意了這個提議。

成立「教育基金」既可減輕家長經濟負擔，也能培養女孩的自立精神和家庭責任感。

♀ 人際相處能力：決定孩子的心情以及做事的積極性

在現代社會，是否能與人和諧相處，對女孩的一生有重大的影響。在家，孩子要和家裡的每一位成員相處；在學校，要和老師、同學相處；將來工作後她要和上司、同事相處……而這些**人際關係的好壞將決定孩子的心情、精神狀態以及做一切事情的積極性**。

相較於男孩，女孩天生具有更強的人際相處能力，這是因為女孩更善於觀察和了解他人的內心。例如兩、三歲的小女孩一看到爸媽不高興時，會試著安慰他們；看到小動物受傷，會更富同情心；女孩比較溫柔，所以很容易找到知心好友。

然而，現實生活中，很多女孩的表現很讓人擔心：拘謹膽小、害羞怕生、孤僻退縮，或自我中心、不能合作……因此，常表現出不敢與陌生人說話、無法與別人相處等現象。

一個不善於交際的孩子，往往會因為無法從容地與同齡朋友交往，而感受不到生活的快樂。不僅不愛上課，也很容易因此產生厭學情緒，對於日後的人生發展影響很大。

此外，在過去物質不充足的年代，女孩很早就學會許多生存、交際本領；而在當今物質生活充裕的年代，女孩們也不免因「小公主」般的生活待遇，而變得唯我獨尊、不容他人。

一些家長很憂慮：「遇到好吃、好玩的，只要女兒要求，我總會盡量滿足她。結果，現在變得自私，什麼都自己獨占，連和我分享都不願意。」「我家女兒個性很內向，不僅不願意參加團體活動，在學校也沒有朋友。這樣下去，長大後的她又怎麼能適應這個社會呢？」

這些擔心不無道理，孩子如果形成自私自利的個性，自然不會受到他人喜愛和接納；孩子性格如果太內向，不能與他人交流情感，自然會產生很多心理方面的隱憂，影響成長。

雖然與人相處的能力與孩子的性格有關，但這並不是說性格內向的孩子就無法與人相處。其實，與他人相處的能力是培養出來，有很多可以學習的技巧。

給父母的建議

如何培養孩子與人交往的能力

根據許多調查，專家們指出衡量孩子交際能力的標準是：

1. 不懼怕陌生環境，很快適應新環境。
2. 必要時，能克制自己的感情。
3. 有獨立能力，不喜歡依賴別人。
4. 與同伴相處和諧，能在各項活動和遊戲中合作成功。
5. 善於和樂於幫助他人，並能謙讓。
6. 能理解成人的意圖，並能按成人的意願去做事。同時還能提出自己新的觀點和建議。

7.有組織能力，在遊戲和學習中能當個「小領袖」，並受同伴喜愛。

8.在公開場合中，能聰明、機智、不卑不亢的表達自己的想法和建議。

9.熱情開朗，與人交往中充滿尊重和信任。

父母可對照以上幾項標準，衡量一下孩子的交際能力。如果自己的女兒在某一方面有所不足，可盡早在生活中進行培養和鍛鍊。

會分享的女孩既快樂又受別人喜愛

女孩在與人交往方面，最大的障礙就是小氣、不愛分享，因此，在女孩很小的時候，父母就應鼓勵孩子學著與別人分享東西。

在這方面，很多父母都有獨到的經驗：「我每次幫孩子買新玩具，都會提醒孩子要請鄰居家的孩子一塊兒來玩。這樣一來，孩子不僅體會到更多快樂，也更願意與人交往了。」「我經常鼓勵女兒邀請好朋友來家裡玩，並且拿出好東西來招待朋友。」

孩子漸漸長大後，在餐桌上，父母可讓她學著幫長輩夾菜；教孩子讓座給客人；讓孩子做些能力所及的事。在這種教育中長大的女孩，肯定會體貼他人、同情並幫助他人、用一顆寬容和謙讓的心對待他人……這樣的孩子也必定會成為交際高手。

值得注意的是，父母不要規定孩子交什麼類型的朋友，應該允許孩子結交一些年齡不同、性格不同或者專長不同的朋友。舉例來說，如果孩子結交了在寫作、繪畫或者音樂方面有專長的朋友後，就等於找到了一位好老師，孩子在這方面的才能也會提升。

潛移默化中教導女孩基本的交往技能

孩子的交往技能，如分享、輪流、協商、合作等，需要家長在潛移默化中傳授給孩子。一位品學兼優的孩子說，小時候媽媽講的故事讓她終身不忘：

一個女孩走過草地，看見一隻蝴蝶被荊棘弄傷了，她小心翼翼地為牠拔掉刺，讓牠飛向天空。後來蝴蝶為了報恩化作仙女，向小女孩說：「因為妳很仁慈，請妳許個願，我會讓它實現。」小女孩想了一會兒說：「我希望快樂。」於是仙女她耳邊細語一番，然後消失無蹤。小女孩果真快樂地度過一生。她年老時，鄰人要求她：「請告訴我們吧！仙女到底說了什麼？」她只是笑著說：「仙女告訴我，我周遭的每個人都需要我的關懷。」

這位母親透過生動的故事，讓孩子學會關懷別人，而這正是與他人快樂相處的根本。

為了幫女孩受同伴喜愛、從交往中獲得快樂，家長應有意識地教導她一些技能：

培養孩子的禮貌習慣，學會尊重別人，平等待人：讓孩子學會使用禮貌用語「請」、「謝謝」、「對不起」等，告訴孩子只有懂得禮貌的人，別人才願意和他一起玩。

讓孩子學會容忍與合作：在交往中，遇到與自己意願相悖的事，家長應教育孩子學會忍讓，與同伴友好合作，暫時克制自己的願望，服從多數人的意見。

學習遵守團體規範：告訴孩子，只有遵守團體規範的人，才能得到大家的喜愛，也才會有更多朋友和他一起玩。

培養孩子樂於助人的特質：鼓勵和支持孩子幫助朋友克服困難，例如朋友摔倒就幫忙攙扶、同伴的玩具不見就幫忙尋找等等。讓孩子知道，樂於助人就會有更多的朋友。

讓孩子學會**關懷**別人，
是與他人快樂相處的根本。

讓拘謹、膽小的女孩多與陌生人往來

很多女孩子在交際方面有兩面性格，她們可能在家裡能說善道，在外面卻顯得拘謹、膽小。針對這個問題，家長要多為孩子提供與陌生人交往的機會。

一位媽媽這樣描述自己的教育經驗：女兒天生膽小，從來不敢與人交際。為了鍛鍊她，我經常鼓勵她與陌生人進行交流。例如到公園玩，我會拿出零食遞給她：「去和對面的小朋友一起分享吧！他們很想認識妳呢！」去商圈購物時，我會鼓勵孩子：「幫媽媽問問店員阿姨，這個商品還有其他品牌嗎？媽媽想幫妳買一個更好的。」

女孩「怕生」是很正常的現象，父母對此不應過分著急。只要經常有意識地創造孩子與他人交際的機會，孩子必然會克服這個問題。

教導女孩體諒他人，而不是只會考慮自己

不管是女孩或男孩，一個能體諒他人的孩子一定會贏得家長、老師以及同伴們的喜愛。為了讓女兒能體諒他人、體諒父母，一位媽媽是這樣做的：

媽媽今天下班回來很晚，也很疲憊，但女兒還是纏著她講故事。累得只想睡覺的媽媽對她說：「乖寶貝，妳已經認識好多字了，今天妳自己看好不好？」

女兒聽了很不高興地說：「媽媽，我上幼稚園也好累呀！不想看書了。」

媽媽想了想說：「媽媽知道妳累了，可是媽媽也很累了，也無法看書，沒辦法講故事。」

女兒看著疲憊的媽媽，想了想說：「對呀，媽媽也累了。那好吧，媽媽妳休息吧！」

看著懂事的女兒，媽媽高興地笑著說：「不過，妳要聽故事，我還是講給妳聽吧！」

聽了媽媽的話，女兒十分感激地說：「那就講一個故事吧！因為媽媽也要早點休息。」

遇到這種情況，很多家長都會盡量滿足孩子的一切要求，即使再累，也會在孩子面前強裝精神抖擻的樣子。但這樣一來，孩子往往從小就不會體諒父母，長大後更不會體諒他人。

想要讓女兒從小就學會體諒他人，父母就要把孩子當作家庭中獨立的一員。每個家庭成員都要對家庭負責、對家庭有貢獻，孩子也不例外，例如讓孩子做一些能力所及的家務等。

如果孩子從小無法體驗勞動的辛苦，也就無法體諒父母的辛勞。長期下去，她會認為父母的操勞是應該的。在這種家庭環境中長大的孩子，只會考慮到自己而不會體諒他人。

應變能力：面對任何突發狀況都能從容以對

很多女孩都愛哭，特別是在遭遇突發狀況時更是手無足措，不知如何是好，而這也是女孩最容易出現的性格缺陷之一。

甜甜念小學三年級，成績中上，平時也挺乖巧。有一天父母因急事沒有回家，不知所措的她坐在門口哭了起來。六個小時後，當鄰居發現時，孩子已經凍得感冒了。

這種現象，其實正是孩子缺乏應變能力的表現。

任何女性的一生都不可能一帆風順，總會遇到很多突發事件。比如，家裡的燈忽然滅了，懂得修理的人卻不在；父母突然生病了……這些狀況，都是對於應變能力的一種考驗。

因此，父母應從小就培養孩子的應變能力，教導女兒如何從容應對人生的各種問題，例如

如果孩子從小無法體驗勞動的辛苦，
也就無法**體諒**父母的辛勞。

遇到突然停電時，怎樣點蠟燭、開手電筒；遇到陌生人問路，應該怎樣避免被騙；遇到瓦斯外洩怎樣處理；父母突然生病了，如何撥打急救電話等等。

給孩子出難題，鍛鍊生活應變能力

生活中並不是隨時都有訓練應變能力的機會，那麼父母該怎麼做呢？

有一天媽媽在煮晚餐，爸爸著急地對欣欣說：「能不能幫爸爸去巷口那間『順意商店』買一瓶醋啊？別忘了，快一點，媽媽正等著用呢！」

不一會兒，欣欣回來了，但兩手空空。「咦？」爸爸奇怪地問：「怎麼沒買啊？」

「那間店的醋賣完了！」

「那旁邊的『老王雜貨店』也賣完了？」

「……我沒去。你要我到『順意商店』的……」欣欣支支吾吾地說。

那天晚上，全家吃了一頓沒有加醋的「糖醋魚」。欣欣低著頭，不停地扒著米飯……

小女孩往往對錯誤比較敏感，當她感受到因自己的錯誤而讓父母或他人不快時，會很快地改變自己，故事中的欣欣正是如此。因此，父母可適當且隨機出「難」題給女兒，不管孩子是否解開了這個難題，目的只有一個：培養孩子隨機應變的能力。良好的應變能力，有助於孩子妥善處理問題、合理承擔責任，以後若再遇到類似的事件，相信孩子一定能做得更圓滿。

玩遊戲鍛鍊孩子的反應能力

父母可能都和孩子玩過「摸五官」遊戲，即孩子把右手放在自己的鼻子上，媽媽有節奏地念：「鼻子、鼻子、眼睛」，孩子必須很快地指到媽媽最後說出的「眼睛」；媽媽說：「鼻子、鼻子、嘴巴」，孩子就要迅速地指到自己的嘴巴。

其實，這個遊戲能鍛鍊孩子的應變能力。如果孩子已經大了，父母可以提高遊戲的難度，例如，讓孩子指「左手」、「右眼」等難度更大的部位。

此外，以下兩個遊戲，對於培養孩子的反應能力也很有好處：

狡猾的「狐狸」：全家人隨意坐，雙手放在膝上。其中一人扮成狐狸，假裝漫不經心地東張西望，尋找機會，趁人不備，就打任何人的手。被打的人要迅速抽回手，盡量避免被「狐狸」打到。「狐狸」以打中所有人為勝。

摸蹲：孩子可以不停地動，姿勢不限。家長要迅速摸到孩子的頭；而孩子則要迅速蹲下，以免被家長摸到頭。家長摸到頭，家長勝；孩子躲開家長的手，孩子勝。

自我管理能力：為生活制定各種計畫，並且按時完成

做事很有自制力，不容易受外界因素干擾；遇到挫折、不如意，忍耐力較強；做事有計畫，並因按時完成計畫而獲得成就感；有一定的生活自理能力；能了解、控制自己的情緒，體諒他人的情緒變化……相信每個家長都喜歡這樣一個具有自我管理能力的孩子，但現實生活中很多孩子的表現卻往往與家長們的心願相左。

一般來說，女孩的依賴心比男孩強，較喜歡且習慣家長為自己安排好一切，吃什麼、穿什

父母可適當且隨機出「難」題給女兒，
培養孩子**隨機應變**的能力。

麼、做什麼……甚至遇到了困難，她們最先想到的也往往是向父母求助。

正因如此，凸顯了女孩的某些問題：「女兒做事一向沒計畫，拖拖拉拉，每次做作業總需要大人提醒。」「女兒都八歲了，還不會整理自己的床鋪，任性得很。」「女兒做事沒主見，總是不能決定要穿什麼衣服、買什麼文具。」

其實，這與父母的教育方式有很大的關係——怕孩子出錯，所以處處提醒；怕孩子做不好，所以處處幫助；怕孩子選擇錯誤，所以處處代辦……長此以往，孩子也就養成了不能「自我管理」、習慣依賴他人的個性。

然而，不管你的女兒多麼讓你放心不下，總有一天都會走出你的懷抱。不妨試想一下，如果你的孩子走到哪裡都不會上當受騙，能夠好好照顧自己，你是不是會很放心？

無數事實證明，EQ比IQ重要，所謂的**「自我管理力」就是EQ的核心。教會女兒做一個不妨礙他人、友善、樂於助人且情緒正面的人，比教會她彈琴、英文、數學重要得多。**

學會管理自己的生活

如果孩子連自己的生活都管不好，長大後又怎能獨立呢？一個習慣依賴他人的女性，其幸福豈不是失去了安全的保障？

所以，想讓孩子盡快成長，父母應該放手讓孩子學會自己照顧自己的生活。事實證明，讓女孩適當做一些自我服務性的勞動和從事一些能力所及的家務勞動，可培養她們的勞動習慣和勞動技能，增強自我管理的能力，例如自己用湯匙、筷子吃飯；自己洗水果；自己穿衣服、繫鞋帶；自己洗手帕、洗碗筷、疊被子；自己收拾房間；自己剪指甲；自己整理衣服等等。

家務勞動方面，家長可讓她幫忙挑菜、洗菜、淘米，餐後洗碗筷、掃地、擦桌子等。對於大一點的孩子，還可以教她們一些煮飯、做菜等較為複雜的勞動。

學會管理自己的課業

除了生活，孩子面臨最多的問題就是如何管理自己的課業。和男孩子相比，女孩在管理課業上有更多優勢——女孩的文具往往會收拾整齊；女孩上進心很強，對成績有更高的渴望；女孩愛乾淨整潔，書包和書本都保護得很好。

但女孩在管理學習順序上有很多缺點，如取捨能力、判斷能力等。就像一個愛好閱讀課外讀物的女孩，在做作業與看書方面往往會不知如何取捨，此時父母要引導孩子把重點放在功課做完了，才能看課外書。如果孩子擔任班級幹部，當她的課業和工作發生衝突時，父母就應該跟孩子一起想出既不耽誤課業，又能當好班級幹部的好方法，這也是自我管理的重點。

自我保護能力：臨機應變，避免許多不應發生的悲劇

一天，九歲小女孩放學後，回家路上被一名中年婦女攔住，並聲稱是媽媽好友。「妳媽媽在忙，要我來接妳去玩，車子就在前面停著。」她一邊說，一邊著急地想把小女孩抱起。

小女孩疑惑地退後，突然機敏地說：「妳認識我媽，那她叫什麼名字？」婦女一時無言以對。小女孩見狀立即呼救、跑不遠處的同學，那婦女馬上慌慌張張地逃走了。

和男孩子相比，女孩在管理課業上有更多優勢，
但在管理學習順序上有很多缺點，
如**取捨**能力、**判斷**能力等。

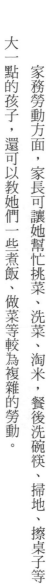

生活是美好的，但也處處危險時時刻刻都會發生各種意外事故，如車禍、船難、房屋倒塌、火災、地震等突發災害。此外，不法分子也常將孩子當成欺騙和傷害的對象。

很多女孩都存在膽小、害羞等性格缺點。因此，一旦遇到危險情況，往往容易受到傷害。面對這些複雜的情況，如果孩子學會了自我保護，就可以減少或避免許多不應該發生的悲劇。

教女兒一些自我保護的基本常識

對小女孩來說，她的安全意識、自我保護意識，往往來自父母的日常提醒。因此，父母在日常生活中，一定要教女兒一些自我保護的基本常識，例如：讓女兒牢記父母的姓名、家裡和學校的地址及電話；懂得火警、交通事故急救等重要電話的打法；不要輕信陌生人的話，更不要跟著他走；知道轄區內或學校附近的派出所（報警點）位置等。

對此，家長可在家中顯眼處貼上寫有這些基本常識的紙卡，以加強孩子的記憶。特別是在女孩可能獨處、獨行前，更應教會她熟記以上這些事項。

告訴女兒遇到突發事件時的應變方法

不幸事件的發生，往往是因為孩子遇到危險狀況不知道如何應付。因此，父母除了教孩子一些簡單的自我保護常識外，還必須清楚地告訴她，碰到危險情況該做什麼和不應該做些什麼。以下是父母最應教給女兒的一些應急措施：

妳和母親一起去購物中心（或公園），一抬頭，發現媽媽不見了：告訴那裡的負責人妳找不到媽媽；或找穿制服的警衛，千萬不要隨便跟任何一個大人說妳找不到媽媽。

妳獨自在家，有人敲門，妳從窺視孔裡發現是一個陌生人：千萬不要幫陌生人或只見過一兩次的人開門；即使那人說有緊急事情，或說是父母叫他來的，也不要開門。但不理也不行，竊賊也許是試探妳家裡有沒有人。妳要隔著大門對外面的人說，爸媽在休息，請他稍後再來，然後打電話給父母或鄰居：「有陌生人敲門，在他離開以前，請妳在電話裡陪著我。」

步行回家途中，隨時注意是否有人跟蹤：一旦發現有人跟蹤，記得走到馬路對面或走另一條路避開那人。假如那個人還緊跟著妳，就應該跑向人多的地方，例如商店或繁忙的十字路口。如遇緊急情況，一定要大聲呼救。

夜裡家人都睡著了，妳聞到燒焦的氣味醒了過來：要大喊「失火了！失火了！」叫醒家人，然後順著你們平時討論過或防火演習中預定的通道離開室內。記住不要使用電梯。如果有煙，先用濕布掩住口鼻，俯低身體匍匐爬出去。

妳獨自在家，不小心割傷了自己：如果血流很多，用乾淨的毛巾包住傷口止血，但不能包得太緊使自己感到疼痛。然後打電話給父母。

教孩子具體的自我保護措施時，可採取遊戲方式，如父母提出問題，讓女兒回答等。

讓孩子與鄰里保持聯絡

鄰居間若能加強聯絡，一旦發生意外，如家中失火、遭遇竊賊、瓦斯外洩等，孩子可以立即向鄰居求助，這一點非常重要。家長應允許孩子常去鄰居家串門子，或與鄰居家孩子一起玩，增加感情交流；應讓鄰居知道孩子及自己家庭裡的基本情況和事項，以便及時聯繫；對於那些經常獨處的女孩，更應引導她們養成在遇到危險時馬上向鄰居求助的習慣。

對小女孩來說，她的安全意識、自我保護意識，
往往來自父母的**日常提醒**。

第五章

幫助女孩形塑個人特質

對於女孩來說，她的未來如何，絕大部分取決於個人特質。只有自信、堅強，她才能坦然面對人生的一切挫折；只有時刻懷有感恩之心，她才能真切地享有人生的幸福與快樂；只有積極、負責，她才能獨立自主。對此，心理學的研究曾提出這樣的公式：成功100%＝IQ20%＋EQ80%。即人的一生，20%由IQ決定，80%由EQ主宰。

寬容：寬待別人就等於善待自己

寬容是一種非常珍貴的感情，主要表現為原諒別人的過錯。富有寬容心的孩子往往心地善良、性情溫和、惹人喜愛；而缺乏寬容心的孩子往往性情怪誕、易走極端、不易與人相處。

相較於男孩，女孩的敏感度高很多。受到他人刺激下，她們可能會不停哭泣，或是因而不願原諒對方，或頻繁地向老師和家人告狀。**如果這個時候父母不加以引導，孩子很可能就會養成斤斤計較、以自我為中心的個性，並在日後的人際交往中，無法好好地與他人相處。**

一天，某小學三年級的同學們正在玩遊戲，忽然，健健不小心踩了欣欣一腳。看到剛買的白球鞋上有了一個大大的黑腳印，欣欣生氣地跑到健健身旁，狠狠地踩了他一腳。當老師質問欣欣為什麼這樣做時，她卻理直氣壯地告訴老師：「我媽媽說，不能受別人的欺負，別人打我，我就要打別人。健健踩了我，我當然也要踩他。」

現在的孩子大多是獨生子女，在學校受了委屈，父母會心疼得不得了。於是針對女兒受到欺負的問題，很多家長都會在氣憤之餘這樣教育女兒：「有人打妳，妳就打他。讓他知道妳的厲害。」「真是太過分了。走，媽媽（爸爸）帶妳去找他……」

用這種方式教育孩子，不僅不能使孩子正確處理與同學之間的關係，還會影響孩子將來對人際關係的處理，使孩子變得狹隘、小氣，甚至對待家人、朋友也是如此。

那麼，如何才能培養孩子的寬容之心呢？

一天，在一個「兒童俱樂部」的活動現場，一位滿臉歉意的工作人員在安慰一個大約四歲的小孩。原來那天小孩較多，這個工作人員一時疏忽，將這個小孩留在了網球場。等工作人員找到孩子後，小孩因為一人在偏遠的網球場，受到驚嚇，哭得十分傷心。不久，孩子的媽媽來了，看到孩子哭得慘兮兮，沒有因為心疼孩子而責備工作人員，反而蹲下來，一邊安慰受驚的孩子，一邊很理性地對她說：「已經沒事了，那個姊姊因為找不到妳而非常緊張、十分難過，她不是故意的。現在妳必須親親那個姊姊的臉頰，安慰她一下。」

四歲的小孩聽了媽媽的話，停止了哭泣，踮起腳尖，親了親蹲在她身旁的工作人員，並且輕輕地告訴她：「不要害怕，已經沒事了。」

這位媽媽不僅知道怎樣愛孩子，更知道怎樣培養孩子的寬容之心。

小女孩的情感是脆弱的、易受傷的，如果父母給予她的是有仇必報的觀念，那麼孩子無疑會一生不快樂；而如果父母能夠給予她一顆寬容、包容、大度之心，那麼孩子無疑會在良好的人際關係之中一生幸福。

美國著名的文學家愛默生說過：「寬容不僅是一種雅量、文明、胸懷，更是一種人生的境界。寬容了別人就等於寬容了自己，寬容的同時，也創造了生命的美麗。」從小教孩子學會寬容，不僅讓孩子今天能處理好同學關係，更為孩子將來的發展奠定基礎。

父母重視的事情，女孩也不會忽視

女孩一般都十分重視父母的意見，因此如果父母發現孩子有「不寬容」的現象，一定要多予以重視，及時糾正孩子不正確的觀念。

一位母親描述經驗：有一次，女兒放學回家對我說：「媽媽，某某某真笨呀，我們踢毽子比賽，他踢得最少，怎麼連毽子也踢不好呀！」孩子明顯地流露出不滿和不屑的神色。

從小教孩子學會**寬容**，不僅讓孩子今天能
處理好同學關係，更為孩子將來的發展奠定基礎。

我覺得不能放任孩子這種思想，便和藹地問孩子：「某某是不是妳的同學？」

「當然啊！」

「那好，既然是同學，是不是應該互相關心，互相幫助呀？」

「是呀！」孩子認真地回答。

我繼續說：「妳經常說要關心同學，這個同學有缺點，是不是不應該嘲笑、瞧不起，而應該多幫助他呀？」孩子不吭聲了。

我每天仍然耐心地聽孩子講她班級的趣事，但每次都細心地注意糾正孩子那些不正確的看法，「剪除」孩子幼小心靈滋生的一些「雜草」，孩子才會漸漸養成關懷和理解他人的特質。

此外，父母也應在生活中以身作則。例如，如果父母經常因為小問題而爭吵不休，那麼孩子長大後肯定也會斤斤計較、得理不饒人；**如果父母對待他人熱情、寬容，與鄰里、同事間相處融洽，孩子就會學父母那樣處理同學間的關係，也會變得寬容、好善、樂於與人相處。**

讓孩子深刻體會他人的感受

孩子不寬容，往往是因為不能深刻體會到自己的「不寬容」會給對方帶來怎樣的傷害。因此，父母面對孩子的不寬容，首先要讓孩子明白自己的行為會讓對方很受傷。

小羽很聽話，但就是愛告狀，一點小事就去找老師：「老師，朋朋欺負我，他剛才把我撞倒了。」「老師，巧巧用水彩時噴到我的書上，害我都沒法看了。」對此，小羽媽媽經常勸她：「對待他人要大方，總是告狀會被人嘲笑的。」但是小羽還是經常為一點小事就去告狀。

最後，小羽的媽媽想出了一個好辦法。她買來彩色紙張，做成一個個心形。她對小羽說：

「妳經常告其他小朋友的狀，老師和家長一定會經常責備他們。他們會怎麼樣？」「會流淚，會傷心。」小羽小聲答道。

「妳看！」媽媽拿著心形紙張，輕輕撕開了一個小口，說道：「其實每當妳不寬容，其他小朋友的心靈都會很受傷……」具體說明後，小羽學會了原諒，再也不輕易跑去告狀了。

孩子小的時候，往往會對具體的事物印象深刻。當紙張做成的心形被撕開，孩子就會產生強烈的同理心，深刻感受到自己的錯誤。女孩大多擁有天使一般的善良之心，當她看到自己對他人造成如此嚴重的傷害，自然就學會了寬容他人、善待他人。

讓孩子學會換角度思考問題

父母還可以教孩子學會從他人的角度來看待問題，讓孩子把自己置於別人的位置，設身處地地站在他人的角度來思考問題。

一位媽媽在日記裡寫道：我幫女兒買了一本雜誌。下課時，她拿出雜誌高興地翻閱，但她的同學起身時不小心把墨水瓶碰翻，墨水灑到雜誌上，一本精美的雜誌變得髒兮兮。女兒很生氣，不但要同學賠她新雜誌，還把這件事告訴老師。結果，女兒的同學被老師罵了一頓。

當女兒把這件事告訴我時，我想告訴她要寬容別人，多為別人著想，但我還是決定讓她親身體會一下被人寬容的滋味。當天晚上，女兒不小心把一碗飯打翻了，我知道教育女兒的時刻來了，於是大聲對她喊：「妳怎麼搞的，吃飯也不好好吃，罰妳今天晚上不許吃飯了。」

女兒看到我這種態度，傷心地哭了起來：「我又不是故意的。」

這時，我溫柔地對她說：「誰都有不小心犯錯的時候，媽媽只是想告訴妳，因為不小心犯

孩子不寬容，往往是因為不能深刻體會到
自己的「不寬容」會給對方帶來怎樣的**傷害**。

錯而不被別人原諒是很不舒服的。這正如妳不原諒同學的不小心，還讓老師罵他一樣。」

女兒不好意思地低下了頭。

及時糾正孩子「世俗」的觀點

我們經常會聽到孩子對父母說：「媽媽，XX真笨，連字也寫不好！」「媽媽，XX偷拿同學的文具被老師罵了，同學都不願意理他，我也不想和他玩了。」

這時，如果父母也順著孩子說：「XX就是很笨」、「不要和有缺點的孩子一起玩」，很容易使孩子對他人產生偏見，進而變得不能容忍別人的缺點，影響孩子與他人相處。

因此，父母要及時糾正孩子「世俗」的觀點，**告訴孩子人人都有缺點、人人都有可能犯錯，我們要包容別人的缺點。只有這樣，孩子才能擁有一顆寬容的心。**

感恩：人生的重要必修課

很多父母都認為女孩和男孩不同，男孩子長大後往往會「娶了媳婦忘了娘」，女孩長大後則會孝順父母，因此沒必要教女孩感恩。然而事實是否真的如此呢？

隨著獨生子女時代的到來，現代的年輕父母對孩子往往傾注了所有的愛。孩子愛吃的，父母就不吃；孩子喜歡的，父母趕緊滿足；孩子不高興了，父母趕緊依從……加上工作忙碌等原因，很多父母都會把孩子交給自己的父母照顧，隔代教養更使孩子養成了以自我為中心的習慣。這樣的孩子，長大後又怎會對父母的辛勞付出懷有感恩之心呢？

當然，父母們也許並不期待孩子長大後對自己有所回報，但感恩之心卻不僅僅只在「孝順父母」上才有意義。

有一位年輕的媽媽在女兒生日那天，沒有幫孩子買生日蛋糕，也沒有為孩子大擺宴席，而是帶著孩子去了婦產科，探望那位曾經為自己接生的醫生，告訴孩子是那位醫生阿姨把妳帶到了這個世界，還讓女兒送給那位醫生阿姨一束美麗的鮮花，送上全家人感恩之心。

這位媽媽雖然沒有給孩子生日禮物，卻給了孩子無價之寶：一顆感恩的心。當小女孩長大成人，必然不會忘記這次特殊的生日，她會深愛自己的父母、親人，乃至他人。

反過來，我們還可以設想，一個不懂得感恩的孩子，連自己的父母都不愛，又怎麼可能愛他人、愛社會？一個缺乏感恩之心的女孩，就會養成驕縱、自私的個性，長大後又如何能夠擁有幸福的婚姻及事業？

感恩應該是父母必須為女兒上的一堂人生必修課，讓她了解：她降臨到這個世界上，每一步成長和發展都離不開父母的養育、師長的教誨、朋友的關愛、大自然慷慨的賜予。沐浴在愛的懷抱中長大成人，女孩才會成長為一個真正的天使！

父母也要時常感恩，做女兒的榜樣

父母的某些行為和思想，很容易會在潛移默化中成為女兒的行為和思想。所以，想讓女兒從小就有一顆感恩的心靈，父母就要做好孩子的榜樣。

一位母親這樣做：感恩節那天，收到了很多朋友感恩的簡訊。我覺得自己也應該對身邊的

一個**不懂得感恩**的孩子，
連自己的父母都不愛，又怎麼可能愛他人、愛社會？
長大後又如何能夠擁有幸福的婚姻及事業？

人說感恩的話，回到家，我對先生說：「謝謝你一直對我工作的支持和幫助。」又對孩子的爺爺奶奶說：「感謝您們幫我們買菜做飯。」隨後我又對女兒說：「感謝女兒給我帶來這麼多快樂。」大家雖然覺得這種方式很新奇，卻很高興收到感謝。

接著，我又問女兒：「妳感謝媽媽什麼？」她趴在我的耳邊說：「謝謝媽媽幫我洗衣服。」我接著引導女兒：「是不是還應該對其他人說些感謝的話呢？」

女兒聽了，趕緊跑到爸爸和爺爺奶奶身邊，小聲說：「謝謝爸爸開車帶著我到處玩。」「謝謝爺爺和奶奶每天辛苦接送我上下學。」

「是不是還要感謝一下幼稚園的老師呢？比如……」我又引導道。

女兒說出了一連串的感謝：「感謝老師星期一到星期五都陪著我們。」「感謝Y老師陪我踢球。」「感謝Z老師哄我睡午覺。」「感謝L老師講故事給我聽。」

後來，我在女兒的日記裡發現：「這是個很有意義的感恩節，我覺得自己真的很幸福。」父母的言傳身教，對女孩子的影響很大。所以，在家中父母要做到的就是孝順長輩。比如，家中有長輩，有好吃的要先給他吃，逢年過節送禮物；如果長輩住得較遠，應該經常打電話慰問。**當女兒看到父母不僅對自己有愛，對長輩也有愛，就會更加牢記感恩的做人原則。**

向孩子真實表達你的感受，讓孩子知道父母的奉獻與關愛

女孩子是在愛中成長，在愛中學會愛的。

如果父母們對孩子只有一味地奉獻、一味地關愛，不讓孩子了解父母所做的一切，不了解

父母內心的真實感受，那麼孩子就很難懂得感恩，很難會對父母有愛。

比如應在孩子小時候就真誠地告訴他們，爸爸媽媽其實也很想吃魚肉，但是爸爸媽媽捨不得，希望把最好的東西留給你，希望你營養充足，快快長大。這樣一來，孩子就會知道父母的苦心，長大後就懂得感恩。

此外，父母還可以經常帶女兒去自己工作的地方走一走、看一看，讓她體會到父母工作的艱辛，讓孩子在體諒和感恩中漸漸長大。

感恩，從家庭生活的每一件小事做起

一位父親曾經這樣描述自己女兒的巨大變化：苗苗八歲時，有一天幫我們洗了一次腳。那天晚上，我們都在看電視，她端了一盆熱水進來說要幫我們洗腳。雖然感到奇怪，但我和她媽媽還是同意了。她先幫媽媽洗，然後幫我洗。苗苗說：「爸爸的腳很粗糙，皮都裂開了，爸爸的工作真的很辛苦。媽媽的兩隻腳底好硬，不知道走了多少路。」

從那以後，苗苗好像一夜之間長大了，不僅每天主動幫忙做一些家務，而且再也不會纏著我們要這要那了。

感恩應從家庭生活的每一件小事做起，例如父母生日，孩子給父母送上一個生日蛋糕、寫上一張生日卡，是感恩；平時，孩子為父母倒一杯熱茶、送上一條熱毛巾，也是一種感恩……每一件家庭小事，累積起來就是孩子的人生大事。

值得提醒的是，**感恩絕對不只是父母對孩子的單向要求。當孩子提供幫助，父母也一定要記得給予及時的表揚和感謝**。只有這樣，孩子才會自動自發地擁有一顆感恩之心。

自信：邁向成功之路的關鍵

「自信的女孩最美麗。」一個對自己持肯定態度的女孩，才會抬頭挺胸地向他人展示自己的美麗，也只有對自己充滿信心的女孩，才會敢於衝破一切阻礙，最終獲得成功。

但在現實生活中，很多可愛的小女孩卻都顯露出缺乏自信的一面。

歡歡今年讀小學三年級了，成績還不錯。前兩天，學校要舉辦競賽，一個班級選四名學生參賽，歡歡被選中了，可是說什麼也不去。老師要歡歡的媽媽回家好好勸她，可是歡歡卻告訴媽媽，她不想參加競賽是因為怕比賽輸了會丟臉。

小麗的數學成績很差。一天晚上，小麗在寫數學考卷，其中有三道應用題不會做。爸爸講解一遍，她沒聽懂，又講了一遍，還是沒聽懂。爸爸有些不耐煩，於是媽媽又過來為女兒講解，講了很長時間，小麗才終於弄明白這道題怎麼做。但是，晚上睡覺前，小麗卻哭著對媽媽說：「媽媽，我怎麼這麼笨呢？那麼簡單的題目都不會，我覺得活著一點意思都沒有。」

在女孩的成長過程中，自信心的影響是無法估量的。如果孩子是個自信的人，就會樂觀進取，做事主動積極，勇於嘗試，樂於接受挑戰；如果缺乏自信，就會在任何事面前表現出柔弱、害羞、恐懼，不敢面對新的事物，不敢主動與人交往，從而失去很多學習的機會，影響自身的發展。

所以，女孩的父母們請注意！當女孩認定自己「不可以」、「不能」時，天性的敏感、脆弱就會讓她產生「無能」感，進而產生自卑等不良心理。這種不良的心理延續下去，將引發自暴自棄等更為嚴重的後果。

此外，父母在教育孩子時，如果批評多於鼓勵、挖苦多於讚揚，就很容易令小女孩失去自信心，進而對學習和生活失望。比較適當的原則是：不粗暴、不蠻橫、不攻擊！

及時肯定和讚揚孩子的好行為

女孩子自信心的樹立，往往需要得到外界的認同和讚賞。當她的某一行為得到外界的肯定，自信心自然會大大增強。

一位母親帶著五歲的女兒坐公車，坐了一段路程後，一位年邁的老婆婆上車了，母親連忙起身讓座，並對女孩說：「來，站一會，看看能不能站得穩。」小女孩高高興興地站在座椅旁，並認真地扶著座椅不讓自己摔倒。旁邊的人看了，紛紛稱讚小女孩有禮貌、有愛心。

當孩子做了一件小事而受到讚賞，就會更樂意去做更多事，接受更多挑戰，以獲得更多的肯定和成功的喜悅。這樣一來，自信心也就會隨之日趨強化。

任何時候都不要傷害女孩的自尊心

媽媽在超市買了很多雞蛋，回到家後，媽媽找來一個盒子，想把雞蛋拿出來放到盒子裡。小紋來到廚房，很想幫媽媽把雞蛋放到盒子裡。

「寶貝，別動，妳會把雞蛋打碎的，媽媽自己來就行了。」媽媽大聲對小紋喊道。

「媽媽，我都上一年級了，妳就讓我來幫忙吧！」小紋的語氣有點堅定。

媽媽邊收拾，邊大聲叫道：「妳還小，去做作業吧！」

看著媽媽嚴厲的眼神，小紋只好委屈地走出廚房。如此簡單的事情媽媽都認為小紋做不

當女孩認定自己「**不可以**」、「**不能**」時，
天性的敏感、脆弱就會讓她產生「無能」感，
進而產生自卑等不良心理。

好，可想而知，小紋的自尊心肯定受到了很大的打擊，從而對自己的能力產生懷疑。

如果媽媽換一種態度對待小紋，看到孩子熱心地想幫忙，應該真誠地鼓勵孩子：「寶貝，妳真棒，這麼小就知道為媽媽分擔家務，妳來做吧。不過雞蛋很容易碎，妳要輕拿輕放呀！」這時，小紋不但會因為媽媽的鼓勵而高興，還會對自己充滿信心。

任何人都有被人尊重的需要，孩子也不例外。孩子的自信首先來自於被尊重，如果連父母都不尊重孩子，孩子就無法有自信。

給女孩積極的暗示與鼓勵

女孩的自信往往來自於成長感、價值感和勝任感。因此，父母在日常生活中要經常告訴孩子：「女兒，長大了、有進步。」「女兒，妳很棒、我們需要妳、我們喜愛妳。」「女兒，妳的能力愈來愈好，會做愈來愈多的事情。」

平時，父母可以經常幫孩子量量身高、稱稱體重，告訴孩子她在長大，強化她的成長感。在表揚孩子的時候，父母可經常比較她的過去和現在，例如「妳這幅畫色彩很漂亮，比上個星期畫得好多了。」讓她看到自己的進步。

設計一些遊戲，幫助孩子克服自卑、建立自信

全家人一起玩遊戲，是女孩子最喜歡的。所以，父母應多設計一些能夠培養孩子自信心的遊戲，以幫助孩子建立自信心。

一位母親是這樣做的：

我家的女兒自小性格內向，做什麼都沒有自信，她總是對我說：「媽媽，我覺得自己好笨。」為了增強女兒的自信心，我就設計了這兩個遊戲。

遊戲一：家庭成員坐在一起，輪流說出自己的優點。爺爺說：「我喜歡自己做的菜。」奶奶說：「我織的毛衣好漂亮。」爸爸說：「我喜歡自己設計的房間。」我說：「我把房間打掃得真乾淨。」一開始孩子說不出來，我們就幫她說，到現在她會自己說：「我能自己穿衣服。」「我的畫畫得好。」「我有禮貌。」

遊戲二：全家人圍坐在一起，請孩子擔任「小老師」，出題目給大家猜。如果沒人能回答，最後請「小老師」告訴大家正確答案。遊戲時，我們總是有些題目答得出來，有些答不出來。當「小老師」告訴正確答案後，我們就對她給予肯定和鼓勵，稱讚她「真聰明」。

在類似這樣的活動中，女兒漸漸變得愛表現了，日益自信起來。

發現並培養孩子的專長

孩子一進入學習階段，家長對孩子智力和能力的評判，往往以分數的高低來看。於是，擅長學習的孩子會經常受到表揚，而學習稍差的孩子則經常受到批評。很多常常受到批評的孩子，就會由於成績低落而產生自卑心理，喪失自信心。

想要避免這種不利於孩子成長的情況，**父母除了要「看輕成績，鼓勵進步」，還有一個較為有效的方法，就是發現並培養孩子的專長，順勢加以引導及培養。**當孩子有了競爭優勢，具有上進的動力，就會變得愈來愈有自信。

孩子的**自信**首先來自於被尊重，
如果連父母都不尊重孩子，孩子就無法有自信。

勇敢：增強女孩的抗挫折能力

相較於男孩來說，由於女性荷爾蒙的作用，女孩往往會顯得脆弱、嬌氣、抗挫折能力差等個性特徵。例如女孩很膽小，遇到稍微可怕的東西就嚇得哇哇哭；女孩晚上不敢一個人睡覺、上廁所，總要大人陪；女孩上課不敢回答老師的問題，害怕答錯很丟臉；女孩不願參加戶外活動，怕受傷；女孩很嬌氣，做錯了事大人對她說話大聲一點，她就哭。

雖然女孩子不夠堅強、不夠勇敢與性別有直接的關係，但父母在孩子的成長過程中如何教育、如何引導，則更顯重要。而父母在教育的過程中，最常犯的一個錯誤就是保護過度！

一位母親經常對女兒的老師和同學說：「我家孩子膽子小，愛哭，請大家多照顧。不要嚴厲批評她，有問題就找我好了。」

一位父親最常對女兒說的一句話就是：「女兒別怕，有爸爸在！」於是，女兒作業不會寫，爸爸幫忙；女兒在學校和同學發生爭執，爸爸去找人家評理；女兒因為學鋼琴太苦哭了起來，爸爸趕緊說不學了、不學了……

在女孩成長的道路上，總會遇到許多挫折。但是，**每當遇到挫折時，她還沒有反應過來是怎麼回事，父母就把挫折「擺平」了。**其實，家長們這樣做並不是為孩子好，而是親手為孩子挖了一口溫柔的陷阱。掉進陷阱裡的孩子，**由於被剝奪了犯錯的機會，所以根本不懂得何謂堅強。**也正因如此，才會出現以下種種情況：

上三年級的小蝶，期末考沒有考好，覺得沒臉見父母，決定離家出走；一個十三歲小女孩，因為學自行車時把腿摔得很痛，從此便遠離自行車，至今仍然每天由父母接送上學。

這樣的事例數不勝數，由於這樣的孩子沒有真正自己處理過問題，因此在面對困難時就會像受驚的駝鳥一般。只是她們不是將頭埋在沙子裡，而是埋向父母的懷抱；在沒有父母懷抱的情況下，她們只得退縮，甚至做出愚蠢的事情。

生活在這樣一個競爭激烈的社會，女孩的父母要認清這樣一個事實：沒有人會因為她是女孩子，而特殊照顧；更沒有人會依靠自己的性別優勢，取得真正的成功。

所以，想要讓女孩在未來的人生道路上走得更順暢，父母首先就要學會放下。只有試著讓她自己面對困境，她才能夠更快、更好地成長。

輕鬆而理智地面對孩子的小傷口

孩子撞到頭了、手被劃了個小傷口等，是教會孩子學會堅強和勇敢的最好時機。

一次，麗麗不小心摔倒了，手上擦破皮，麗麗哭著找媽媽：「媽媽，我的手破了，還流血了！」媽媽看了一下，雖然心裡著急，但還是裝作無所謂的樣子，對麗麗說：「一點小傷，沒問題。勇敢的孩子不能哭。」幫麗麗的皮膚進行簡單的消毒後，就讓她繼續去玩了。

爸爸下班回來，看到麗麗手上的傷，馬上將麗麗拉到跟前，一邊緊張地看麗麗的手，一邊問麗麗疼不疼。看到爸爸緊張的樣子，麗麗頓時覺得手很疼，眼淚也跟著出來了。媽媽悄悄地拉了一下爸爸的衣角，爸爸會意地說：「來，讓我看看麗麗的手好了沒有？」麗麗一邊伸出小手一邊哼著，爸爸故意驚訝地說：「噢，這麼小的傷，已經好了！我們麗麗是最勇敢的孩子！是不是？」麗麗聽了點點頭，就若無其事地去玩了。

對於女孩子因意外造成的小傷口，家長不要在孩子面前表現得過於緊張。在對孩子進行撫慰、包紮傷口等適當處理後淡然處之，孩子心裡便不會有太大的壓力。如果大人很緊張，並責備孩子的不小心，那麼孩子今後面對傷痛和恐懼時，就會退縮不前。

媽媽要做女兒堅強的好榜樣

在女孩子的成長過程中，最親近、接觸最多的女性就是媽媽。因此，媽媽的習慣、個性，往往會在潛移默化中對孩子產生影響。

一位媽媽這樣描述了自己的體驗：最近，我有一顆爛牙要拔掉，女兒也恰好牙疼，需要拔牙。於是，我帶著女兒來到了醫院。本來和女兒已經商量好了，可是當她看到拔牙的器具很嚇人，就說什麼也不拔了，還哭哭啼啼地不肯進診間。

看到這種情況，我心想，只好給女兒做個好表率了。雖然我也害怕，但還是強裝勇敢地走到醫生面前說：「先幫我拔吧！拔去壞牙我就能盡快吃好東西了。」

拔完牙後，我笑著走到女兒面前說：「一點都不痛。我真高興，再也不會牙疼了。」女兒看我輕鬆的樣子，想想自己疼痛的牙齒，也就乖乖地走到了醫生的面前。

此後，我經常在女兒面前做出勇敢的樣子。漸漸地，女兒的眉宇間竟也有了我的影子。媽媽是女兒的第一模仿對象，當媽媽用勇敢的態度面對一切，孩子自然而然就學會堅強。

值得提醒的是，有的家長、尤其是媽媽見了毛毛蟲、老鼠、蟑螂等會大呼小叫，這也是一個非常不好的習慣。即使父母心裡有些害怕，也應在孩子面前鎮定自若，並告訴孩子如何去消滅這些害蟲，而不是讓孩子逃避。這樣一來，堅強和勇敢才會成為孩子受益一生的好習慣。

為孩子設置必要的障礙

一個人堅強不堅強與從小受的教育有很大的關係。明智的父母明白，在女兒小的時候就應該讓她們感知困難。於是，他們總會「製造」種種磨難讓孩子度過「難關」，例如——

飢餓：可以適當讓孩子品嘗一下飢餓的滋味，讓孩子學會控制自己的偏好。

吃苦：有意識地讓孩子多參加一些野營活動，讓孩子吃點苦頭。

批評：孩子做了不應做的事情，就要接受批評、懲罰，有時還要適當嚴厲一些。

懲罰：對於孩子犯的較大錯誤，父母應該給予適度的懲罰。

忽視：父母在生活中不要處處把孩子當成重心，有時候可以適當忽視孩子，讓孩子學會調整心態，從而幫助孩子在與人交往中保持良好的心態。

父母要讓孩子感受到的不僅是慈愛與鼓勵，更是潛藏在慈愛中的堅強的力量。這種力量會不斷地鼓舞他們，讓他們幼小的心靈深切體會到：堅強，不能哭，要自己爬起來！

樂觀：以正面的態度看待困境

樂觀既是一種積極的生活態度，也是一種性格。與男孩相比，敏感的女孩往往會更容易陷入悲觀的情緒中。因此，**家長們一定要注意，你在日常生活中的情緒和行為，往往就是給女兒的一種明確暗示。**例如早晨醒來，家長看到外面正在下雨，隨口說了一句：「這該死的天氣，又下雨了！」就是這一句話，就會讓女孩產生消極、悲觀的想法：下雨天讓人很煩。

媽媽是女兒的第一模仿對象，
當媽媽用勇敢的態度面對一切，
孩子自然而然就學會堅強。

但是，面對下雨的天氣，如果家長說：「真是太好了，下雨了，小草、小花們又能喝到水了。」這時家長就會給女孩一個樂觀的暗示：下雨對植物很有好處，雨水可以讓植物茁壯成長。

女孩的個性以及對待生活的態度，就是在父母的影響下一點點培養起來的。父母用悲觀的態度對待生活，女孩就不會看到生活中光明的一面；如果父母總能在困境中看到希望，那麼再大的困難在樂觀的女孩面前也會顯得微不足道。

調查顯示，開朗樂觀的人不僅較健康，而且婚姻生活較幸福，事業上也較易獲得成功。因此，父母應牢記這樣一個真理：樂觀是女孩擁有的最大魅力，遠比聰明漂亮更重要。

讓孩子避開消極情緒的影響

父母也有七情六欲，有時也會愁苦不堪、也會發大火、也會傷心哭泣，但這種情緒應盡量不在孩子面前發洩。如果父母過早讓女孩幼小的心靈體驗到憂傷、驚恐、冷漠、愁苦等負面情緒，那麼孩子勢必不會以樂觀的心態面對自己未來的生活。

女孩小宇的父母都是公務員，由於每天的工作繁瑣而忙碌，回到家後總是不停地抱怨：「工作太忙了，我都快累死了。」平時，他們還總是對小宇說：「不好好用功，將來吃飯都難。」「妳看父母養妳多不容易，每天早出晚歸，還得看老闆的臉色。」

在這樣的環境中長大，小宇從小就學會了咳聲歎氣：「讀書太辛苦了，我都快累死了。人活著真沒意思。」當孩子成長在這樣一個充滿消極情緒的家庭，又怎會形成樂觀的個性呢？

父母要做積極、樂觀的榜樣

家長在教育女孩的過程中，自己首先要做樂觀的人。每個人在工作、生活中都會遇到各種困難，家長如何處理困境會直接影響女孩的做法。

一位母親要加班，她對女兒說：「煩死了，今天媽媽又要加班去了，不能陪妳了。」另一位母親卻對女兒這樣說：「孩子，媽媽工作很忙，要去加班了，晚上回來再陪妳玩。」

兩種答案看似沒什麼不同，卻會對孩子的情緒和認知造成很大的影響。前一種回答會讓孩子覺得妳是不得不去工作的，工作真是令人沮喪的一件事情。而後一種答案，會讓孩子感覺媽媽很能幹，從而產生自豪感。

家長平時就應該多向孩子灌輸一些樂觀的思想，讓她明白，困難是短暫的，人生的道路整體而言是平坦的。

及時排除不良情緒對女孩的干擾

當女孩遭遇困境時，家長要多留心她的情緒變化，如果女孩悶悶不樂，家長無論多忙，也要擠出時間和女兒交談，指導她排除心理障礙，及時化解悲觀情緒。

女兒從學校回來後，情緒一直不對勁，爸爸決定找他談一談。

「寶貝女兒，今天學校有什麼高興的事呀？」

「沒有高興事，但是有傷心事。」女兒不高興地回答。

「什麼傷心事，能告訴爸爸嗎？」

「今天老師要同學們選一個人當班長，只有少數幾個人選了我！」女兒傷心地說。

「我們要尊重大家的選擇。如果妳用這段時間好好表現自己，下學期不要說班長，而且還會被選為模範生呢，妳說是不是？」爸爸安慰道。

「嗯，好像是。」女兒同意了爸爸的看法。

家長一定要注意觀察女孩的情緒，只要她願意與你溝通，就要引導她把心中的煩惱說出來。這樣一來，煩惱很快就會消失，孩子也會很快恢復快樂。

批評女孩的方式要適當

批評方法正確與否，顯著地影響孩子日後會樂觀或悲觀。那麼，面對孩子的錯誤，如何批評才不會帶給孩子悲觀的情緒呢？

讓我們用下面這個故事，來說明這個問題。

璐璐今年八歲，儘管父母再三要求她在與朋友出去玩之前，把自己的房間打掃乾淨，但她還是把父母的話當成耳邊風。那天下午璐璐回家後，母親滿臉怒氣，立即把她帶到臥室，告訴她自己為什麼生氣。

以下是璐璐的母親有可能採取的兩種方式，一種是樂觀的解釋，另一種則是悲觀的方式。

樂觀的方式：「妳不收拾房間對我造成很大的不便，我非常生氣。」（她的批評是特定的，並且很準確地表達了自己的感受。）「我要妳在自己的房間待十五分鐘，好好想想我說的對不對。然後告訴我，妳以後要怎麼保持房間的整潔，保證這類事不再發生。至少說出三個解決的辦法。」（母親不僅為八歲的女兒安排一段思考時間，更給孩子一個很實際的任務：如何改正自己的行為。）

悲觀的方式：「妳為什麼總是這麼不會體諒人？妳的行為把我氣瘋了！」（「總是」一詞意

味著問題很普遍，而且永遠不會改變。母親的情緒反應太強烈了，會給孩子造成太多的內疚感。）

父母批評孩子時，一定要指出孩子犯錯誤的具體原因，並暗示孩子：只要你付出努力，錯誤是可以改變的。這樣的批評才會既發揮良好的教育效果，又不會讓女兒受到傷害。

積極：賦予女孩更多的上進心

一般來說，男孩都有很強的競爭心理，每接觸一個新的團體，他們最想知道的是「誰是頭？」然後他們會暗暗地努力，暗暗地與這個「頭兒」較量，期待自己能夠取代或超越他。

女孩卻與男孩截然不同，女孩剛進入新團體，首先關注的是「關係」，誰對自己好、可以和誰成為朋友，往往是她思考的重點。大多數的女孩對自己是否能夠「帶頭」沒有什麼興趣，她們更希望博得更多人的喜愛、更容易滿足於周圍良好關係為自己帶來的快樂。

正因為女孩天性不喜歡競爭，所以父母更應在培養孩子「積極進取」方面多下點工夫。積極進取之心不僅是成功者所必備的競爭力，更代表獨立思考的能力、創新的能力。

一位小學三年級的女孩幫媽媽打掃，不但沒得到表揚，媽媽反而皺著眉潑冷水：「妳怎麼擦的，這麼髒還不如不擦。」接下來，凡是她幫忙的掃除，媽媽都視而不見地重新打掃一遍。

一個小女孩想參加學校的書法社團，父親卻以國語末考一百分而一口回絕了，並且斥責道：「妳專心讀書就行了，練什麼書法？」

在第一個例子中，孩子想幫忙打掃，說明她願意分擔家長的辛勞，是好事，但家長們的言

女孩剛進入新團體，首先關注的是「**關係**」，
誰對自己好、可以和誰成為朋友，是她思考的重點。

行卻打擊了孩子。我們可以想像，當小女孩受到媽媽的打擊後，勢必會對自己的能力產生懷疑，不僅不會再幫媽媽打掃，也失去了積極主動做事的自信。

在第二個例子中，想學習書法是女孩的興趣，爸爸卻以「成績論成敗」，嚴厲地拒絕了她的請求。當自尊心受到傷害、興趣愛好受到打擊，孩子的積極進取之心又如何能培養起來呢？

綜合兩個事例，我們可以看出，父母的指責與不認同，往往對女孩的個性形成有著不可估量的巨大影響。所以，**想要讓女兒擁有上進心，父母一定要放棄指責，多一些鼓勵、多一些讚賞；放棄不認同，多一些支持、多一些幫助！**

先讓孩子往下比，再讓孩子往上比

很多孩子取得了一點成績就洋洋得意，不想再進步了，也不覺得自己這樣做是不對的。對此，一位母親曾經滿心憂愁地寫道：「女兒已經上三年級了，最讓我傷腦筋的就是這孩子沒有上進心。考完試了，問她考得怎麼樣？雖然只考了八十幾分，她卻洋洋得意。有時我故意表揚別的孩子看看她的反應，她卻好像沒聽見似的，有時還和我哭鬧著說：『妳當別人的媽媽吧！』現在，我真的是沒辦法了。」

孩子在學習上缺乏上進心，是現今社會的普遍問題。面對這樣的孩子，父母該如何引導？在此為大家介紹一個方法：先讓孩子往下比，再讓孩子往上比。

按照這個方法，將上面那位媽媽的故事繼續下去，應該是這樣的：

面對女兒的不思進取，我決定換一種方法。我把女兒叫到身邊，拿出那張八十幾分的考卷，對她說：「來，女兒，讓我們一起來數數妳的成績究竟超過了多少同學。」女兒顯得有點興奮，馬上開始說：「有李明、王莉……一共十五人。」

我把女兒說的名字一個個記在紙上，鼓勵她說：「這是我女兒光榮成績的記錄。只要妳再努力一點，我想就會有更多人要上這份名單嘍。比如那個XXX（女兒班上的第一名），和妳之間才相差十幾個人……」

女兒顯得更興奮了，她拿過我寫的名單用膠水小心地貼在牆上，信心十足地對我說：「媽媽，我一定要把同學們的名字一個個加上去。」

鼓勵孩子往下比，她才能真正地體驗成功、找到信心。而當孩子擁有成功者的心態後，再巧妙地運用「激將法」，引導孩子往上比，就會激發孩子向上的動力。

鼓勵女兒參加各種競賽

大多數女孩對於第一次參加比賽、第一次在大庭廣眾之下表演，都會猶豫不決，擔心自己做不好。這時候最需要的是父母的支持和鼓勵，並告訴她不管名次如何，父母都一樣愛她。只要讓女兒勇敢邁出展現自我的第一步，就能真正成為一個自信的人、積極進取的人。

「媽媽，老師要我報名參加拼寫競賽，但我不太想參加。」九歲琳琳一回家就告訴媽媽。

「為什麼？寶貝。」

「我有點害怕，臺下會有很多人看。」琳琳激動地回答。

「我想妳還是報名吧！妳可以利用這個機會訓練自己。不過這還是要由妳自己決定，我只是說出我的看法。」

晚上，學校老師打電話來，要琳琳的媽媽說服琳琳報名參加拼寫競賽。隨後，爸爸媽媽跟琳琳進行了一次談話，爸爸說：「首先，我們不是強迫妳一定要報名，還是要由妳做決定，但我們可以談談參加競賽的利弊。參加競賽可以鍛鍊自己的意志、鍛鍊自己的智力、增強自己的信心。贏了更好，沒得名次也無關緊要，爸爸媽媽不在乎。因為妳在爸爸媽媽心中是有能力的孩子，不需要用競賽的名次來證明。」媽媽說：「老師打電話來說，她很相信妳的能力。我們對妳的比賽結果並不關心，關心的是妳能否利用這個機會去鍛鍊自己。」

最後琳琳還是參加了這次競賽。琳琳的父母是明智的，他們並不催促女兒，而是讓她自己做決定。藉由這次鍛鍊，相信琳琳在增強獨立性與勇氣的同時，對以後的各種競賽也必然不會感到畏懼。

善良：設身處地為他人著想

細心的父母只要仔細觀察，便會發現女兒善良之心從小就展現了：小女孩一歲前就會對別人的情感有反應，如果旁邊有孩子哭，她也會一起哭；兩歲時，女孩看到別人哭，就會拿自己喜歡的東西去安慰，這表示她已能清楚分辨自己和他人的痛苦，並有了試圖減輕別人痛苦的本能，只是不知道該怎樣做才好；到了五、六歲時，女孩開始進入認知反應階段，知道什麼時候該去安慰正在哭泣的同伴，什麼時候該讓她獨處。

以上這些都是女孩善良天性的表現。研究顯示，如果父母能在孩子小時候透過正確的教育方式，延續這種善良天性，她就會成長為一個善良、富有同情心、責任心、孝順父母的人；而如果這種善良的天性在後天得不到很好的培養，那麼她的愛心就會逐漸消失，成長為一個缺乏責任感、事事以自我為中心的人。

那麼，父母應該怎樣發揮女兒這種天性呢？

父母是孩子最初的老師，因此，想要培養孩子的善良之心，父母就要做好善良的榜樣。而在這過程中，很重要的一點就是：父親要尊重並愛護媽媽。

為什麼教孩子善良，要從愛媽媽開始呢？道理很簡單，因為「人生最聖潔、最美好的就是母親」。愛媽媽恰恰是「愛」的萌芽，「善」的開始。**孩子是從父母彼此相愛、忠誠相待那裡感受到家庭之愛，並且學會愛別人**。父親尊重並熱愛你的妻子，教育孩子熱愛並尊重她的母親，孩子的善良之心才會從愛母親漸漸擴大到愛老師、愛他人……一個連自己的媽媽都不愛的女孩，又怎麼可能去愛別人呢？

讓女兒養小動物

研究發現，幼年、童年飼養過小動物的女孩，感情往往比較細膩，心地也比較善良；反之，從小沒有接觸過小動物的女孩則往往會感情冷漠。因此，為了培養孩子的同情心和豐富細膩的感情，年輕的父母可以在條件允許的情況下，讓女兒飼養小動物。

讓女孩學著照顧小狗、小貓等小動物，其實就是在學習照顧比自己還要弱小的生命。這也正是女孩子應當接受的「善良教育」的第一課。

在女兒小雪很小的時候，爸爸就讓她養貓，後來還讓她養了一隻鳥和一隻小烏龜。周圍的朋友都勸小雪的爸爸，不要讓孩子養寵物，一方面是孩子接觸寵物不衛生，另一方面是如果寵物有個三長兩短，孩子稚嫩的心靈會無法承受。但小雪爸爸卻認為，只要家長掌握尺度，讓孩子養成正確的衛生習慣，就不會因寵物而染病；寵物出現生老病死的情況，這是自然規律，孩子早晚都要明瞭這個真相。而之所以讓孩子養寵物，為的就是培養其善良的天性。

讓女孩先學會愛父母

從父母恩愛、彼此尊重的家庭裡走出來的女孩子，會對家人溫和親愛，對外人也謙讓有禮。因此，女孩的愛心培養、善良的個性培養，必須讓她從學會愛自己的父母開始。

爸爸週六要帶女兒去爬山，女兒興奮極了，一直期盼週末到來。但是，週六早晨，媽媽的胃病犯了。爸爸把女兒叫來說：「寶貝，今天我們不能去爬山了，因為媽媽不舒服。」

「怎麼可能，我看媽媽很健康，她剛才還幫我收拾東西呢！」女孩不信。

「妳沒有發現媽媽的臉色蒼白嗎？她是為了不讓我們擔心，才沒有在我們面前表現出來。」爸爸耐心地解釋。

「我不信！我不管，我一定要去，這一天我盼了很久了。」女孩著急地說。

「女兒，我知道妳很想去爬山，但媽媽生病了，如果我們出去玩，誰來照顧媽媽呢？」

女孩還是堅持一定要去，最後爸爸堅決地說：「我覺得做為一個孝順的女孩，愛她的媽媽比玩更重要。」說完就轉身離開了。

只有讓女兒學會愛你、體諒你，她才會用善良的心去愛別人、體諒別人。所以，在日常生活中，**父母在愛自己女兒的同時，還要學會向你的女兒索取愛**。這樣一來，她才不會覺得父母對自己的愛是理所當然的，同時才會把愛父母變成一種自發的行為。

教女孩學會同情他人

缺乏同情心的女孩只關心自己，只顧自己的快樂，而無視別人的痛苦，甚至會把自己的歡樂建立在別人的痛苦之上。因此，家長要在生活中正確引導，從小就培養女孩子的同情心。

一位媽媽這樣描述她的經驗：女兒小的時候我就有意識地培養她的同情心。當看到有比她年幼的小朋友摔倒時，我就啟發她：「妳看那個小朋友摔倒了，妳摔倒的時候是不是很痛呀？小妹妹一定也很痛，我們快去把她扶起來吧！」「妳看，小妹妹哭得好傷心呀，快拿出妳的小手帕幫她擦擦眼淚！」

就這樣，女兒的同情心就在不知不覺中被培養起來了。

由於年齡的關係，也許孩子體會不到別人的痛苦，這時家長只要巧妙**引導孩子轉換看問題的角度，讓她想像自己受傷或摔倒時的痛苦，她就會同情別人了。**

此外，為了在孩子心中播下善良的種子，父母還應熱忱地支持孩子參加學校、社會舉辦的愛心活動。

分享：獲得好人緣的重要因素

分享包含了寶貴的平等與博愛思想，不僅限於吃的、玩的等有形的東西，還包括心情、創意、想法、意見等無形的東西。因此，讓女孩子從小學會分享，不僅可以增進她與人交往的能力，更可以提升她的合作能力、理智思考能力，為其未來增添成功的砝碼。

讓女孩學著照顧小狗、小貓等小動物，
其實就是在學習照顧比自己還要**弱小的生命**。

那麼，孩子的分享美德從何而來呢？

答案是從父母的正確教育中而來。父母的教育方式正確，孩子就會懂得分享、合作，與人友好相處；父母的教育方式不正確，孩子就會漸漸凡事都以自我為中心、自私自利、斤斤計較，表現出不合群的傾向。

一般來說，影響女孩子分享美德的家庭因素，主要有兩個：

家長事事以孩子為中心：很多父母都會在吃、穿、用等方面讓女兒有優先選擇權，好吃的總讓女兒先吃，好的東西總給女兒先用，女兒一大哭大鬧，父母就讓步、妥協。五歲女孩妍妍對於自己喜歡吃的蘋果、糕點總是不讓別人吃，如果父母強行把這些分給別人一點，她就哭鬧不休，父母沒辦法，只好由著她。在家人過度照顧中成長的女孩，想問題和做事情常常會以自己為中心，因而容易形成任性、拒絕分享的個性。

爸爸或媽媽的個性獨斷專行：六歲的女孩思秦的媽媽在家裡簡直是個「暴君」，什麼事都要家人聽從她的意見。思秦雖然還很小，但已經很像媽媽。在學校，她常常喜歡固執己見，要別人聽她的；如果別人反駁她，她就又哭又鬧。我們常說，有其母必有其女。其實，先天遺傳因素對孩子性格的形成，遠沒有家庭環境的作用大。思秦媽媽的行為方式、意識形態，大大地影響了思秦平時的作為。

女孩父母們必須注意，如果您的家庭中存在以上兩種不利於孩子分享美德形成的因素，就需要及時改變教育作風了。如果您的女孩喜歡獨占好東西，不妨就學會拒絕和反對，立場堅定地挫敗她的自私自利行為；如果您的女孩脾氣倔強，不懂得分享他人的意見和想法，那麼父母就應從自身做起，為孩子樹立懂得分享的好榜樣。

為你的女孩建立安全感

自私的前提是缺乏，所以當你讓孩子感到滿足，獲得安全感後，自私的想法就會淡化。例如，孩子只有一顆糖果，自然不會想分給別人。但如果她有很多糖果，就會樂意分享剩下的部分。當孩子體驗到分享的快樂時，就會逐步減少自己的分量，甚至把東西完全共用。

一位媽媽在這方面就做得很棒：「接女兒放學時，我經常會給她帶很多小零食，並告訴她要分給小朋友們。女兒開始也不肯，我就告訴她家裡還有很多很多，她才放心。後來，看到朋友們拿到東西的喜悅，她反而開始主動分給每位朋友。」

尊重孩子的選擇，保護孩子純真的童心

一位在英國留學的中國留學生，曾記錄了這樣一件事情：在英國，我曾教一位英國的母親說中文，她的女兒艾瑪是個很可愛的小女孩。

一天，我正在和她閒聊，艾瑪忽然興高采烈地跑過來，一邊跑一邊對媽媽大喊：「媽媽，妳看，我今天得到一個好東西！」媽媽接過來一看，原來是一張手工卡片，上面畫著簡單的畫，還有幾行歪歪扭扭的字。

我問艾瑪，這是誰送的啊？沒想到艾瑪說：「這不是別人送的，是我用媽媽送我的那頂帽子和小朋友交換的。」我心裡一驚，擔心艾瑪肯定要挨罵了，那頂帽子我見過，非常精美，聽說是花了不少錢買下來的。艾瑪居然用它去換一張不起眼的小卡片……唉，這個傻丫頭！

就在我心裡暗暗為艾瑪不值和擔心時，她的媽媽卻親了親艾瑪的額頭，對她說：「小寶貝，這卡片真不錯！這一定是那個小朋友很珍貴的東西吧？」艾瑪仰著頭說：「媽媽，妳怎麼

自私的前提是缺乏，所以當你讓孩子感到**滿足**，
獲得安全感後，自私的想法就會淡化。

知道的？對啊，這是她最珍貴的東西呢！所以，我也願意拿我最珍貴的東西——就是妳送的那頂帽子，去和她交換，這樣才公平。媽媽，妳說對不對？」

艾瑪的媽媽愉快地說：「嗯，小寶貝，妳做得對！所以，妳要好好珍藏這張卡片哦！」

看了這個故事，身為女孩父母的您是否深受觸動呢？當同樣的事情發生在您身邊，您會像英國媽媽一樣理解女兒獨特的「價值觀」，包容她純真的童心嗎？

的確，從價格上來看，一張卡片和一頂帽子無法劃上等號。但孩子純潔的心靈卻不是以物質為標準的，在她們看來，這些小玩意有著同樣珍貴的意義和價值。而恰恰只有保有純真之心的孩子，長大後才會更具同情心、理解心，更具分享的美德。

因此，當你的女孩表現出珍貴的純潔之心，請千萬別用成人的思維去限制和打壓孩子。這樣一來，孩子才能從小就深刻地理解「分享」的意義。

在日常生活中培養女孩分享的美德

生活中很多時候都是培養孩子分享美德的好時機，特別是當孩子對好吃的、好玩的等具有強烈的獨占意識時，父母更應立場堅定，及時制止孩子的自私行為。只有這樣，她們才會漸漸養成分享的美德。

一個不懂得分享的孩子，會把別人對她的好處都當作理所當然，這樣的孩子是無法獲得好人緣的。

女孩想吃蘋果，因為這個季節蘋果很貴，爸爸只買了一個。回到家後，女孩迫不及待地拿出蘋果來吃，這時爸爸對她說：「女兒，分爸爸一半。」女孩趕緊把蘋果摟在懷裡。

爸爸講道理：「爸爸也想吃蘋果，何況蘋果是爸爸花錢買的，為什麼不分爸爸吃呢？」女孩看著蘋果還是不同意。

爸爸有點生氣說：「如果不分我一半，妳也別想吃。」女孩只得把蘋果分一半給爸爸。事後，媽媽對爸爸說：「你平常不吃蘋果的，今天怎麼和女兒搶蘋果吃呀？」

這位爸爸一本正經地說：「我本來就不愛吃蘋果，這麼做只是想讓女兒從小就懂得好東西要與他人分享的道理。」

只有學會分享，女孩的人緣才會愈來愈好，路才會愈走愈寬。

細心：讓女孩不再行事粗魯、馬虎

女孩做事通常比較細心，更能敏銳地感觸到他人情緒的變化；她們更能定下心來，認認真真做事；她們更願意從事一些細膩的活動……但不可否認的是，在我們的身邊，愈來愈多的女孩也出現了做事粗心、馬虎的問題。

九歲的小雲因為粗心，作業老是出錯，所以成績不好。而且她平時膽子小、自尊心強，父母說幾句就會哭個不停。雖然媽媽總是提醒她做事要認真，還讓她隨身攜帶一個小記事本，但她做事馬虎的毛病還是沒有改掉，不是出門忘記拿鑰匙，就是外出時忘記帶需要的物品。

粗心大意對於女孩的危害是不言而喻的。從長遠來說，會影響到孩子事業的成功，就小處而言，生活中會丟三落四、學習上錯誤百出。

一個**不懂得分享**的孩子，
會把別人對她的好處都當作理所當然，
這樣的孩子是無法獲得好人緣的。

然而心理學研究表明，愈是重複出現的資訊，對潛意識影響愈大。當父母因為擔心而不斷對孩子反覆叨念「粗心」二字，粗心的意識就會不知不覺進入孩子的潛意識，結果使孩子變得愈來愈粗心。

同時，心理學還指出，人往往有反叛心理，就是你不讓他做的事，他偏偏要去做。例如，在一本剛出版的書的封面寫了一句話，「請不要看第二十五頁」。結果人們往往會最先看第二十五頁。因此，當父母反覆對孩子說「你不要粗心」，反而會使孩子愈來愈粗心。

因此，面對女兒做事不細心的問題，父母切記不能強化她的「粗心意識」，給她貼上「做事太馬虎」的標籤，要拿出更多的耐心和寬容，慢慢想辦法，千萬不要亂批評，更不要期望一蹴而就。女孩做事細心的好習慣往往是在日常生活中一點一滴養成的。

讓你的女孩多做一些「細活兒」

一位母親曾多次批評女兒粗心的壞毛病，但是仍不見女兒變得仔細。於是，這位母親決定改變一下方法，從引導女兒多做「細活兒」入手。

學習上，母親在徵求女兒的意見後，幫她報名了一個書法班；生活中，經常讓孩子幫自己做一些挑菜等家事；此外，還幫女兒買了好多的拼圖，和女兒一起比賽，看誰拼得又快又好……母親採用各種方式，提高女兒做事的細緻程度。

一段時間後，正如這位母親所料，女孩粗心的毛病真的一點點改掉了。

經常引導女孩做些需要耐心的「細活兒」，並對她的表現及時給予積極的評價，是教導女孩學會細心做事的最好方法。父母們不妨在生活中，多多發現、給予女兒一些這樣的機會。

此外，如果你的朋友中有人是從事精密、細緻工作的，不妨與他們聯繫，帶女兒去看看他們工作的情景。這樣的經歷，往往會讓你的女孩受到啟發。

培養女孩整齊有序的生活習慣

女孩粗心的毛病不是一天養成的，如果從小就生活在一個無序的家庭，沒有一定的作息時間、沒有好的生活習慣，那麼孩子做事丟三落四、馬馬虎虎就會成為家常便飯。

所以父母要及時引導女孩養成整齊有序的生活習慣，讓女孩養成保管自己物品的好習慣，不僅僅是學習用品，衣服、鞋子等也要放到自己的櫃子裡，自己保管。學習上，要讓女孩養成當天的作業當天完成、做完作業要檢查、課前要預習、課後要複習等好習慣。

生活、學習都整齊有序地進行，粗心大意、馬馬虎虎當然也就是少有的現象了。

向孩子請教，使孩子有成就感

孩子做事、學習如果不能得到運用，久了就會感到沒意思，粗心的毛病還是會死灰復燃。**為了讓孩子覺得做事是有意義的，有時故意向女兒請教，也是培養孩子細心的好方法。**

生活中向孩子請教的機會很多，比如：「媽媽想看一下電磁爐的說明書，但是找了很久沒找到，妳能幫我找出來嗎？」「同事家一個和妳同年級的孩子今天問媽媽一個題目，但媽媽怎麼也做不出來，妳能教教媽媽嗎？」

孩子如能幫媽媽的忙，心裡肯定會很開心。如此請教，孩子有了濃厚的興趣和強烈的責任心，做事、學習必然會更加努力、細心。

引導女孩做些需要耐心的「**細活兒**」，
並對她的表現及時給予積極的評價，
是教導女孩學會細心做事的最好方法。

誠信：言必信，行必果

「言必信，行必果」自古以來就是中國最重要的道德標準。具體來說，誠信的美德包括兩方面：一是誠實，二是守信。誠實就是有一說一，不說謊話；守信就是遵守承諾。這兩項美德，對女孩的一生影響很大。

星期天，小羽的爸爸想帶她去公園玩，小羽卻拒絕了。

「妳不是早就想要我帶妳去公園玩嗎？」小羽爸爸感到很奇怪，「好不容易今天我有時間，妳怎麼又不去了？」

儘管爸爸的語氣裡帶有惱怒，小羽還是堅定地搖了搖頭。原來，小羽昨天答應幼稚園同班的小朋友來家裡一起玩。

「我約了朋友，」小羽說：「不能說話不算數。」

聽了小羽的解釋，爸爸對小羽豎起了大拇指。

雖然小女孩想和爸爸去公園玩，但她依然信守自己對朋友的承諾，這就是誠信的美德。

我們從故事裡無法知道小羽同學的感受，但我們不難猜到，信守諾言不僅讓小羽快樂、有尊嚴，相信也讓那個小朋友對小羽有了敬佩和信賴感。

注意生活細節對孩子誠實的影響

英國教育學家斯賓塞說「野蠻產生野蠻、仁愛產生仁愛」，中國也有俗話叫做「龍生龍，鳳生鳳，老鼠生的會打洞」，這些都說明了家長對孩子言傳身教、潛移默化的作用。

一天，小玲的媽媽正在做面膜，外面傳來門鈴聲。媽媽要小玲去開門，並教她說：「媽媽不在家。」小玲這樣做了，但是她迷惘地問媽媽：「妳明明在家，為什麼說不在呢？」媽媽笑笑說：「妳沒看到媽媽在忙嗎，我不希望別人打擾！」後來多次遇到這種情況，小玲便認為撒謊是一種應付的技巧，其實撒謊也不是什麼大錯。生活中，父母不經意的舉動，就有可能給孩子埋下不誠信的種子。因此，對於善於觀察和善於模仿的女孩來說，父母的良好表率更顯重要。

滿足孩子的合理需求

孩子不誠信的行為大部分是出於某種需求，如果孩子合理的精神、物質需求沒有得到滿足，必然會尋求滿足的辦法，甚至以某種不誠信的行為來滿足自己的需求。

例如，女孩倩倩為了得到一個漂亮的書包而對媽媽說：「媽媽，妳幫我買個漂亮的書包吧，我們班上每個同學都有漂亮的書包，就只有我沒有！」事實上，並不是每個同學都有漂亮的書包，倩倩只是為了滿足自己的虛榮心而這樣說。

因此，父母應該認真分析孩子的需要，盡量滿足合理部分。如果書包確實比較破舊，就買一個合適的。此外，在滿足了孩子的合理要求後，父母也應指出孩子語言中的不誠信部分，告訴她這樣的行為是不正確的。這樣一來，孩子誠信的美德就可以慢慢培養起來。

生活中，父母**不經意**的舉動，
就有可能給孩子埋下不誠信的種子。

節儉：將注意力放在提升個人修養上

正如大家所知，節儉的反面是虛榮，而女孩子最直接的虛榮表現，就是更關注自己的穿衣打扮、外貌儀表……而當一個女孩太關注自己的外在，問題就開始變得嚴重了。

剛上小學三年級的佳佳每到週末都會吵著要去逛商場，媽媽問為什麼，她告訴媽媽：「樓上的蕾蕾成了她們班上的班花，因為她總是戴著新頭飾、穿新衣服上學。我也想做班花。」

惠惠在一所私立小學就讀，班上有許多同學家境不錯。不知從什麼時候開始，惠惠鞋子衣服都要穿名牌，生日一定要請同學去唱卡拉OK，還振振有辭地對父母說，其他同學都這樣，自己如果不這樣，就是沒面子。

在這個獨生子女時代、物質充裕的時代，面對著需要更多呵護、關愛的女兒，很多父母都會傾其所有，努力滿足孩子的一切物質需求。於是，節儉的美德便與女孩漸行漸遠。當女孩把心思都花在外表，自然不會把全部精力都用在課業及提高自身修養方面了。

之所以提倡女孩要養成節儉的美德，並不是要孩子發揚艱苦樸素的作風，有好的不吃、有漂亮的不穿。而是，父母應努力將女孩注重穿衣打扮的傾向，引導到更注重個人內在修養，我們的女孩才能真正成長為人人羨慕的優秀女性。

讓女孩知道自己賺錢不易

孩子沒有節儉的意識，多半與她從未有過賺錢的經歷、不知道賺錢的困難有關。因此，父母應鼓勵女兒多去嘗試、多去體驗。

苦口婆心地教育孩子不要亂花錢、要節約，遠不如給予孩子一次靠自己勞動賺錢的機會。當敏感的女孩知道金錢來之不易，自然就會養成勤儉節約的好習慣。

此外，為了讓女兒養成珍惜物品、不浪費的好習慣，父母還可以帶孩子去參觀工廠、農村的生產過程。孩子懂得所吃、所穿、所用來之不易，都是人們用汗水和心血創造出來的，隨意浪費是不珍惜勞動成果、不尊重勞動的表現，她自然就會格外珍惜。

讓女孩體驗一下貧窮

生活條件愈優越，往往會讓女孩無法體驗貧窮的滋味，不知道勤儉節約的重大意義。因此，父母不妨讓女孩身臨其境地感受貧窮的味道。

放暑假時，媽媽把十歲的女兒佳樂帶到鄉下的大伯家，讓女兒和農家孩子一起放牛、耕種……兩個月的假期生活，佳樂漸漸愛上憨直可愛的農家孩子，喜歡上淳樸寧靜的農村生活，而且增長不少農家知識，學會很多農活。同時，也把農村孩子勤儉節約的好習慣帶回家。

生活環境對孩子有很大的薰陶作用。如果女孩一直生活在富裕的環境，自然不懂得節儉，喜歡與他人比較；而當她真正地體驗到了貧窮的滋味，才會明白「一粥一飯，當思之不易」的深刻道理。

教女孩學會花錢

一位父親為了買給女兒一輛物美價廉的自行車，帶著女兒一連逛了十幾家自行車商店。後來，這位父親用省下來的錢，給女兒買了一支她一直喜歡的羽毛球拍。

孩子沒有**節儉**的意識，
多半與她從未有過賺錢的經歷、
不知道賺錢的困難有關。

故事中這位父親，不僅教會了女兒貨比三家，更向女兒灌輸消費理念：節省下來的錢可以實現更多心願。當女孩子有了正確的消費意識、節省意識，勤儉節約也就不是什麼難事了。

此外，讓女孩子嘗試「一日當家」、「一週當家」、「記收支帳」等，也是培養她養成節儉特質的好方法。

謙虛：促使女孩不斷追求進步

生活中，女孩受到讚美的機會實在太多了。親戚朋友見面，大家都會不約而同地誇獎女孩漂亮、聰明、乖巧可愛……隨著被誇獎的次數愈來愈多，孩子慢慢就變得不能對自己準確定位，變得驕傲自大起來。

夢文是個很有才華的女孩，剛上小學四年級便能寫出一篇篇出色的文章。因此，無論老師或家長，經常誇獎她的寫作水準高超。誇獎聽多了，夢文有些飄飄然了，開始看不上書本的知識，認為那是別人、成人、老年人寫的，缺乏突破與創新；她也開始看不起老師，經常對父母說：「老師都是庸人，課堂上只會照本宣科，一萬句話裡找不到一句精采的格言和妙語。」

在這種情緒的引導下，夢文開始討厭學習，成績也一路下滑。

中國自古就有「謙虛使人進步，驕傲使人落後」的名言警句，意思是說謙虛這種美德，可以不斷促使人進步，而驕傲則會將人一點點拉向失敗的深淵。因此，父母在積極鼓勵女兒行為的同時，也不要忘記及時消除孩子的驕傲心理。因為只有女孩擁有謙虛的美德，才能友好地和他人相處，受到大家的歡迎；只有女孩擁有謙虛的美德，才能明白自己的長處和短處，更加積極進取；只有女孩擁有謙虛的美德，才能擁有博大的胸懷，更寬容、更理智、更進步。

自信與驕傲是不同的，自信是一種積極的人生態度，能使人樂觀上進；而驕傲是對自己的不全面認識，是盲目樂觀，常會讓人不思進取。因此，當女孩顯露出驕傲的心態時，家長一定要注意，要想盡辦法讓女孩認識到驕傲的害處，養成謙虛的美德。

父母要做謙虛的好榜樣

有些家長由於自身條件比較優越，總是表現出一副洋洋得意、目中無人的神態，經常流露出對他人的不屑。例如有些父母經常在女兒面前議論同事的缺點，女孩聽到這些話，往往就會仿效家長，只看到自己的長處，嘲笑別人的短處。

榜樣的力量是無窮的，家長是孩子最初的老師，是孩子模仿的最直接榜樣。因此，想要讓女孩成為謙虛的人，家長就要先做出好的表率。

正確地表揚你的女孩

父母們需要注意的是，表揚也是一門藝術，正確的表揚可以發揮積極正面的作用，錯誤的表揚卻常常會讓孩子滋長驕傲情緒。

例如，當女兒成功完成任務後，有的家長會表揚孩子：「妳真棒，太聰明了。」有的家長則會說：「妳真的很努力，如果繼續努力會更好。」雖然只是語言不同，但效果卻大大不同。

曉雲很喜歡畫畫，哪怕只有一點點進步，父母就把「聰明、智商高」等表揚的話掛在嘴邊。一次在美術課上，曉雲的畫沒有得到老師的表揚，氣憤得把剛畫好的畫撕得粉碎。

雨陽的爸爸表揚女兒的方式很特別，他最常說的就是「妳很努力、妳很用心」，並且從不允許親戚朋友們過分誇獎雨陽聰明、漂亮。

在現實生活中，女孩往往由於學習成績較好或者某方面有特長而經常受到家長和老師的表揚。**太多表揚常常會誤導女孩，使她們不能正確認識自己，會因此誇大自己的優點，看不到自己身上的問題，而把別人看得一無是處；她們聽不進別人的善意批評，總是處於盲目的優越感中，逐漸放鬆對自己的要求，表現也就不再那麼優秀了。**因此，家長在表揚女孩的時候也要掌握一定的「火候」。

而這個「火候」就是誇獎孩子的努力，而非誇獎孩子的智商。

與此結論不謀而合，美國哥倫比亞大學的一項研究顯示，在困難面前，經常受到「行為性或者過程性表揚」（例如我很欣賞你做完作業再出去玩，表示你對學習非常認真）而非簡單的「個人表揚」（例如你是個出色的學生，真是個聰明的孩子）的孩子，更能表現出堅持不懈的精神。**研究發現，經常被人誇獎智商高、聰明的孩子往往只重視事情的結果，而因為努力而被表揚的孩子卻知道重視學習的過程。**

此外，父母在對女兒進行表揚時還應注意以下三點：

1.表揚要具體，有利於增進孩子自信心；

2.表揚不脫離實際；

3.在表揚的同時，要為孩子提出努力的方向。

幫女孩正確認識自己

女孩產生驕傲心理往往源於自己某方面的特長和優勢，家長應該先幫女孩分析這種驕傲的基礎：是學習成績比較好、有某方面的藝術潛質，還是有其他方面的天賦。然後還應讓女孩認識到，她身上的優勢只不過限定在一個很小的範圍內，放在一個更大範圍審視就會失去這種優勢；正確的態度應該是積極進取，而不是驕傲懈怠。

此外，當女孩取得了一定的成績，家長在表揚的同時也要告訴她：「這確實是妳自己努力的結果，但是不要忘記，這也包含了家長的培養、老師的教誨和同學的幫助。」

責任感：自己的事自己完成

相較於男孩，女孩更具責任感。很小的時候，她們就會幫父母做家事，很多小女孩甚至還會把好吃的東西特意留給爸爸媽媽。

但如今的女孩生活在一個獨生子女時代，有些家長對孩子過分溺愛，願意為孩子做一切事情，洗衣、做飯、收拾書包、打掃房間，有時甚至會為孩子做作業；有些家長在吃飯時，把好魚好肉都留給孩子，卻把雞頭、魚尾夾到自己碗裡，還真誠地說：「我們愛吃這些。」

在這樣的教育方式下成長的孩子，會變成什麼模樣呢？佳佳從小在奶奶家長大，到了該上小學時，媽媽把她接回家，卻發現她吃飯時還需要大人餵；琳琳十二歲了，媽媽經常說她，看到家裡的油瓶倒了，她都不會去扶起來。萌萌上小學三年級了，無論是孕婦或是老人站在身邊，她從來沒有讓過座位。

這些事例都是孩子缺乏責任心的表現。這樣的孩子做事往往以自我為中心，從來不考慮別人的感受。一位媽媽在自己的筆記中就這樣寫道：

女兒一直是全家的小公主，是我的掌上明珠。這幾年，我的身體大不如前。生病的時候，先生常在外出差，我做不了飯，女兒就只能餓著。六歲的女兒總是一副無憂無慮的樣子，她啃著麵包，看著屬於她那個年紀的卡通，全神貫注，根本不問我病得怎麼樣，想吃點什麼。

有一次家裡沒有吃的了，她餓得受不了，便衝到我的床前說：「媽媽我餓了。」我心裡很擔憂，這樣的孩子以後能自立嗎？我問她：「媽媽病了，妳心疼嗎？」她轉著眼珠說：「可是我還小，沒有辦法照顧你……」女兒的回答，讓我既傷心又無奈。

自己生病了，女兒竟然不聞不問，這恐怕是父母最傷心的事了。事實也證明，從小因父母過度溺愛而缺乏責任感的孩子，對待周圍的人事物有兩種傾向：一是對周圍的事漠不關心，連最起碼的責任心都沒有，不會去關掉滴水的水龍頭、不會攙扶老人過馬路、不會照顧生病的父母；二是自我意識很強，處處以自己為中心，為達目的可以不擇手段。

無數的實驗結果都證明，孩子良好的個性愈早培養愈好。**對於年齡尚小的女孩來說，講再多的道理都不如一個具體的事例。對此，媽媽可透過講故事、看卡通等方式達到教育的目的。**

上述那位媽媽提供一個好方法：將生硬的道理具體化。

那次病好後，我痛下決心，決定培養女兒的責任感。

有一次，我陪她一起看卡通，特意選一個關於責任心的片子。故事情節大致是：幾隻小鳥出去玩，回來發現媽媽沒有做飯，便生氣地問媽媽為什麼不做飯？媽媽有氣無力地說，媽媽病了，你們誰給媽媽倒一杯水？老大說，我有事；老二說，我還要跟別的小鳥玩呢；老三說，我也要出去玩了。媽媽看著自己的三個孩子遠去，傷心極了，便飛走了。她的三個孩子拚命地呼喚媽媽，媽媽在空中說，孩子們，我不回來了，你們太讓我傷心了。

女兒聽到這裡，立刻抱住我說：「媽媽我對妳好，妳不要離開我。」

女兒從那時候起一下子長大了，懂得疼愛媽媽了。此後每當我生病，女兒都會守在床邊安慰我，有時還會弄些簡單的食物給我吃。

幫女兒買一盆屬於她的花

小女孩很喜歡鮮花或植物，因此幫女兒買一盆她喜愛的植物，讓她負責照顧，是培養責任感最好的方法。

上幼稚園大班的玲玲，最近在學有關植物方面的知識。她覺得那些花草實在太美了，便苦苦哀求爸爸幫她買一盆鮮花。爸爸在花市買了一盆小花送給她，同時和玲玲約定，由玲玲自己負責照顧，給它澆水和施肥。

最初幾天，玲玲非常興奮，每天耐心地給小花澆水，還根據日照的情況，不斷替花盆挪動位置，並拿出本子，歪歪扭扭地在上面畫出花卉生長的情況。

爸爸看到女兒這麼有責任心，十分滿意。然而沒過多久，爸爸發現女兒澆水的次數愈來愈少了，甚至好多天都不給小花澆水，也不做記錄，似乎已經把養花的事給忘了。結果，小花慢慢枯萎，葉子也開始泛黃。

一天，吃過晚飯，爸爸把玲玲叫到陽臺問：「妳澆水了嗎？」玲玲低著頭說沒有。

爸爸沒有責怪女兒，只是把目光投向那盆小花：「妳看，這盆花好傷心，它之所以失去了美麗的葉子，是因為照顧它的人不負責任。」之後玲玲每天都幫花澆水，小花不久又恢復了以往漂亮的顏色。

種花養草、養小動物，能培養孩子的愛心，增長知識，同時還能增進孩子的責任心。孩子在給鮮花澆水、施肥的過程中，責任心、耐心與愛心都會一點一滴地培養起來。當這種情感形成一種習慣，孩子自然會將其轉移到對待其他人事物方面。

需要提醒的是，家長一旦決定將某件事交給孩子負責，就要「監督」孩子的行為，不能採取「不管」或「無所謂」的態度，這樣只會讓孩子缺乏責任心。

告訴女兒，自己的事自己做

要培養女孩的責任心，父母就要在孩子的課業、生活中糾正她的不良習慣，讓她學會自己的事情自己做。

在生活上，父母可以鼓勵女兒自己洗小手帕、自己收拾書包、自己打掃房間。另外，父母還可以讓孩子做一些能力所及的家務，例如可以規定週末洗碗的工作由孩子負責，並從頭到尾引導孩子把廚房打掃乾淨，以此培養孩子的責任感。**在學習上，父母一開始就應該讓孩子明白，學習並不是為了家長，而是為了自己。因此，在孩子做作業時，父母沒有必要一直在孩子旁邊陪著，要讓孩子學會獨立思考問題、獨立解決問題。**

提供足夠的選擇權，父母保留建議權

小芳主動對媽媽說，她可以幫忙收拾、折衣服。剛開始時，她非常遵守諾言。但一個星期後，完全忘記承諾，常需要媽媽提醒兩、三次，才不情願地把衣服收拾好。

在這個例子中，母親不斷提醒、說教是無效的，只會讓小芳覺得厭煩，更不想去做。因此，若想讓小芳學會負責任，母親必須停止這些無效的叨念。正確的方法應該是：

第一步，母親應該將自己的真實感受告訴女兒：「小芳，妳答應幫忙收拾洗好的衣服，一開始也表現得很好，可是這幾次都要我不斷提醒妳才肯做，我覺得好累，也覺得有點生氣。而且，如果衣服沒有從晒衣架上收下來，下次洗好的衣服就沒地方晾了。」

第二步，表達自己的感受後，下次若再有相同的情形發生，母親可採取不提醒、不理會的態度。孩子若問起：「媽！怎麼這麼多天都沒洗衣服，我快沒衣服穿了。」母親可以回答：「衣架上的衣服沒有收下來，我沒辦法洗衣服，因為洗了也沒地方晾。」

藉由這個方法，母親既說出了自己的感覺，又與孩子討論了問題的解決方法，給予孩子足夠的選擇權。這樣一來，當不負責任的後果產生，孩子自然會為自己的選擇負起應有的責任。

孝敬長輩：既被愛也懂得愛人

孝敬長輩是傳統美德，但這在一些獨生子女身上卻很少見。為何被愛的女兒不懂愛呢？

每天晚飯後，晴晴不是看電視，就是玩，父母卻忙著收拾碗筷；爺爺平時對孫女照顧得無微不至，可是當爺爺生病住院時，孫女連問都沒有問一聲，更不用說主動去醫院探望了……

幫女兒買一盆她喜愛的植物，讓她負責照顧，
是培養**責任感**最好的方法。

針對被愛的孩子是否更懂愛的問題，《北京青年報》的記者曾在北京市某中學的一個班級做了調查，向所有同學詢問一個相同的問題：你是否記得父母的生日？

多數孩子的回答令人失望：「不記得」「只記得大概」「從來沒幫爸爸媽媽過生日」。而與此截然相反的是，他們對自己的生日記得清清楚楚，並且十分在乎父母是否記得。更令人感到吃驚的是，一位女生幾乎可以說出班上所有同學的生日，卻唯獨不記得自己父母的生日。

為什麼享有長輩更多關愛的孩子，卻不懂得回饋呢？其實，這與父母的教育方式有很大的關係。孩子是否孝順長輩，與日常生活中很多細節相關。家長們不妨想想看：勞累辛苦的時候，你是否要求孩子過來幫忙呢？生日的時候，你是否告訴過孩子「爸爸（媽媽）也需要祝福」呢？平常的日子裡，你是否經常帶孩子去看望爺爺奶奶、外公外婆呢？

顯然，很多時候，不是孩子不想孝敬長輩，而是父母從來不曾有意識地給孩子時間和機會表達孝心和愛心！

讓女孩體會長輩的辛苦

當你拖著疲憊的身體回家時，女兒很可能會纏著你陪她玩。此時，你會怎樣回答她？「媽媽（爸爸）很累，自己去玩。」「媽媽（爸爸）很累，因為媽媽（爸爸）想在兒童節為妳實現一個心願。所以，媽媽（爸爸）要辛苦地工作賺錢。妳能幫媽媽（爸爸）捶捶背嗎？」

顯然，前一種回答實在糟糕，因為忽略了孩子的心情，她想念一天沒見面的媽媽（爸爸），多想在你身邊撒撒嬌，你卻打碎了孩子的夢想。後一種回答則一舉兩得，你不僅告訴了女兒為什麼會這麼辛苦，為什麼不能陪她玩，而且還告訴她，媽媽（爸爸）賺錢很辛苦，讓孩子體會到你的辛苦。而一個能夠深刻體會到父母辛苦的女孩，又怎麼可能不孝敬長輩呢？

父母要以身作則樹立榜樣

一位女孩的爸爸描述自己的經驗：女兒的爺爺和我們一起生活，平時我和妻子對父親都非常尊重，不管大事小事都會聽聽他的意見；吃飯時，老人不上桌了，絕不開飯；平時噓寒問暖，照顧得非常體貼周到。我們的一舉一動，女兒都看在眼裡、記在心裡。

有一次，老父親生病住院了，女兒堅決要求每天到醫院去陪爺爺一會兒，還不時提醒我們該給爺爺燉雞湯補補身子啦、該把爺爺最愛聽的收音機送過去給爺爺解解悶啦、該為爺爺換洗床單啦……她像個小大人似地跑上跑下，雖然沒幫上什麼忙，卻令我們感到很欣慰。

女孩小的時候十分善於模仿，因此，**父母平時對老人的尊敬、關愛之舉，往往能讓觀察力敏銳、情感豐富的小女孩養成孝敬長輩的美德。**

正面肯定，注重引導

要讓孩子孝敬長輩並不是一件難事，只是要注意觀察，及時發現、鼓勵孩子的好行為，時間久了，自然會產生效果。

媽媽帶八歲的女兒爾嵐坐公車，兩人各坐了一個座位。後來，車子上來了很多人，爾嵐趕緊站起來把座位讓給一位頭髮花白的老奶奶。這時，車上不少人都朝她看過來，爾嵐的臉一下子就窘得發紅了。面對女兒的窘態，媽媽趕緊一把抱過她，小聲對她說：「妳看，大家都在用讚許的目光看著妳呢。」

很多時候，不是孩子不想孝敬長輩，
而是父母從來不曾有意識地
給孩子時間和機會表達孝心和愛心！

爾嵐小聲問媽媽，自己是不是太愛出風頭了。媽媽鼓勵她說：「尊敬老人是一種美德呀，怎麼是出風頭呢？妳對家裡的長輩不是也很孝順嗎？」爾嵐放心地笑了。

下車後，爾嵐對媽媽說：「媽媽，我們幫奶奶買套保暖內衣吧，奶奶最怕冷了。我對別人的奶奶好，對自己的奶奶要更好！」

這位媽媽面對害羞的女兒，不僅及時給予正面的肯定，還告訴女兒「尊敬是一種美德」的道理。這麼一來，注重父母評價的女孩，自然會在生活中將這種美德發揚光大。

世界觀：擁有國際化的視野

不少年輕父母都十分重視培養女兒的世界觀。於是，生活中常常充斥著這樣的育女心聲：「從兩、三歲起，我就讓女兒開始學習英語了。未來社會，英語不好的話連工作都找不到。」「我的女兒長大了，一定要送她出國留學。出去長長見識，回來以後就是不一樣。」

隨著國際交往日趨密切，許多父母清楚認識到，在新時代成長的孩子將面臨愈來愈激烈的國際競爭，想讓她立於不敗之地，就必須對異國文化和歷史擁有全面、深入、準確的了解。與家長們的深謀遠慮不謀而合，很多教育學專家也指出：只有讓下一代學會理解不同政治制度、文化背景和宗教信仰的民族，他們才能擁有更大的生存空間。

那麼，除了讓孩子學外語或者出國留學外，還有沒有什麼更簡單的教育方式，可以讓女孩從小就成為世界公民，具有世界觀呢？以下列舉出一些家長可以採用的好方法：

在家中掛一幅世界地圖

蘭蘭還不識字時，爸爸就在家中牆上掛了一幅世界地圖。為此，媽媽還曾和爸爸爭論過：「為什麼不把我們生活的這個城市的地圖掛上？」爸爸笑著說：「先讓女兒有了世界觀，自然就有家鄉的眼光。」

後來，每當爸爸帶蘭蘭吃日本壽司回來，都會引導她在地圖上找到日本，有時還會和孩子進行比賽，誰先在地圖上找到日本，就贏得一份小獎品；爸爸帶蘭蘭吃麥當勞時，也會講一些美國的歷史以及美國發達的科技和享譽全球的迪士尼樂園等，因此每次蘭蘭從麥當勞回到家，做的第一件事就是在地圖上尋找美國。

除了在家中掛上世界地圖，若孩子愛繪畫，家長還可鼓勵孩子畫地圖。畫地圖是教孩子從小心中就裝著世界的最好方法，當孩子的畫筆慢慢揮灑的同時，也熟悉了不同的國家。

為女兒買個地球儀

地球儀也是個不錯的選擇。好奇心重、喜歡新鮮事物的孩子一般都會很喜歡地球儀。

買個地球儀的好處是，只要在電視等媒體看到某個陌生的國家，爸爸媽媽就可以隨時和孩子一起在地球儀上尋找、對照。長久下來，孩子自然就會形成一種習慣。例如新買的玩具上印有「印度製造」字樣，孩子就會在地球儀上尋覓印度這個文明古國；美伊發生了戰爭，孩子就會比對伊拉克和美國的地理位置等。

畫地圖是教孩子從小心中就裝著世界的最好方法，
當孩子的畫筆慢慢揮灑的同時，也熟悉了不同的國家。

不只是學外語

為什麼很多孩子學習外語特別困難？這並不是因為學習一種新的語言很難，而是很多人在學習外語時只注重單字的記憶、發音的方式，卻忽略了學習語言背後的文化。

學習外語是熟悉世界的途徑，但學習外語時，卻並不能只是單純地讓孩子學說外國話。

女孩小靜剛滿九歲就已經熟練地掌握了兩門外語：日語和英語。當大家向小靜媽媽請教時，她這樣描述自己的經驗：「其實也沒有什麼特別的，只是我在讓孩子學習外語的同時，也讓她學習一些其他的東西。比如，學習日語時，我讓小靜學習了一些日本的歷史、民俗，並學了一些日本的樂器；學習英語的時候，我常讓小靜透過閱讀書籍和觀看電影，觀察美國人和英國人在生活方式上的差異。」

任何一門語言都起源於一種相應的文化，只有讓女孩從小去接觸不同的文化歷史、不同的風俗習慣，她才更能掌握這個國家的語言，進而具有世界觀。

與孩子一起上網

電腦的普及，讓世界各國之間的距離愈來愈近。因此父母可以定期抽出時間，與女兒一同上網瀏覽，透過網路了解各國的風土人情，並對世界各地發生的重大事件有所掌握。

如果孩子的外語比較好，家長還可以引導孩子到國外的網站看看，這對於培養孩子多元化的思維十分有好處，並輔助孩子學習外語。

第六章

教出五育均衡發展的女孩

女孩的氣質，是由內而外散發的一種馨香，來自她優雅的舉止、來自她的禮貌、來自於她的博覽群書、來自於她的琴棋書畫無所不知……

父母如果在女兒還小的時候，就注重對其氣質的培養，那麼女孩長大成人後，勢必會成為一位高貴、文雅、知書達禮的優秀女性！

培養主見，將決定權交給孩子

十二歲左右的青春期初期，由於受荷爾蒙、情緒等因素影響，女孩會突然變「懶」。不僅表現在懶得做家事上，還覺得讓別人幫忙做決定比自己做決定簡單得多，於是懶得去思考，遇到需要做決定的事情，不是把決定權交給父母，就是讓所謂的潮流幫她們做出決定。

女孩大部分的習慣都是在青春期初期養成的。如果在此時期，父母能夠巧妙地引導女孩勤於思考，自己做決定，那麼這個女孩長大後將會很有主見。如果父母連吃什麼、穿什麼都替她決定，那麼女孩只會懶上加懶，長大後成為毫無主見的人也很正常。

一對父母帶著女兒到餐廳用餐，坐在兒童服務區。笑容可掬的服務生穿著米老鼠圖案的衣服走過來，先問母親要點什麼，接著問父親，之後問小女孩：「親愛的，妳要點什麼呢？」

女孩說：「我想要熱狗。」

「不可以，今天妳要吃火腿三明治。」母親堅決地說。

「再給她一點生菜，這樣比較有營養。」父親補充說。

服務生沒有理會父母，目不轉睛地注視著女孩問：「親愛的，熱狗上要放什麼？」

「哦，一點番茄醬和芥末醬，還要……」她停下來怯怯地看一眼父母，服務生一直微笑著耐心等她，女孩在服務生的目光鼓勵下說：「還要一份蔬菜沙拉。」

「好，謝謝。」服務生認真地記下，轉身走進廚房，留下兩位瞠目結舌的父母。

等服務生走遠後，女孩輕輕地對父母說：「我以為他只是隨便問問，沒想到是真的。」

顯然，這位女孩的父母沒有意識到，在兒童服務區，兒童是重點服務對象，他們有自己做決定的權利。很明顯，這個小女孩在家裡沒有自己選擇的機會，連吃什麼都要由父母來決定。

「我以為他只是隨便問問。」當女孩被問及自己的看法，往往會應付了事，因為她知道這不過是「形式主義」。即使說出了自己的選擇，最終的決定權還是在父母手上。由此可見，女孩雖然享受著公主的待遇，卻是一個沒有決定權的公主，漸漸地，她會由沒有決定權變為放棄決定權，最終變成一個沒有主見的人。

想要把女兒培養成有主見的人，父母首先要做到的就是不能「越權」，即女兒有自己的決定權，父母不能以任何理由剝奪。當然，當女兒自己棄權時，父母可以先替她做決定，但一定要告訴她：要有自己的想法。

教女兒要「與眾不同」

上國中的歡歡開始趕流行，看到班上大多數女同學都留的那種髮型很漂亮，便到美髮店要設計師照著同學的髮型剪髮。但由於她的臉型不適合，換了髮型後，樣子看起來有點滑稽。回到家後，爸爸看到女兒剪的奇怪髮型馬上發火，大聲對女兒吼道：「弄得像恐怖片裡的貞子似的，妳以為自己這樣很美嗎？」

女孩聽了爸爸的話，哭著跑進自己的房間。過了一段時間，等女孩稍微平靜了一點，媽媽走進女兒的房間，認真地看了看女兒的髮型說：「剛才爸爸的話確實有點過分，可能是審美觀不同，妳不要怪爸爸！」小女孩沒有說話。

媽媽又說：「我覺得這種髮型挺好的，又時尚、又流行。」小女孩驚訝地抬頭看著媽媽。

「那次我去學校找妳，看到你們班上女同學都留這種髮型，如果妳依這種髮型再稍微改變一下，肯定會引來她們羨慕的目光，說不定還能引領班上的潮流！」媽媽誠懇地對女兒說。

小女孩有點心動，認真地問媽媽：「媽媽，要怎樣才能既時尚，又與別的同學不同呢？」

「同學的瀏海是齊的，我覺得妳可以把瀏海剪得斜一點，這樣更適合妳的臉型，而且會顯得比其他同學更時尚。」小女孩真的聽從了媽媽的建議，還為自己的新髮型感到自豪！

愛美是每個小女孩的天性，對於喜歡趕流行的女孩來說，即使髮型不適合她，她也會認為那樣很美。這時，家長不能一味地指責、批評，那樣只會適得其反。

其實這是教育女孩有主見的最好時機。就像案例中這位媽媽一樣，父母可以向女兒傳達這樣的觀點：如果大家都穿一樣的衣服、留一樣的髮型，每個人都會淹沒在潮流之中；相反地，如果能夠擁有自己獨特的個性，或者是在潮流的基礎上稍做改變，便可以與眾不同。

當然，教女孩與眾不同不能只限於衣服、髮型等領域，父母可以鼓勵孩子發展與眾不同的特長、尋找與眾不同的解題思路等，最重要的是讓女孩擁有「與眾不同」的意識。

告訴女孩：親愛的，妳可以

青春期不僅會使女孩變懶，還會使女孩的自信、自尊一點點減少，做一切事時都會懷疑自己，尤其是要做決定時，她們會在心裡默默自問：「我可以嗎？」

這時，父母必須給女兒明確的答案：「親愛的，妳可以，我們相信妳。」此時父母的鼓勵會為女孩增加信心和自尊，從而使她更有勇氣掌握自己的決定權，讓自己變成有主見的人。

女孩萱萱過早進入青春期，身體和情緒的變化讓她自己也感覺自己莫名其妙，於是她變得敏感，而且有時也很自卑。

有一次，叔叔一家人來家裡做客。午飯後，剛滿四歲的堂弟背了一首在幼稚園學會的兒歌，贏得在場所有人的稱讚，這讓小傢伙很開心，便滔滔不絕地背個沒完。

受冷落的萱萱開始有點不高興了。這時，爸爸悄悄地在萱萱耳邊說：「萱萱，給大家背一首比較難的古詩，壓一壓小弟弟的銳氣！」萱萱對爸爸搖搖頭。

爸爸又小聲地說：「妳可以的！」接著爸爸向大家宣布：「萱萱要為大家背一首詞，來，大家歡迎。」說著帶領大家鼓起掌來。

在爸爸目光的鼓勵下，萱萱背起了岳飛的〈滿江紅〉。當萱萱背完後，全家人都情不自禁地鼓起掌來，連小堂弟都說：「姊姊好厲害呀！」

在父母的鼓勵和認同下，萱萱開始覺得自己不比別人差。於是在接下來的日子裡，不論是在家還是在學校，萱萱都不再自卑，還常常抓住時機表現自己呢！

青春期的女孩自卑、依賴父母是很正常的事情，因為她們接受自己身體和情緒的變化需要一段時間。這時，父母對女孩的態度決定她的未來：父母總是鼓勵她有自己的想法、表現自己，女孩就會真的如父母所說，成為一個有想法的女孩；如果父母總是批評她懶散、依賴性強，女孩就會真的按照父母所說的，繼續走上「懶女孩」的道路。

尊重女孩內心的聲音

十九世紀末的美國，有一個愛跳舞的小姑娘，她的家境非常貧困，但母親發現了她的舞蹈天賦，就籌了一筆費用，送她去正規的舞蹈學校上學。

然而，小姑娘學了三次就不肯去學校了。她認為那種踮腳尖的舞蹈不但不美，而且有悖於自然。這種舞蹈根本不是她想要的舞蹈。

母親聽了她的解釋，半晌沒有說話。雖然這花去她一筆不小的生活費，母親還是決定尊重女兒的意願。她說：「如果妳認為只有自己的舞蹈才能真正表現自己，那麼就勇敢地跳下去吧！孩子，自由地表現藝術的真理，也是生活的真理。」

在母親的支持下，女孩開始勇敢地追求自己的藝術。她突破了古典舞蹈的刻板教條，用自由飄逸、浪漫不拘、充滿生命力和靈魂的舞姿，重新激發了觀眾對舞蹈的激情與熱愛，從而創立了與古典芭蕾相對的現代舞派。她就是被稱為「世界現代舞之母」的伊莎朵拉·鄧肯。

與鄧肯一樣很早就展露自己獨特風格的女孩不在少數，但其中大部分都被傳統的教育阻礙，因而放棄了對夢想的追求，轉而踏上那些所謂正規的道路。也許她們可以成為第二個鄧肯，但父母的教育讓女孩屈服了，失去了自我。

鄧肯是幸運的，她回憶：「母親給我一個充分自由的空間，讓我勇敢地去追求藝術，讓我走自己的道路……現在有很多孩子過早喪失天賦，絕大部分是父母對他們的教育造成的。」

想要教出一個出色的女兒，一個有主見的女兒，一個勇於走上自己道路的女兒，就要尊重女孩的選擇，讓她遵循內心的聲音去發揮天賦。

接受女孩不同的性格，適時引導

在這本書中，我們一直強調女孩很注重關係、女孩很敏感、女孩的依賴性比男孩強、女孩天生就具有語言及社交天賦……然而，也許有父母會反駁這個觀點：我家的女孩很大刺刺、我家的女孩很獨立、我家的女孩有點孤僻……

的確，由於家庭教育的影響與和天生性格的差異，很多女孩的表現不同於一般女孩：她們不像一般女孩那樣細心、敏感、容易為小事掉淚，而是像男孩一樣不拘小節；她們不像一般女孩那樣依賴父母，從小就學會自己的事要自己做、自己決定；她們不像一般女孩那樣愛說話，而是有點憂鬱的「獨行俠」。

面對這些「與眾不同」的女孩，家長們亦喜亦憂，喜的是孩子不那麼敏感、很小就學會了獨立，父母會因此放心許多，憂的是女兒性格像男孩，對她的未來會不會有不好的影響？女兒性格這麼孤僻，將來如何與人相處呢？

每一種性格都有優缺點，無論父母是喜是憂，孩子的性格都不會因此而改變。父母們先要做到認同和接受孩子的性格，然後引導發揮性格的優點，並告訴他們如何避免性格的缺點。

把大刺刺的女兒培養成交際家

冰冰雖然是個漂亮的小女孩，但天生就喜歡像男孩子那樣爬上爬下，有點看不起那些受了委屈就哭哭啼啼的小女生。冰冰的父母對此很憂慮，擔心孩子長大後嫁不出去怎麼辦。

其實，她的父母有點杞人憂天，雖然冰冰的性格像男孩，卻有很多好處：沒那麼敏感、愛哭的女孩，父母教養上會放心許多；更重要的是，不拘小節的性格會使女孩有很多朋友。

研究表示，不論女孩或男孩，都喜歡與那些不計較細節、有點大刺刺的女孩相處，因為和她們一起玩不會累，而且可以玩得很開心。所以，父母可以掌握這個特點，鼓勵她多交朋友，

先要做到**認同和接受**孩子的性格，
然後引導發揮性格的優點，
並告訴他們如何避免性格的缺點。

培養她的交際能力，對於她未來的發展將有很大的幫助。

當然，父母有必要告訴大剌剌的女孩，什麼樣的女人最美。不管性格如何，舉止優雅、談吐有度等永遠都是女人最美的表現。這樣就不會使女孩產生錯誤的性別認同。

父母理智的愛讓柔弱的女孩更獨立

大多數的小女孩都會依賴父母，而大多數的父母也喜歡讓女兒依賴自己，但是父母必須了解：孩子總有一天要長大，獨立是必然的發展趨勢，與孩子的性別無關。

在曉晴還小時，父母就培養她自己動手的能力，甚至全家人出去玩的時候，兩歲的她就會背個小背包，裡面放著自己的奶瓶和嬰兒濕巾。

曉晴剛學走路時經常摔跤，每次父母都會說：「乖女兒，妳可以自己站起來，是不是？」等曉晴自己站起來，父母就會說：「寶貝，妳真棒！」

有一次，曉晴一家去朋友家做客，離開前大家在門口換鞋，發現調皮的小狗把曉晴的鞋帶弄丟了。「換根鞋帶吧。」「鞋子尺寸多大？我女兒有一雙新鞋。」朋友夫婦熱情地幫忙。

曉晴的父母婉拒了朋友的建議：「這是她自己的事，讓她自己來處理吧。」

只見四歲的曉晴鎮定自若地從頭上摘下橡皮筋，比劃了一下，有些笨拙卻穩妥地把橡皮筋纏在鞋子上。鞋子又可以穿啦！

「寶貝，妳真棒！」父母不由得誇獎道。朋友看到這一幕，想到自己茶來伸手、飯來張口的女兒，不禁陷入沉思。

養育女孩的過程中有很多「美麗的陷阱」，會讓家長「誤入歧途」。例如，很多家長認為女孩天性弱小、脆弱，因此需要給予更多的保護，使她們免受失敗之苦。

其實小女孩也會有爬樹的欲望，但父母們卻常對她們說：「危險，快下來！」「危險！以後不許妳這樣做。」然而如果男孩爬樹，父母卻不太會阻止，頂多就是告訴他們小心一點。這兩種截然不同的態度，其實就向女孩們傳達了這樣的訊息：「妳是弱者，妳需要保護，沒有我們，妳什麼也做不好。」結果女孩不再相信自己的能力，而是理所當然地依賴，小時候依賴父母，長大後依賴丈夫，心甘情願地做別人生活的附屬品。

不要代替女孩去嘗試，不要剝奪她們感受失敗的機會，不要把女孩看成弱者。唯有父母愛得理智，女孩才能獨立，才能更快成長。

鼓勵「獨行俠」女兒多微笑

女孩具有語言和社交天賦，但如果你的女兒不愛說話，甚至有點孤僻，也不需要著急。這只是因為她的天賦沒有發揮出來，此時，你的鼓勵就是激發她發揮天賦的動力。

由於父母工作調動，憶彤轉學到另一個城市，離開朝夕相處的好朋友。在新學校，憶彤覺得很不習慣，不知道該怎樣跟同學們交流。久而久之，憶彤成了班上的「獨行俠」，一個學期下來，原本成績不錯的她有好幾個科目都退步了。

父母看出女兒的變化，馬上尋求心理諮詢。心理諮商師了解憶彤的情況後，只跟她的父母說一句話：「只要鼓勵孩子學會微笑，她所有的問題都會解決。」

他們照做，對女兒說：「妳笑起來真漂亮，只要妳對同學微笑，他們一定會喜歡妳的。」

第二天，憶彤鼓起勇氣羞澀地對每一位同學微笑，同學們都露出驚訝而友善的表情。下課

唯有父母**愛得理智**，
女孩才能獨立，才能更快成長。

時，憶彤主動去擦黑板，有個同學拿起另一塊板擦對她說：「我們一起擦吧！」從此，憶彤不再是班上的「獨行俠」了。

友誼是女孩不可欠缺的養分，鼓勵女孩走出封閉心境最直接的方法就是教她學會微笑。當一個女孩對別人微笑時，就如同以愉悅的態度對大家說：「讓我們交個朋友吧！」所以，微笑的女孩永遠不會孤獨。

培養舉止優雅的小淑女

無論時代如何變遷、審美觀如何變化，父母最希望看到的仍是「女孩要有女孩的樣子」。而這個「女孩的樣子」，毫無疑問，舉止優雅排在第一位。

舉止優雅不僅賦予女孩柔性、大氣、得體之美，更為女孩成長為小淑女奠定強而有力的基礎。但在現實生活中，很多性格外向的女孩卻為父母帶來眾多關於「舉止優雅」的教育挑戰。

一位母親一語中的地說出自己的憂愁：

別人的女兒說話輕聲細語，衣服乾乾淨淨，但我女兒唱歌老是大喊大叫，把玩具弄得「身首異處」，喜歡和男孩子一起瘋，小裙子總是髒兮兮的。到底要怎麼做才能培養出小淑女？

自己的女兒處處盡顯陽剛之氣，像男孩子一樣好動、淘氣，的確讓父母感到頭疼。如果父母順其自然，孩子勢必會日益失去女孩的風範，毫無優雅可言；如果父母嚴加管束，又極可能扼殺孩子的天性。那麼，究竟應當怎麼約束女孩不當的言行、一點一滴地培養淑女氣質呢？答案很簡單：潛移默化！

具體來說，「潛移默化」的原則可概括為以下三點：要有約束，但不能強制；要有尊重，但不能放縱；要有引導，但不能心急。

正確引導精力過剩的女孩

雖然由於女性荷爾蒙的作用，很多女孩都表現得很安靜，但隨著時代的變遷、教養方式的改變，像男孩一樣精力過剩的女孩子變得愈來愈多了。

九歲的小冉一到下課總是第一個衝出教室，玩起來比男生還瘋。但是有一天，原本蹦蹦跳跳的小冉突然變得穩重起來，做事慢條斯理，下課時走在全班同學後面，別人在一旁玩耍，她卻安靜地坐在臺階上看。老師問她怎麼了，她從口袋裡掏出一枚生雞蛋，告訴老師：「媽媽告訴我不能弄破它，要我當個淑女。」

讓女兒每天帶個生雞蛋，就能培養淑女氣質嗎？這種教育方法正確嗎？想必所有看完故事的父母都會發出這樣的疑問。

事實上，**強迫性格外向、精力充沛的孩子變成安靜的小淑女，並不是一個好方法，不僅不利於孩子的身心發展，也遏制了童年的快樂。**「淑女」除了穩重，還包括知識、禮節、寬容、善良等，這也不是一個雞蛋能解決的。對於精力旺盛的女孩，可以嘗試的教育方式如下：

教孩子做些安靜的事：隨著女孩年齡漸長，父母可以逐步引導孩子做一些安靜的事情，例如折紙、下棋、畫畫、釣魚、照相、集郵等，這些活動有利於培養孩子安靜專注的性格。

將孩子的精力導向正確的方向：父母可多為精力旺盛的小女孩提供一些體育用品，如皮

友誼是女孩不可欠缺的養分，
鼓勵女孩走出封閉心境最直接的方法
就是教她學會微笑。

球、自行車、溜冰鞋等。當孩子滿腔熱情投入體育活動，不僅從此多了一種有益的興趣愛好，還可達到以動制動的目的。

媽媽要做優雅的好榜樣

女孩是媽媽的一面鏡子，所以，培養淑女，更需要媽媽言傳身教。

一位媽媽說過：「別以為小孩什麼都不懂，其實她都看在眼裡。有一次她對我發脾氣，我念她：『女生不可以這麼大聲說話。』結果就聽到她小聲嘟囔：『媽媽和爸爸不開心時也大聲說話。』聽到女兒這麼說後，我開始盡量克制自己的脾氣，決定為她樹立優雅的好榜樣。」

事實證明，母親的一言一行對女兒影響甚鉅。如果母親說話大嗓門，女兒也必然不能細聲細語；媽媽行為無所顧忌，女兒自然也會不拘小節……所以想要培養真正的小淑女，媽媽必須先當個優雅的女人。相信過不了多久，妳就會在女兒的眉宇間看到自己優雅言行的影子。

告訴孩子舉止優雅的標準

優雅舉止有一定的標準，父母們不妨參考以下幾點，對孩子提出合理正確的要求。

儀容儀表：父母應要求女兒把臉、脖子、手都洗乾淨；勤剪指甲勤洗頭；早晚刷牙，飯後漱口，注意口腔衛生；經常洗澡，保證身體沒有異味；衣著乾淨、整潔、合身。

行為舉止：父母應對女孩的站、坐、行以及神態、動作方面提出明確的要求，例如優美的站立姿勢要求身體直立、挺胸收腹、腳尖稍向外呈V字形；要避免無精打采、聳肩、塌腰，千萬不能半躺半坐；走路要昂首挺胸，肩膀自然擺動，步速適中等。

表情神態：父母要教育女兒與人交往時表現出對他人的尊重、理解和善意，要面帶自然微笑，千萬不要出現隨便剔牙、掏耳、挖鼻、搔癢、摳腳等不良習慣動作。

言談措辭：父母要讓女兒養成使用禮貌用語的好習慣，例如經常說「您好、謝謝、請、對不起、沒關係」等。父母還應告訴女兒，沉默寡言、囉嗦重複，都是不正確的表達方式。

需要注意的是，父母向孩子講解優雅舉止的標準時，不要用教訓、命令的口吻，而是要循循善誘、諄諄教導。當優雅舉止成為一種不自覺的習慣，孩子不凡的氣質也就形成了。

父母要多提醒和表揚女孩

孩子的錯誤行為往往是考慮不夠多，而不是有意冒犯。因此，如果父母嚴厲斥責、制定規矩，往往會使孩子產生反感和牴觸情緒。**想讓孩子舉止優雅，最好的方式是提醒和表揚。**

母親帶女兒去阿姨家做客前，用提醒的口吻對女兒說：「我們去看阿姨的時候，如果妳能和她握手，並且用餐的時候主動為她拉椅子，我們會為妳感到驕傲。」回家後，母親對女兒說：「我和阿姨今天都很高興，我們真喜歡妳和阿姨握手，並為她拉椅子的樣子。」

一般來說，只要父母提醒女孩，她們就會牢記並努力實現父母的期望。而父母適時的表揚，則可以延續孩子的好習慣。經常這樣提醒和表揚，用不了多久就會發現，你已經不再需要提醒、只需適時表揚就可以了。

父母還可以制定一些家庭內部的基本原則，引導孩子舉止文雅。比如，如果你想說「你這個沒教養的孩子，把手肘從桌子上拿開！」可以換成這樣說：「我們家的規矩是吃飯時手不能放在桌上。」這樣孩子比較容易接受，因為你是在傳達一種制度、一種行為，而不是批評。

孩子的一些**錯誤行為**往往出於考慮得不夠多，而不是有意冒犯。

別讓女孩變成驕縱蠻橫的小公主

現代父母花在孩子身上的時間、精力和金錢無疑遠多於過去，然而隨著教育方法愈來愈民主，問題卻也多了起來——許多父母都發現，家裡的小公主變得愈來愈驕縱、愈來愈難管了。八歲的苗苗是家裡的獨生女，學習成績優良，可是任性、倔強、自私、嫉妒、好發脾氣。菜不好吃，責怪大人；父母吃了她愛吃的點心，就大嚷大叫；每天起床，幾乎總要找點事情發一頓脾氣。

每次吃蝦，樂樂的媽媽都會幫女兒剝蝦殼，自己從來不吃。有一次她只是順手把一個蝦仁放入自己的口中時，女兒卻翻了臉，又哭又鬧，還逼媽媽吐出來。

近年來，孩子在家庭中的地位愈來愈高。可悲的是，父母愈是以孩子為中心，孩子就愈以自己為中心。因為家人過度寵愛，便理所當然認為所有人都要滿足他們的要求，一旦不能滿足，就會隨意胡鬧。

前蘇聯教育學家蘇姆林斯基說：「驕縱的愛是最可悲的。」一旦養成女孩驕縱的個性，其後果更是不堪設想：驕縱的女孩，往往會失去節制欲望的能力；驕縱的女孩，往往無法忍受願望不能實現的痛苦；驕縱的女孩，往往會怠惰，並缺乏思考力和創造力；驕縱的女孩，在日後的職業生涯中，因為不想、不願付出努力，導致期望與失望之間的落差往往很大。

相較於男孩，父母在教育女孩時的確應給予更多寵愛，但這種寵愛應是一種鼓勵、支持、**信任，而非物質的絕對滿足、無條件的絕對縱容。給予孩子一種理智的愛，才是最重要的。**

別讓女孩產生無謂的優越感

我們常為聰明可愛的女兒而感到驕傲，女兒則會因我們而產生特殊的優越感。這種優越感一旦過了頭，就會讓孩子變得驕縱蠻橫，成為沒有禮貌、令人生厭的人。

有一次，前蘇聯兒童文學家蓋達爾帶著五歲的小女兒珍妮，講故事給小朋友們聽！大禮堂裡，孩子們聚精會神地聽蓋達爾講故事，除了蓋達爾的聲音，整個禮堂靜得連針掉在地上都聽得到。此時，小珍妮卻旁若無人地在禮堂裡走來走去，故意使勁跺腳，發出惹人討厭的聲響，跺完腳後還露出得意的神情，彷彿在告訴其他小朋友：「你們看，我是蓋達爾的女兒！你們一個個都在聽我爸爸講故事，這些故事我每天都能聽到！」

蓋達爾看到女兒的行為，立即停止了講故事，突然提高嗓門對大家說：「那個猖狂的小傢伙是誰？請你們把那個不守秩序的小傢伙攆出去！她妨礙了大家安靜聽故事。」

小珍妮愣住了，她萬萬沒有想到自己親愛的爸爸竟然會這樣說她，雖然她連哭帶喊地賴著不走，想讓爸爸心軟，但是蓋達爾不為所動，堅決要求工作人員把珍妮拉出會場。

蓋達爾繼續講故事，故事講完後，孩子們對蓋達爾報以熱烈的掌聲。

父母要及時告訴孩子：自豪和自信心應來自於自己，而不是父母或者他人。蓋達爾對女兒的教育是及時而有效的，相信小珍妮從此以後再也不會因優越感而滋生驕縱的情緒。

絕不遷就不理智的行為

女孩小時候都曾用哭鬧來「脅迫」父母，如果父母對此無奈妥協，就很容易助長女孩驕縱個性的形成。因此，對於小女孩的一些不理智的行為，父母務必嚴格要求、態度一致。

一位對女兒要求嚴格的父親是這麼做的：一次剛買橘子回來，還沒上樓，女兒就嚷著要吃。我勸女兒回家再吃，但她不肯，非要解開袋子動手拿。我沒同意，扛起袋子就走，不料女兒蹲在地上放聲大哭起來。老婆愛女心切，好幾次想下樓，都被我勸阻了。我太了解女兒的脾性了，只要稍有遷就，她就會得寸進尺，還以為是大人怕她。

女兒在一陣歇斯底里的哭喊後，慢慢地上了樓。當哭聲在家門口停止時，我示意老婆把客廳門打開。這時，只見女兒眼淚汪汪地站在門口，我佯裝不看她。不一會兒，女兒怯怯地走了進來，極為誠懇地向我認錯。我依舊不理不睬，很冷靜地坐在那兒，將目光投向窗外。女兒又向前移動了兩步，含淚站在我面前：「爸爸，我不要橘子，我錯了。」一陣冷處理後，我這才轉過臉來，表情嚴肅地問她錯在哪兒，直到她真的弄清楚為止。

整個下午，女兒像是變了一個人似的，很自覺地按照我的要求看書寫字。功課做完後，又十分主動地把客廳和房內桌上的東西整理得井然有序。為了表揚她，我在她的小本子上貼了一張乖寶寶貼紙。同時，為了讓她知道今天不太聽話，另貼了一張壞寶寶貼紙，並寫上了日期。

父親的方法雖然看起來有些嚴厲，但對於制止女孩的驕縱行為來說，卻是最有效的。藉由這次事件，小女孩不僅認識了自己的錯誤，更學會了自我控制、不以自我為中心。而且，父親在事件發生後再加以表揚的教育方法，也十分值得父母們參考。**責備之後，女孩知道「父母是因愛而嚴厲」，如此才不會讓她產生偏激的情緒。**

針對孩子靦腆、害羞的問題，國外的兒童心理學家曾在多所小學進行調查，結果顯示：五個小學生中就有兩個靦腆的孩子，程度因年齡不同而略有差別，其中六〇%以上為女孩子。

我們常聽到父母們說：「女兒很靦腆，如果要她在親朋好友面前唱歌、跳舞和講故事，她總是低下頭，緊張得半天開不了口。」「女兒從小就害羞，家裡來了陌生人（包括比較不常往來的親戚），就會立刻躲到媽媽背後。」「女兒在幼稚園從不主動表現，回答問題不積極，不主動找小朋友玩……我問她為什麼？她總是說不好意思。可是她在家卻很活潑啊！」

女孩父母經常會發現孩子在家活潑大方、能說會道，一旦到別人家裡或碰到陌生人，就會局促不安、膽怯怕生。為什麼會有這種現象呢？

從心理學角度來說，孩子在一到二歲時都會經歷正常的害羞期，在這個年齡出現的害羞屬於正常現象。但是當孩子過了這段害羞期，甚至到了學齡期仍然過分害羞靦腆，父母就應多加關注、多加引導。因為此時孩子表現出來的靦腆和害羞，雖然與天生的生理因素有關，但也和父母的教育方式有莫大關係。當孩子表現害羞或靦腆時，父母常犯以下兩種錯誤：

錯誤1：給孩子貼上「害羞標籤」，孩子就真的害羞一輩子

每次帶樂樂出去，媽媽總會提前給女兒「打預防針」：見到認識的叔叔阿姨、爺爺奶奶要主動問好，人家問什麼要好好回答……但女兒總是當成耳邊風，偶有巧遇她會把臉扭向一邊根本不看人家；如果對方是高大的男性，她就乾脆躲在媽媽懷裡。這時，媽媽往往以「這孩子害羞」敷衍過去，覺得這樣才能在熟人面前挽回面子。

和樂樂媽媽一樣，很多家長在孩子給自己「丟臉」時，都會趕緊向對方解釋，「我女兒太

靦腆」或「她是我們家臉皮最薄的」。殊不知這種當著孩子的面說孩子害羞是十分不妥的做法，這就好似給孩子貼上一個「害羞」的標籤，當這種意識深深植入孩子的內心，就會認為自己就是這個樣子了，未來還會利用這個標籤來逃避不喜歡的人——這時，害羞就成為小女孩一種有意識的行為。

錯誤2：不鼓勵反指責，讓孩子自信心受打擊

曉曉是個害羞的孩子，每次熟人一逗她，她不是支吾著說不出話來，就是哭著跑開。因此爸爸每次帶曉曉出門，回家後都少不了念她一頓：「妳怎麼這麼不爭氣，連句完整話都說不出來。」此後，為了避免尷尬，爸爸愈來愈少帶樂樂出門了。

孩子之所以形成靦腆內向的性格，與父母的少鼓勵、多指責有很大關係。靦腆的孩子一般都自信心不足，父母一味的指責只會讓孩子的自信心再次受到打擊。可以想像，一個自信心嚴重受創的孩子，怎麼可能變得開朗大方呢？

此外，故事中父親為了「不丟臉」而少帶孩子出門的做法也是錯的。試想，一個很少與人接觸的孩子，又怎麼做到待人接物自然不忸怩呢？

靦腆、害羞是很多女孩都需要面對的問題。對此，父母們千萬不要著急，只要採取循循善誘、增加鍛鍊機會等教育方法，她們自然會成長為大方不忸怩的優秀女性。

當個受歡迎的客人與盡職的主人

想讓女孩告別害羞、告別靦腆，父母就必須為她製造更多與人接觸的機會，而做客是最直

接、最有效的一種方式。

多帶女孩去做客：做客前，父母應先向女兒介紹一下造訪的對象，讓孩子有心理準備；其次要幫助女兒建立信心，例如可以鼓勵孩子：「王阿姨很想見妳，他們家還有一個小哥哥，有很多玩具，一直都想跟妳玩。」幫助孩子消除陌生感，樹立信心。

多邀請客人到家裡來：父母也可經常邀請親戚朋友到家中做客，為女兒創造當小主人的機會。對於在陌生人面前易膽怯的孩子，家長不必急於求成，可按以下步驟循序漸進：

1. 能向客人問好。
2. 為客人送茶遞水，幫助大人招待來客。
3. 鼓勵孩子與客人交談或為客人表演節目。

父母應在孩子做好前一步的前提下再提高要求，不要強迫孩子做她不能勝任的事。等孩子習慣了前一種做法，可自然過渡到下一步。

此外，在客人走了之後，父母還要掌握時機表揚孩子，例如「女兒，妳今天真棒。客人都在誇獎妳，爸爸媽媽真為妳高興。」

哪怕孩子的表現還沒有達到你的要求，也千萬不要吝於給予表揚，這不僅是對孩子的認可和鼓勵，更可促進孩子往更好的方向發展。

提高孩子的自我評價

靦腆的孩子往往自我感覺差，在社會活動中有一種「被拋棄感」。因此，父母要幫助他們發現自己的長處。

孩子之所以形成靦腆內向的性格，
與父母的**少鼓勵、多指責**有很大關係。

媽媽曾對十歲的欣欣感到擔憂，因為她不僅不愛與同齡孩子交往，也沒有一個知心朋友。但細心的媽媽同時發現，欣欣雖然朋友很少，但她對年齡小的孩子卻很熱情而且滿懷愛心。於是，媽媽幫她找到一個表現的機會：輔導一個鄰居孩子做功課。欣欣的成績一直很好，這個工作恰好可以發揮她的特長。沒過多久，附近很多小孩都慕名而來，請她幫忙輔導功課。「事業」的成功以及周圍孩子們的「崇敬」，大大增加了欣欣的自信心，使她漸漸變得愈來愈開朗大方了。

每個孩子都有優點，父母的教育就是要將孩子的優點發揚光大。當孩子對自己的能力充滿信心，大方不忸怩的個性就會自然形成。

讓女兒擁有自信

想要培養女兒的自信，父母可為她訂立以下兩個原則：

走路的時候抬頭、挺胸、收腹：女孩的自信會體現在她的形體展現方式上，因此，父母一定要讓孩子從小養成抬頭挺胸走路的習慣。

說話的速度要適中，不要太快，也不要太慢：說話速度太快，會給人焦躁不安等沒自信的感覺；說話太慢則會給人沒主見等柔弱的感覺。語速適中，是女孩展現自信的最好方法。

提醒女孩與其重視外表，更要提升內在

絕大多數女孩對於自己的外表都不滿意，總是覺得有缺陷，常常會說「我太胖了」、「我的鼻子太大了」、「我的胸部太平了」、「我的大腿太粗了」……

在一項針對八到十歲兒童的研究中，半數女孩都表示對自己的體型不滿意，希望自己再瘦一點。每四個女大學生中就有一個飲食習慣不良，例如不停地節食或狂吃減肥藥。有半數以上的青春期女孩說自己體重過重，正在減肥。

愛美是女孩的天性，但太過關注自己的外表卻會帶來很多麻煩。父母該怎麼做呢？

四歲的晴晴看到媽媽正在化妝，跑到媽媽面前說：「媽媽，我也要化妝！」看著女兒期待的眼神，媽媽知道，自己的回答將對她產生很大的影響，於是想了想之後這樣回答：「寶貝，妳是最美的，不需要化妝了。媽媽每天都要見很多客戶，化點淡妝是對客戶的尊重。」

如果有人問正在化妝的年輕媽媽，為什麼每天花大量的時間來化妝？也許大多數的媽媽會回答：「完美的外表讓我更有自信！」但如果妳對女兒說這些話，就容易對女兒產生誤導：自信來自於外表。那麼女兒以後肯定會更加關注自己的外表。

晴晴的媽媽很聰明，知道自己的回答會影響女兒對外表的態度，於是用「化點淡妝是對客戶的尊重」向女兒傳達：化妝是美的，但化妝也要分場合。這樣既不會誤導女兒，使她過度關注外表，也培養女兒的審美品味，讓她了解在什麼場合應該如何對待自己的外表。

不要讓衰老聽起來像咒語

很多媽媽，常對著鏡子抱怨：「歲月不饒人啊，老了！」她們常常會因為又過了一個生日而煩惱，或是不願意告訴別人自己的年齡，經常因為發現一絲白髮或一條皺紋而嘆氣……

其實，媽媽這樣的態度等於傳達給愛美的女兒這種觀念：衰老是可怕的，衰老會使人失去一切，包括自尊。因此，**聰明的媽媽會給女兒一個自我肯定的榜樣，讓女兒知道任何年齡層的人都應該自重而後人重。**

八歲的女兒看到媽媽手上的青筋，便問媽媽：「妳的手為什麼會這個樣子呀？」

媽媽神祕地回答：「女兒，妳知道嗎，這是人體血管的一部分，不要小看這小小的血管，它能把血液運輸到人體各部位，正是因為它們不停地工作，人們才能生存。而且它的運輸速度比最快的飛機還快。你說這小小的血管神奇嗎？」女兒睜大眼睛看著媽媽，使勁地點點頭。

如果媽媽是這樣回答女兒：「年紀大了都會變成這樣。」那麼女兒肯定會從媽媽的話中聽到對衰老的不滿，而她自己也會對衰老產生恐懼感。因此聰明的媽媽從來不在女兒的面前抱怨自己的年齡、體重和外表。

真正的自信並非來自於外表

愛美是女人的天性，但因為外表而獲得的自信不是真正的自信。父母應該在女兒小的時候就灌輸她們這樣的觀念，尤其是那些對自己身體不滿意的女孩。

靖靖是個胖嘟嘟的可愛女孩，但她自己卻不這樣認為，尤其當班上調皮的男孩們叫她「胖妞」後，她就拒絕吃晚飯，小小的年紀便出現了胃病，而且常常處於極度自卑之中。

不像一般的胖女孩那樣畏畏縮縮，想把自己藏在人群裡，十四歲的晶晶也是一個胖女孩，但無論做什麼事情都充滿自信，自告奮勇當班長、報名舞蹈班、積極與老師討論自己的解題思路……當老師問起晶晶的父母是如何讓她如此有自信的，晶晶的爸爸說起了那段經歷：

晶晶剛開始上學的時候也非常自卑，覺得同學們都因為她胖而不願意跟她交朋友。她常常以「不餓」為理由不吃飯，我怕她這樣下去身體和心理都會受到傷害，便用她的偶像陶晶瑩來激勵她：「妳知道陶晶瑩阿姨為什麼這麼優秀嗎？」

「因為她漂亮。」那段時間女兒對外表的關注已經走火為魔了。

「妳不是蒐集很多陶晶瑩阿姨簡報嗎？妳回答我，陶晶瑩阿姨是漂亮還是有氣質？」

「有氣質。」

「妳知道她的氣質是怎麼來的嗎？」

「不知道。」女兒迷惑地搖搖頭。

「因為她有自信，所以對任何事都滿懷信心、用最積極的態度去做，所以她成功了。也正是她的成功又增加了她自信的氣質。不信妳可以看看她的書。」

從那時起女兒不再那麼關注外表了，並且也自信、積極起來。

女孩關注自己的外表並不是壞事，但過度關注外表就不行。**因此家長在女兒小的時候就應該告訴她們，真正的自信並不是來自外表，而是來自健康的內心。**

給女兒一面新的鏡子

面對雜誌、電視、電影等媒體上的美女，女孩們常常幻想：要是擁有她們那樣的身材多好呀！有時這種幻想真的讓女孩們變得虛幻，為了讓自己瘦一點而瘋狂節食或吃減肥藥；為了讓自己的胸部不那麼平，甚至開始注意隆乳廣告……這時，父母必須把女兒拉回現實。

十五歲的露露常常看著雜誌上或電視裡的美女發呆，常常對媽媽說：「如果能讓我變成她們那樣，要我做什麼我都願意。」媽媽意識到了女兒生活在幻想中，應該要想想辦法才行。

一次，露露又出神地盯著電視上的模特兒發呆，媽媽對她說：「她們的身材和外表都很完美，但世界上有幾個人能像她們這樣呀！想想你們班的同學們，誰有這樣完美的外表嗎？」露露沒有說話，但可以看出她在思考。

每當露露出神盯著美女時，媽媽都會開玩笑：「又在羨慕全世界只有八位的超級名模！」時間久了，雖然露露還是喜歡這些美女，但不再幻想也要變成她們那樣了。

對於整天拿自己與媒體上的名模、明星做比較的女孩來說，父母應該給她們換一面鏡子，讓她用現實為鏡，而不是被媒體打造出來的完美形象所誤導。

讓女兒為自己的外表感到自豪

小女孩萱萱一直為自己臉上的雀斑而耿耿於懷，她認為因為這些雀斑，自己變得很醜，每天都很沮喪。

爸爸看出了女兒的心思，便翻出一些老照片讓女兒看，邊看邊說：「看看爺爺、叔叔、姑姑，他們的臉上都有雀斑，這些雀斑是我們家族的象徵，也是成功的象徵。姑姑雖然臉上有雀斑，但她還是很漂亮，更重要的是她的事業很成功，現在已經是兩家公司的老闆了。妳看，妳長得多像姑姑，尤其是那些可愛的小雀斑，這表示妳以後肯定會像姑姑一樣成功。」

從此小女孩再也不討厭臉上的雀斑了，有時甚至還會因此而感到驕傲呢！

在女孩小的時候，往往不能分辨什麼是美、什麼是醜，這時，家長就要學會給女兒一個值得信任的理由。當然，女兒懂事後，父母就要告訴女兒，外表美並不一定是真正的美，心靈美才是真正的美。

媽媽帶女兒坐公車，一位衣著華麗的美女坐在博愛座上，照著鏡子整理自己的髮型。一個老人上車了，美女裝作沒看見，繼續弄她的頭髮。這時坐在離門口比較遠的一位學生站起來，攙扶著老人邊走邊說：「您坐這吧！」

下車後，媽媽問女兒：「妳覺得那位照鏡子的阿姨美嗎？」

「美。」

「那她與那位讓座給老人的阿姨相比，誰更美呢？」

「照鏡子的阿姨。」

「孩子，人美不美並不是看外表，要看內心。那位讓座給老人的阿姨才是最美的。」

如果女孩從小就能建立「真正美」的標準，長大後絕不會再因為自己的外表而怨天尤人，而是把大部分心思放在提高自己的修養和美化自己的心靈上。

建立正確的審美觀

審美品味的高低，最能反映人的氣質。怎樣培養女孩審美觀，建立她們的自尊與自信呢？一位有智慧的媽媽這樣描述了自己的經驗：

家裡的經濟條件很不寬裕，但女兒看到一些小朋友著裝豔麗，或戴項鍊、手鐲，總會流露出幾分羨慕，悄悄地問我：「園園塗紅指甲好不好看？」

我意識到孩子開始愈來愈愛美了，但如果我只簡單地告訴她塗紅指甲不美、家裡的經濟條件不允許，我想對孩子並不公平，強制的態度也將不利於孩子形成正確的審美觀。

女兒懂事後要告訴她，
外表美並不一定是真正的美，
心靈美才是真正的美。

因此，我買了一些毛線頭，把五顏六色的線頭一截截接好，幫孩子織了十幾件衣、裙、褲、背心，精心設計出富有童趣的款式和圖案。

女兒穿上後，平添幾分聰穎、活潑。小朋友們羨慕極了，好多阿姨也向她借衣服參考。

後來我再問女兒：「妳還要貝貝的外套和項鍊、戒指嗎？」

她趕緊說：「不要不要，好俗氣喔！」

孩子年齡還小，抱持不正確的審美觀是十分正常的，例如認為穿得花花綠綠就是美、戴很多首飾就是美等。父母千萬不要粗暴干涉和嚴格制止，應該運用一些方法，適當幫助孩子建立正確的審美觀。就像故事中的媽媽一樣，當女孩穿上了人人都羨慕、誇獎的漂亮衣服時，自然會認為自己才是最美的，不需要再仿效她人。

讓女兒體驗「創造美麗」的樂趣

美麗的最高境界就是擁有自己的個性，不隨波逐流。那麼，父母們要怎麼讓自己的女兒擁有獨樹一格的審美觀呢？

一位很喜歡和女兒一起創造奇蹟的母親，這樣描述了自己的經驗：

有一次我對女兒說：「我們一起動手，為妳做一件世界上最美麗的衣服怎麼樣？妳來設計樣式和圖案，媽媽幫妳一起做。相信一定會很棒。」

女兒立刻表示贊同，沒幾天就設計好了喜歡的衣服樣式。接著，我和女兒一起去買了相關的材料。偉大的製作工程開始了，我和女兒一起動手，畫圖、剪裁、縫製……整整用了三天時間，才大功告成。我和女兒把這件美麗的裙子掛在衣架上欣賞，那奇特的效果簡直令人心醉！

這件衣服穿在女兒身上立刻引起轟動，路人多行注目禮。女兒也開始對自己的審美觀愈來愈有自信，甚至有了偉大理想：成為優秀的服裝設計師。

不管小女孩長大後是否能夠成為服裝設計師，我們都可以肯定地說，長大後的她一定會成為一個非常具有美感的人。這次自己動手設計、製作服裝的經歷，不僅會為她的童年留下美好回憶，讓她體會到創造美的過程比享受美更令人陶醉，更為孩子增強了審美的自信。一個相信自己眼光、擁有個性的女孩，又怎能不一生美麗呢？

教導女孩愛乾淨整潔、講求衛生

不愛乾淨的孩子容易生病，肚子痛、蛀牙、易感冒；不講究儀表的女孩，往往無法獲得好人緣；不注意乾淨整潔的女孩，往往很難擁有優雅的氣質，無法成為一個真正的淑女……

雖然很多父母都知道，講究衛生、注意儀容乾淨整潔，對女孩來說好處頗多。但在現實生活中，父母卻常為培養孩子的乾淨整潔習慣而發愁。

佳佳今年十歲了，長得很漂亮，但就是不愛乾淨，媽媽對此很煩惱：「我們家女兒什麼都好，愛念書又懂事，就是不愛乾淨，吃飯前要她洗手，她就沖兩下，有時連手背都沒濕；要她刷牙，她也懶得刷。因為不愛乾淨，她常肚子痛，還長了蛀牙，這樣下去可怎麼辦呀？」

佳佳媽媽的煩惱，正是許多父母共同的煩惱。對於女兒不愛乾淨的習慣，家長們常講道理、批評、責打，孩子卻依然無動於衷，仍然是你覺得我的衣服該換了，我就去換；你覺得我該洗澡了，在你的三催四請下，我就去沖兩下。

為什麼女孩也會如此不聽話呢？其實，這與父母很多錯誤的教育方式不無關係。父母們常犯的錯誤一般有以下兩點：

錯誤1：規矩很多，但卻不嚴格執行

父母都會制定很多規矩，比如不洗手就不能吃東西、衣服髒了要及時換、不能頭不梳臉不洗地往外跑……但規矩雖多，執行的效果卻如何呢？

小女孩菲雨剛想用髒手去拿饅頭吃，就被爸爸喝斥道：「忘記不洗手就不能吃東西了嗎？妳這樣會拉肚子的。」菲雨看到爸爸這麼嚴厲，立刻大哭起來，說什麼也不吃飯了。媽媽趕緊打圓場：「來來，不哭，不洗就不洗了，用紙巾擦一擦就好了。」

規矩在執行的過程中，如果又被規矩制定者——父母自己否定了。這樣一來，規矩就會失去它應有的作用，孩子自然會漠視愛乾淨的習慣。

錯誤2：要求很多，但卻不教孩子方法

一位爸爸告訴女兒：「妳是大孩子了，去，自己把臉洗乾淨。」孩子乖乖去洗臉了，沒過一會兒就洗完，爸爸一看，埋怨道：「妳怎麼臉的側面、耳朵後面都沒洗啊！」孩子又去洗了一遍，還是沒洗乾淨，爸爸著急了：「算了算了，就這樣吧！」

告訴孩子要把臉洗乾淨，卻不告訴孩子如何才能把臉洗乾淨，顯然無法讓孩子學會正確的洗臉方法。這位父親就是犯了有要求、卻不教方法的錯誤。這樣一來，孩子如何能夠養成良好

的衛生習慣呢？

堅持原則，讓女孩知道規則不能打破

想讓女孩養成良好的衛生習慣，父母就要嚴格執行規則。一位媽媽提供了好榜樣：

雖然我為女兒制定了很多規則，但這小傢伙總是故意讓我為難。

「媽媽，我的手壞了，我不想洗手了。」女兒又在找理由。

「我們的規則怎麼說的，不洗手就……妳不記得嗎？」

「可是我真的不想洗手。」

我和她爸爸都沒有理她，逕自開始吃飯，不幫女兒拿餐具，也不幫她盛飯。女兒眼睛裡開始有淚水，但是我們不為所動，不看她，繼續吃飯。最後我們都吃飽了，該收拾桌子了，她才可憐地對我說：「媽媽，我餓了。」

「去洗手吧！洗完手，媽媽就幫妳把飯菜熱一熱。」我仍然不忘規則。

結果小傢伙就乖乖地去洗手了。從此，她對我們訂立的規則深信不疑。

對待這些執拗的小女孩，家長最重要的是堅持原則，只要無視於女兒的耍賴、發脾氣、哭鬧，當孩子無招可使時，便會對訂立的那些規則深信不疑了。

藉助醫生的口

孩子不愛乾淨，如果多次提醒，孩子就是不改的話，這時可以藉助醫生來教育孩子。

女兒不衛生所以常拉肚子，當我帶她從醫生那裡回來，發現她飯前竟然主動去洗手了，於

規矩在執行的過程中，如果又被規矩制定者——父母自己否定了，規矩就會失去它應有的作用。

是我試著問她：「寶貝，今天怎麼不用媽媽提醒就去洗手了？」

「醫生說，飯前不洗手就會拉肚子，我不想拉肚子，打針好痛！」女兒認真地對我說。

這時，我才發現醫生的一句話比我的十句話還有用。於是，每次帶女兒去看醫生時，我都不忘提前跟醫生溝通，一定要告訴那個小傢伙要愛乾淨，讓她勤洗手、每天都要刷牙，還要勤洗澡。果真，女兒把醫生的話當作命令，在醫生的幫助下，女兒終於養成了好習慣。

女孩大多都怕打針、吃藥，更害怕看醫生。因此，對於女孩的衛生教育，醫生的話往往會比家長的話還有用千倍、萬倍。

學會物歸原位，以及疊衣服

物歸原位：父母應培養女孩把脫下來的衣服、玩過的玩具放回原處的習慣，這對孩子將來愛整潔、做事有條理都很有幫助。例如，每次孩子亂放衣服或玩具等，媽媽都要提醒孩子：「這些東西應該放在哪裡？」

疊衣服：從小就能把衣服疊得整整齊齊的女孩，往往會成為一個衛生習慣良好、個人儀容良好的人。因此，父母一定要在女孩還小的時候，先讓她從小衣服疊起，熟練後再教孩子疊一些大衣服和厚衣服，例如孩子的羊毛衫、媽媽的上衣、長褲等。在這個過程中，父母要教給孩子一些技巧，讓她因為疊得整齊而有成就感。

雖然很多父母對自己的教育方式很有信心，也深信女兒在自己的教養下已經很有公德心。然而，在現實生活中，以下的教育疏漏是否曾發生在您的身上呢？

一天，爺爺送孫女上學。爺爺提著書包，孫女吃著蔥油餅，吃完順手把紙袋扔在腳下，爺爺竟毫無反應；母女倆坐在公車上，女兒想讓座給一位剛上車的老奶奶，母親卻趕緊制止了女兒；女孩在公園排隊盪秋千，爸爸竟然提出了「我的孩子小，讓她先」的要求。

碰上這樣的孩子和家長，人們都不會有什麼好感。因為孩子已不自覺地違反了社會公德，而這幾位家長的行為也無聲地支持了孩子。試想，前例中的那位爺爺若讓孫女把紙袋扔進垃圾桶裡，那位母親若教育女兒把座位讓給旁邊的老人，那位父親若引導孩子按順序排隊，無論家長或孩子肯定會受到他人的讚許。

在這方面，一位母親的做法很不錯：

五歲的女兒已具備一定的體力和耐力，所以每次坐公車，遇到爺爺、奶奶上車，都會對她說：「考驗意志力的時刻到了，一起和媽媽站著如何？」有時旁人看女兒年齡小，主動讓座給我們，懂事的女兒也常會婉言謝絕：「謝謝您，我已經不小了，我可以的。」

一個遵守公共秩序、有禮貌、尊老愛幼、愛護公物、保持公共衛生的女孩，往往會更具同情心、責任心，深得眾人的欽佩與欣賞，而這恰恰是她優雅、高尚氣質最直接的表現。

父母要做好榜樣

俗話說：「己不正，何以正人？」所以，父母首先要加強自身的道德修養，做一個正直的人，為女兒樹立道德榜樣：對同事、親友不說謊、不做假；在孩子面前信守諾言，不為達到某個短期效果而欺騙孩子；要敢於在孩子面前自我反省；不袒護、包庇自己的孩子；不在孩子面前說別人的壞話等。

父母的價值觀和生活方式對女孩的影響是很大的，父母怎樣待人接物、與人交談，甚至打電話的口氣、做事的方法等，都會在孩子的心中產生影響。

教導公德心的準則

為培養女孩的公德心，父母應該教導孩子：

愛護公共財物：教育孩子要愛護公共設施、保護文物古蹟；跟孩子一起外出時，對那些破壞文物的現象要予以批評，不能無動於衷。

遵守公共秩序：教育孩子在電影院、體育場、公園、圖書館、商店、公共汽車等公共場所遵守各種制度和紀律，不為個人利益破壞規定。

維護公共場所衛生，保護環境：教育孩子在公共場所不能隨地吐痰、亂丟垃圾等。

關心公益活動：積極鼓勵孩子參加各種公益活動。

經常和孩子討論發生在身邊的真實事例

想要培養女孩的公德心，父母不妨經常和她討論一些正面或反面的生活事例。

爸爸和五歲的女兒雨萱走在街上，看見一個成年人隨手將用過的紙巾扔在地上，走在他們附近一個比雨萱稍大一些的小女孩很快走上前去，將那張紙巾丟進了垃圾箱裡。

等那位女孩走遠了，爸爸問雨萱：「我們看到的兩個人，妳覺得自己應該向誰學習？」雨萱回答：「當然向那位小姊姊學習了，她愛乾淨。」

爸爸接著問：「那，妳和小姊姊的差距在哪裡呢？」雨萱的臉有些紅了，喃喃地說：「我沒有像小姊姊一樣主動跑過去……」

藉由對生活事例的討論和評價，女孩的公德心很快就會建立起來。此外，父母還可以引導孩子多接觸一些培養道德情操方面的優秀文藝作品，例如書籍、電影等。

有禮貌的女孩一生受人歡迎

男孩的父母如果不注重對孩子的禮貌教育，那麼淘氣、莽撞的男孩很容易就會變成沒有禮貌的「壞小子」。然而，父母在教育女孩的時候，往往會認為女孩比較懂事，便採取最偷懶的方法——直接告訴女孩，這不可以、這樣不對！當父母粗暴阻止孩子的不禮貌行為，更易順從的女孩子，大多不會向父母詢問「為什麼」，而是選擇直接遵從父母的意願。

於是，表面看來，在父母的嚴格約束和管束下，女孩的確漸漸學會了禮貌。可實際上，在她的內心深處，並不明白禮貌待人究竟有什麼好處。

無數事實也證明，那些小時候在父母粗魯、強迫的教育下學會禮貌的女孩，長大成人後往往會產生反叛心理，故意說髒話、不講禮貌。在她們看來，有禮貌更多是父母對自己的一種要求和需要，而非一定要遵守的做人準則。

父母可以想想看，女孩小時候多半乖巧可愛，可是為什麼長大後有的女孩繼承了自己禮貌

要培養女孩的**公德心**，
父母不妨經常和她討論正面或反面的生活事例。

文雅的好習慣，有的卻看不到她有禮貌的「舊蹤」呢？其中很重要的原因就是，父母的禮貌教育，是否深入女孩的內心。

唯有讓禮貌教育進入女孩的內心，才會形成一種持久的氣質！

在家中提高使用「敬語」的頻率

父母帶著女孩在外交際時，常常十分注意提醒和鼓勵孩子使用敬語，如「請」、「謝謝」、「對不起」等最常見的禮貌用語。然而回家後，很多父母卻放鬆了對孩子的要求，認為在家裡使不使用敬語無所謂。其實，這樣做是非常不恰當的。

女孩良好氣質的形成，並不在於在他人面前表現如何，而是一種習慣。所以，**父母教女兒有禮貌、懂禮儀首先要做到的就是，讓女兒在外、在家的表現一致。**

一位媽媽曾這樣介紹自己教育孩子的經驗：

第一次從女兒口中聽到「笨蛋」這個詞時，我嚇了一跳，並開始對自己的言行舉止格外注意。於是在生活中，我和孩子的爸爸約定盡可能用「請」、「好嗎」、「謝謝」、「對不起」來表達我們的需要或歉意。沒多久，我就聽到女兒這樣對我說：「媽媽，幫我拿一下玩具好嗎？」以前她是這樣命令我的：「媽媽，妳去拿那個玩具給我，快點。」更重要的是，當我幫女兒洗了手或者幫她削了水果時，她會說「謝謝媽媽」了。

現在，女兒不管是在家中還是在外面，我再也不用為她的禮貌問題而費心了。

孩子小時候，往往分不清什麼話該講、什麼話不該講，會將最親近、接觸最頻繁的父母當作模仿的對象。所以，在家中為孩子樹立一個良好的榜樣、讓禮貌用語成為孩子的習慣，是對為人父母者的第一要求。

引導孩子體會禮貌，而非強制執行禮貌

女孩就像是一棵小樹苗，她們的成長需要正確的引導和培養。當我們強制讓她們執行禮貌行為，就是一種揠苗助長的行為，表面上看似成功了，實際上卻失敗了。

教育女孩學會禮貌，最好的方法就是引導她去體會他人的心情，帶領她去感悟禮貌所能帶來的美好。希望以下這個事例，能夠帶給父母們一些啟示：

六歲的佳佳收到姑媽送的一件禮物，她滿心好奇，趕緊用力打開包裝。媽媽在一旁看著，開始變得焦躁、緊張起來。

「佳佳，別把禮物弄壞了！當妳收到禮物時該說什麼？」

「謝謝！」佳佳不情願地說。

「這才是乖孩子。」

如果媽媽不這麼粗魯地教孩子學習禮貌，效果會更好。她可以先對孩子的姑媽說：「謝謝您送佳佳這麼可愛的禮物！」這時，懂得察言觀色的小女孩就會跟著媽媽，表達感謝。

如果女孩沒有那麼做，媽媽可以在事後私下對佳佳說：「姑媽很體貼，也很周到，買了這麼好的禮物給妳。我們寫一封感謝信或者打電話給她如何？她一定會很高興的。」

這種教育孩子要懂禮貌的方法，雖然比直接訓斥複雜，卻更具長遠的成效。**引導孩子多考慮他人的感受，明白「自己的感謝，會給對方帶來快樂」，會讓女孩從小就擁有一顆感恩之心，比單純地學會說「謝謝」有益得多。**

讓孩子學會互換角色

教孩子對客人要有禮貌時，如果用道理不能說明的話，不妨讓孩子體會一下客人的感受。

一位女士在教育小侄女時很有心得：我與小侄女關係很親密，一次家裡來了客人，小侄女吵鬧不停，不理會客人。第二天，小侄女到我家做客時，我沒有像往日一樣用果凍、零食來招待她，而是對她不理不睬。看到我這樣對待她，小侄女委屈得眼淚都快掉下來了。這時我才對她說：「姑姑不理妳，妳是不是不高興？昨天那位客人跟妳說話，妳不理他，客人是不是也會不高興呀？」小侄女似乎明白了，以後家裡來了客人，她不但會主動打招呼，有時還會拿水果出來招待客人呢！

當孩子學會站在他人的角度思考，禮貌自然就不再是什麼教育難題。

鍛鍊身體，訓練良好的體能

很多女孩的父母都認為，女兒嬌嫩纖細、弱不禁風，我一定要盡全力保護她。

一位母親在她的日記裡這樣寫道：「從女兒一來到這個世界，我就每天提心吊膽。如果她是個男孩我就不這麼擔心了，然而女孩就像花瓶一樣脆弱，一不小心掉在地上就再也無法復原了。當然，我也害怕自己變成一個很嚴厲的家長，對她限制太多，從而又使她受到傷害。」

其實，想要讓女兒健康成長，父母必須有一個正確的觀點：愈小心地呵護孩子，孩子就愈脆弱。對於女孩來說更是如此，如果父母把女兒看得像花瓶一樣脆弱，她就禁受不了一點苦難的打擊；反之，如果父母把女兒當作一個敏感，但很有發展潛力、需要處處為她指引道路的人，那麼她就能從容面對生活中的一切困難，並且練就出堅強的性格。

父母會帶兒子去參加體育鍛鍊，希望兒子能夠藉此強身健體，變得更加堅強、有毅力。其實這個觀念同樣適用女孩。父母送給女兒最有價值的禮物之一，就是讓女兒愛上運動。

很多心理學家調查研究顯示，女孩是否喜歡體育活動，最重要的因素來自於小時候和她一起玩的父親。

當父親把一歲的女兒放在腿上晃啊晃、和三歲的女兒玩耍嬉鬧、和五歲的女兒踢著球滿處跑、和七歲的女兒奔跑追逐、和十二歲的女兒一起投籃的時候，就增加了女兒以後喜歡體育活動的可能性，也大大降低了女兒在青春期遇到麻煩的機率。研究結果還表明，**喜歡運動的女孩長大後很少誤入歧途，如輟學、抽菸、喝酒、吸毒等。**

藉由體育活動訓練毅力

一位爸爸在日記裡這樣寫道：三歲的女兒想和我一起鋪地板，於是我找了一個小錘子給她，我們並肩坐著，把地板上的小釘子敲下去。我只需敲兩下就可以把那些小釘子敲下去，然而這對女兒來說並非易事，我看她拿著小錘子一直用力地敲釘子，把地板敲得都是小坑。我是個完美主義者，但又不想打擊女兒的積極性，於是任她不停地敲著那根釘子，終於女兒高興地對我說：「爸爸，我敲了三百下，小釘子終於被我敲下去了。」

藉此機會，我終於可以好好地稱讚女兒了：「妳真是個聰明又有毅力的好孩子！」

小孩子對新鮮的事物總會好奇，然而如果故事中的爸爸因為害怕女兒把地板敲壞，而阻止

研究顯示，女孩是否喜歡體育活動，
最重要的因素來自於小時候和她一起玩的**父親**。

女兒和他一起「工作」，那麼這個小女孩也許永遠不會再對爸爸所做的事情感興趣了。

體育活動也正是如此，如果父母以孩子小、能力太差而拒絕女兒參加體育活動的話，那麼這個女孩也許就會因此討厭體育，原本可以藉由體育活動鍛鍊的耐心和毅力，對於這個女孩來說，也許就會遙不可及。

藉由體育活動培養求勝心

一個上國中的小女孩曾這樣寫道：我爸爸讓我對什麼事情都躍躍欲試，正因如此，我愛上運動。小時候父親總是對我說：「去試試！」如果做得不好，他會說：「去，能怎麼玩就怎麼玩，能怎麼做就怎麼做，打敗它們，不要因為累而放棄。」接著我就會與同伴或是體育器材進行競爭，每次結果都非常好，我覺得是爸爸讓我在體育活動中培養了「不認輸」的觀念。

父母對女孩的態度深深影響她的成長。**當女孩想嘗試某種新鮮事物時，父母卻大喊：「別去，危險！」那麼女孩長大後就有可能變得畏首畏尾，不敢嘗試，而且有可能遇到困難就逃避。**經常被父母鼓勵參加體育活動的女孩則不同，她們敢於嘗試，並且培養了求勝心，增加了女孩日後成功的機率。

藉由體育活動增進親子感情

女兒長大以後，父母想和她繼續保持親密關係可能是一個很大的難題。體育運動則是解決這一難題的有效方法，因為在運動中，女兒可以從父母那裡獲得深情的身體接觸。

一位母親曾這樣說過：「女兒小的時候，我們一家人常常互相搔對方癢，直到我們都累得再也笑不出來，這個遊戲才結束。現在女兒將近十四歲，我們很少再像以前那樣開心了。但這種感覺卻在一次體育活動中找到了——有一次我們全家去游泳，在水裡，我抱著女兒，不讓她亂跑；她爸爸也參與了我們的遊戲，在水裡毫無顧忌地與女兒嬉戲、打鬧……這次游泳太有意義了，它使我們可以抱著孩子，並在與她打鬧中加深彼此之間的感情。」

當然，有時候我們也要設身處地為女兒著想，不必一味要求她們參加有組織的體育運動。有時候，女兒會很懷念與爸爸或媽媽「獨處」的時光。

十二歲的小安娜在日記裡這樣寫道：「我最喜歡的事就是和爸爸一塊兒去湖邊打鴨子。我們先找到鴨子窩，然後四處走走，考察地形，找到最好的射擊點。今天夜色很美，這裡有很多野生動物，那麼多鴨子，但一到白天什麼也找不到了，真有趣。在湖邊打獵真酷，我馬上就知道打獵是怎麼回事了，弟弟就不知道，我覺得好自豪！」

父母與女兒的感情就是在這一次次的「獨處」中加深的，尤其是父母帶她去做那些平常只有小男孩才能做的事情，這種經歷將成為女孩一生的美好回憶。

用音樂賦予女孩靈動的氣質

音樂不僅可以提高孩子對情感的感受和體驗能力、陶冶情操，還可以提高孩子的文化修養。很多女孩正是因為從小就接受了良好的音樂教育，擁有一種與眾不同的靈動氣質。

但隨著音樂教育的普及，家長們也產生了無數的煩惱：「想讓女兒盡早接觸樂器，又擔

父母與女兒的感情就是在
這一次次的「**獨處**」中加深的。

心孩子不感興趣，沒有天分。」「樂器的種類太多了，真不知道哪一種最適合女兒。」「花大錢買鋼琴，剛開始孩子很好奇，學得很有興趣，可是枯燥的學習過程很快就讓孩子厭煩了。」

這些都是父母們在培養女孩子音樂才能的過程中，經常會遇到的問題。那麼，面對這些問題，父母應如何解決呢？

不一定要有音樂天賦才能學音樂

一般來說，音樂天賦較強的兒童具有以下特徵：喜歡聽音樂、唱歌；能分辨音準；容易記住曲調，能順利並正確唱出或演奏出這個曲調；能很快地學會識譜；能自己創作簡單的曲調，善於發現生活中簡單的樂器。

雖然天賦對於孩子學習音樂的成效影響巨大，但這並不代表沒有天賦的孩子就應當放棄學習音樂。因為學習音樂不是一件嚴肅的事，更重要的是讓孩子享受到音樂所帶來的快樂，並提高孩子的藝術修養。

此外，如果父母能夠在孩子一到六歲間，注重對孩子音樂天賦的引導，也可對孩子日後的音樂學習奠定良好的基礎。

為了給女兒一個良好的音樂環境，一位母親是這樣做的：「為了培養女兒的音樂才能，我常常會讓音樂陪伴著她度過一整天的活動。例如起床時，我會播放一些活潑、有力的樂曲；吃飯時，播放一些優美、舒緩的樂曲；臨睡前，播放一些輕鬆、安靜的樂曲；即使是給女兒講故事，我也會選擇一些和諧的樂曲做背景音樂，增強情感的渲染。有時，我還鼓勵女兒跟隨音樂的節拍做動作，打拍子、踏步、跳舞等。」

這位母親很有智慧。當孩子生活在一個充滿美妙音樂的環境中，節奏感和對音樂的感受能力就會大幅提升。

選擇適合女兒的樂器

小孩子學東西最容易三分鐘熱度，要讓孩子有信心學下去，選擇樂器是關鍵。在選擇樂器時，兒童音樂教育專家提出以下幾點建議：

三歲以下：孩子肺活量小，學習管樂有困難，開始最好不要選擇這類樂器。

四到五歲：可以開始學鋼琴、電子琴等鍵盤樂器，而小提琴、古箏等絃樂器，應該在五歲半以後。一般來說，學習鍵盤樂器一年，掌握基本音準和節奏感後，再學絃樂器會更好。

需要注意的是，父母幫助孩子選擇樂器時，要尊重孩子的興趣。孩子的學習動機主要來源於興趣，父母不能把自己的意志強加給孩子，不問孩子是否願意，強迫他學習，這樣只會適得其反，不僅不利於學習，甚至還會讓孩子對學習樂器感到厭倦。

欣儀小時候，爸爸想讓她學習樂器，於是經常在日常生活中進行引導：「妳看，電視上那個彈電子琴的姊姊好棒呀！她的手像是在鍵盤上跳舞。」「那個拉大提琴的哥哥，竟然能奏出這麼美妙的樂曲，真是太神奇了！」此外，爸爸還經常帶欣儀去各藝術學校、樂器行走走，讓孩子看看各種樂器，聽一聽、摸一摸、試一試，很快，小欣儀就迷上電子琴演奏。

延遲滿足，讓孩子珍視學習的機會

很多家長都會抱怨：「剛給女兒買了小提琴，她拉了幾天嫌太累就放棄了。後來她又對鋼

一到六歲間，引導孩子發展音樂天賦，
可為日後的音樂學習奠定良好的基礎。

琴產生興趣，我也很快幫她買了，可她剛學兩天卻又要放棄。孩子怎麼這麼沒耐性啊！」

其實，原因在於孩子的心願實現得太容易了。孩子對於輕易就能實現的心願，往往不會珍惜。因此，希望培養孩子音樂才能的父母，一定要延遲滿足孩子購買樂器的要求。

女兒看到別的小朋友有鋼琴，她也想要，於是整天纏著媽媽。聰明的母親沒有立刻滿足她，而是一再確認女兒對學習鋼琴的確有興趣後，認真地告訴女兒：「鋼琴很貴，要花好多好多錢，媽媽要認真地工作一段時間，把錢存夠後才能買給妳，妳得等一等。」

一段時間過去了，女兒一直記著媽媽的話，當她再次向媽媽提到這件事時，母親故意面露難色，十分抱歉地對她說：「對不起，鋼琴實在是太貴了，妳能不能再等一等呢？」女兒雖然有點失望，但還是答應了媽媽的請求。

到了履行諾言的時候，媽媽拿出十萬元，故意請工作人員將它們換成每張一百元的面額，然後將一大堆錢帶回家擺在女兒面前，告訴她要花這麼多錢才能買到一架鋼琴。孩子看到這麼多錢，驚訝得張大了嘴。

就這樣，透過媽媽的苦心，女兒理解了一架鋼琴的價值，不僅很愛護這架鋼琴，並且非常認真學習。

♀ 用舞蹈賦予女孩體態優雅的氣質

很多父母想把女孩送去學舞，並不是想讓孩子成為優秀的舞蹈家，只是想讓孩子練練體態和氣質、培養興趣。可是，各種消息卻讓父母們有點猶豫：學跳舞會讓孩子變O型腿，還會長不高；學舞蹈對孩子的骨骼發育不好……

其實，這些擔心都是不必要的。看看身邊那些能歌善舞的女孩吧！舞蹈不僅塑造了她們的美麗，更在增添魅力、鍛鍊體力、磨練毅力、豐富想像力等方面，發揮出了舉足輕重的作用。

具體來說，舞蹈帶給女孩的好處很多，主要有如下幾點：

體態優雅：處於快速生長發育時期的女孩，經過舞蹈訓練（如挺胸、抬頭、收腹）能使她們站得直，體態優雅，且能糾正駝背等問題。

動作協調：舞蹈需要全身各部位的配合，可鍛鍊孩子的動作協調性，使孩子更有節奏感。

增強肢體靈活性、柔軟度：經過舞蹈訓練，孩子的力量控制、穩定性、耐力等方面的身體素質都會提高。

培養審美觀：舞蹈透過音樂、動作、表情、姿態表現內心世界，可使孩子潛移默化地接受到藝術表演的薰陶，使孩子們熱愛生活，並能欣賞美、體驗美。

培養自信心：舞蹈演出能培養孩子表演的能力，使孩子不怯場，擁有更好的心理素質。

體態的優雅、肢體的靈活與柔軟度、審美觀，都是女孩形成優美氣質的元素。因此，想讓女孩成長為多才多藝、更具個人魅力的女性，父母應從小就培養女孩的舞蹈氣質。即使不送女兒進入專業的舞蹈學校，也要讓女兒積極地加入班級或團體組織的舞蹈活動。

每個女孩都是天生的舞者，在很小的時候就會以手舞足蹈、蹦蹦跳跳來表達自己內心的情感。那麼，父母應該怎樣去引導孩子學習舞蹈，進而讓孩子擁有優美的氣質呢？

孩子對於輕易就能實現的心願，
往往**不會珍惜**。

發現並培養孩子的舞蹈天賦

一般來說，具有舞蹈天賦的孩子，在一到四歲就會表現出以下特點：

1. 對舞蹈有強烈的興趣。
2. 動作協調、輕盈、優美、靈活。
3. 動作完全與音樂一致。
4. 腳部的走、跑、行進、跳躍等動作，富有節奏且靈活自如。
5. 能利用手和手臂的結合，做出許多動作。
6. 喜歡模仿動作。
7. 喜歡電視上的舞蹈節目。
8. 能隨著音樂的節拍律動。
9. 願意與小朋友一起表演。
10. 能根據自己學過的動作，編一些簡單的舞蹈。

如果孩子沒有表現出以上天賦，父母仍可以在日常生活中加強培養孩子對舞蹈的興趣，例如經常讓孩子在電視觀看歌舞表演，讓孩子感受舞蹈的美，引起對舞蹈的注意和興趣。如果父母發現女兒喜歡「手舞足蹈」時，更要積極地加以引導。

此外，父母還應鼓勵年齡較小的女孩學習一些兒童舞蹈，由於動作簡單且富有韻律，孩子十分容易掌握。當孩子對自己的舞蹈充滿自信時，自然會對舞蹈產生濃厚的興趣。

需要提醒的是，父母如果希望孩子進行專業的舞蹈訓練，第一要看孩子的興趣，第二要看孩子的身體條件，而且孩子的年齡也不宜太小。**專家建議，五到十二歲是身體發展的一個重要**

時期，這時候進行舞蹈學習，將對孩子的健康發育大有助益。

延遲滿足學習舞蹈的心願

學習舞蹈是很苦的，很多孩子都會在學習的過程中因為怕痛、怕累半途而廢。因此，當孩子向你提出學習舞蹈的請求時，一定要延遲滿足她的心願。只有讓她知道自己的學習機會來之不易，她才能鼓起勇氣繼續堅持、繼續努力，最終學有所成。

一位聰明的媽媽是這樣做的：女兒一直纏著要去學舞蹈，可我知道學舞蹈很辛苦，孩子很快就會打退堂鼓，這樣不利於孩子的健康成長。怎麼辦呢？於是，我故意騙她，說不讓她去學，理由是怕她打退堂鼓、浪費錢。

剛開始女兒有點猶豫，可馬上又說：「媽媽，我不怕苦，我會堅持到底，不會打退堂鼓的！」我故意不答應她，一來是吊她的胃口，二來是使她以後訓練時不敢因怕痛而不練。

雖然我口頭上不答應她，卻經常帶她去看小朋友們跳舞，還經常在她面前誇哪個哪個小朋友跳得很好，我很欣賞。這下女兒可急壞了，又不敢硬纏，便悄悄地觀察我，只要我一高興，就向我提起要去跳舞的事（其實我也在觀察她）。

過了一段時間，我知道時機到了，故意很勉強地答應，還對她提出不准半途而廢的要求。她很痛快地答應，果然，日後女兒所表現出的努力程度、堅韌程度，比其他女孩高出許多。

要及時鼓勵，也要有所堅持

由於小女孩的定力和吃苦能力都不是很強，學習舞蹈一段時間後，常常會產生退縮心理。

鼓勵年齡較小的女孩學習**兒童舞蹈**，
由於動作簡單且富有韻律，孩子十分容易掌握。

這時，父母絕對不要輕易改變自己的決定，可先對孩子的舞蹈學習給予一定的幫助，進而對孩子的成果給予及時肯定。當女孩對於學習舞蹈有了一定的自信以後，自然會堅持下去。

一位媽媽曾這樣寫道：

女兒的各種先天條件並不是很好，學舞蹈她體形偏胖，不是首選；學鋼琴，她指頭偏短，沒有潛力；學聲樂，她的嗓音有點啞。諮詢了相關意見後，我為她選擇了畫畫。

但半年後某一天，女兒卻哭哭啼啼地說：「媽媽，我不喜歡學畫畫了。我想學舞蹈。」因為考慮到女兒從小就有音樂天賦，再加上學畫畫也是我的一廂情願，便答應了女兒的請求。但我對女兒提出了要求，學習舞蹈很辛苦，不可以再次退縮。女兒很爽快地答應了。

沒想到，改學舞蹈後，女兒又是一臉傷心，哭著跟我說：「媽媽，我不學了。我太胖了，老師說我的腰太硬。」理由很充分，但我不能上當。

本來讓她上才藝班只是為了培養興趣，多點藝術修養，不是為了學有所成，但看來我更應該培養的是讓她學會負責，學會面對困難，學會挑戰自我。

於是我制定了每天的練習計畫，利用晚飯前這一段時間陪她練習。練習很快就初有成效，幾個難度較大的動作女兒都順利過關了。隨著我的鼓勵和表揚以及堅定的態度，女兒再也沒有說過要退出的話。

想讓怕苦、怕痛的小女孩們學會一種技能，父母既要尊重孩子的選擇，也要在孩子退縮時態度堅決。這不僅是為了孩子在長大後能擁有一份特殊才能，更是對孩子意志力的鍛鍊。

只有經歷過磨練的女孩，長大後才能真正有所堅持、有所成就。

用繪畫賦予女孩審美的能力

繪畫並不僅僅是讓孩子學會畫畫，更重視透過畫畫來培養孩子的觀察力、記憶力、表現力、想像力和創造力。

同時，繪畫還能讓女孩敞開心靈，使她在繪畫中舒展內在的想像和情感，表達自己對周圍事物的認識，從而培養孩子的審美觀和修養，尤其是在培養良好的心理素質如毅力、耐力方面，更是功不可沒。

我們甚至可以這麼總結繪畫的效果：繪畫，賦予了女孩子更多感悟美的能力！

孩子的繪畫興趣，既緣於天性，也和父母的正確培養有關。在此，我們針對如何培養孩子繪畫興趣提出了若干的建議。

不管孩子畫得如何都要多鼓勵

一般來說，孩子到了三、四歲都會喜歡「到處亂塗亂畫」，而且女孩子的「塗鴉」意願往往比男孩子表現得更強烈一些。其實，這正是孩子學習繪畫的啟蒙階段。而父母在這個階段的態度和採取的方法，將直接影響孩子日後對繪畫是否產生濃厚的興趣。

有一次，老師正在教孩子們學水彩畫，菲菲的媽媽來接女兒，菲菲馬上把自己剛畫好的畫遞給媽媽，媽媽拿著畫看了半天，還是沒有看出女兒畫了什麼。「這是什麼呀？」媽媽小聲問菲菲。「是貓呀！」菲菲話還沒講完，媽媽就連著誇獎：「是貓，是貓，畫得真像！菲菲好棒，貓畫得真好！」說著眉開眼笑地領著菲菲回家了。

繪畫並不僅僅是讓孩子學會畫畫，
更重視透過畫畫來培養孩子的觀察力、記憶力、
表現力、想像力和創造力。

過了一段時間後，菲菲這副畫獲得了某比賽的優等。評審們說孩子的線條大膽、有創意。

當女兒對某些活動有興趣時，父母如果能像菲菲的媽媽那樣，理解孩子，不停地表現出由衷的讚賞，就能給予孩子極大的鼓勵，促使她的能力逐步提升。

引導女孩畫出形象更全面、更逼真的畫

孩子剛開始對繪畫感興趣時，往往會停留在形象片面、單調的層面上。這時，**家長應因勢利導地誘導孩子畫出更豐富的畫作，這對提升孩子的想像力、增強繪畫興趣十分重要。**

舉例來說，如果女兒畫了一個瓜籽形狀的圖形，在圓頭處又畫了一條線，家長可以感興趣地問她畫的是什麼，孩子回答是「小老鼠」，大人就可以這樣誘導：

家長：哦，真像小老鼠，小老鼠有尾巴，還有什麼呢？

女兒：還有眼睛、嘴巴。

家長：真聰明，說得很對。想一想還有什麼呢？

女兒：還有耳朵。

家長：嗯，想一想小老鼠的眼睛長在什麼地方？畫看看。（這時孩子一般都會自己畫出來）

家長：畫得真不錯，畫上眼睛就更像真的了。再想一想小老鼠的耳朵長在什麼地方呢？

女兒：長在頭上。

家長：說對了，就把它畫下來吧！

家長：畫得太好了，妳知道小老鼠最愛偷吃什麼？

女兒：最愛偷吃米。

家長：好，再畫一點米給小老鼠吃。
女兒：我給了牠好多好多米。
家長：畫得真棒，我們幫這張畫取個名字吧！
家長：這麼好的畫可不能隨便丟了，把它放到什麼地方呢？
女兒：貼在門上。
家長：好啊！爸爸（媽媽）一回來就能看到，一定很高興，會說妳是一個聰明的好孩子！

帶孩子接觸大自然，多觀察、多感悟

孩子身邊的事物是五彩繽紛的，只有讓他們在大千世界和生活中學會感悟、學會觀察，才能讓孩子真正愛上繪畫，有效提高孩子的繪畫技術。

為使女孩學會觀察，父母應多帶孩子到大自然的廣闊天地裡去尋找一切美麗的東西。名勝古蹟、園林美景、潺潺溪流、爛漫山花、嘰喳小鳥，都是教孩子學習繪畫的最佳教材。

為了讓學習繪畫的女兒更熱愛繪畫、精進畫技，父親經常帶采風去動物園。有時，父親會和她一起坐在草地上，要女兒閉上雙眼，靜靜傾聽、感受大自然。有時，父親安排一些明確的觀察任務，例如帶女兒觀察老虎時，會對女兒提出這樣的觀察要求：老虎的皮毛顏色、條紋，眼睛的形狀、尾巴的長度以及老虎發怒時能露出幾顆牙齒……都要記錄下來。

這位父親的做法很值得父母參考。帶孩子接觸大自然、更深刻地感悟大自然的美，往往會引發孩子更多的創作熱情。而教會孩子學會觀察，則是提高孩子繪畫能力最有效的途徑。

帶孩子接觸大自然、更深刻地感悟大自然的美，
往往會引發孩子更多的**創作熱情**。

以閱讀提升女孩的書香之氣

博覽群書對於培養女孩子的氣質來說非常重要，一個從小喜愛閱讀的女孩，在人生觀、世界觀、知識面、感知力、求知欲、思考能力、表達能力的形成及處理問題的方式等方面，都會有明顯的優勢。

而且，在博覽群書的過程中，女孩還可以體驗更豐富的情感，積累更豐富的知識。這些無疑都會為女孩增添一種知識的魅力，讓女孩成長為有內涵的優秀女性。

一位母親曾經這樣描述閱讀對女兒的巨大影響：「我家的女兒明明，懂事、乖巧、優秀、興趣廣泛，有人問我究竟用了什麼招數，把孩子教得這麼出色。其實很簡單，就是讓她多讀書，多看報，多寫文章。見識多了，人的整體素質自然就提高了。」

此外，在培養女兒閱讀興趣的同時，父母們還會發現：一旦女孩愛上閱讀，教養上往往會省力很多。因為到那時，也許不用你教，女孩早就從書中明白什麼是真正優秀的女性？女孩為什麼要自信、堅強？舉止優雅對一生有什麼影響？……

擁有良好的閱讀習慣，不僅對孩子的語文成績有直接的影響，更對孩子的一生有著舉足輕重的作用。進入社會後，我們也會發現，身邊的成功人士大多有熱愛閱讀的習慣。因此，想要自己的女兒更加優秀、卓越，就從培養熱愛閱讀的習慣開始吧！

父母自身要先建立讀書的習慣

如果爸爸媽媽很喜歡閱讀，孩子勢必會對書本產生興趣；如果爸爸媽媽認為讀書是一種享受，孩子一定也會認為讀書是件快樂的事。

一位聰明的媽媽是這樣引導女兒從小就熱愛讀書的：孩子遇到了困難，不知道怎樣解決，我就會告訴孩子：「來，我們一起在書裡找答案吧！」就這樣，孩子便有了很強烈的讀書欲望。

平時我經常與女兒共讀一本書，並用交流的方式引導孩子積極地思考。例如在每次的閱讀中，我都會問她：「現在發生了什麼事？它跟妳預想的一樣嗎？後面會發生什麼？」讀完一本書後，我也經常問女兒：「妳能不能說出這本書大致的內容？妳喜歡它嗎？喜歡什麼地方？這本書會不會讓妳想到別的書？」

家裡如果有小朋友來做客，我會鼓勵女兒：「女兒，妳剛從書上看到的那個故事很有趣，講給其他小朋友聽聽吧。」每次女兒繪聲繪色地給別的小朋友講完故事後，都會很有成就感，也愈發喜愛閱讀了。

故事中的媽媽在引導孩子愛上讀書方面的確做得很棒，不僅讓孩子在閱讀的過程中學會了思考，更用鼓勵的方式引導孩子發自內心主動愛上閱讀。

此外，為了提高孩子的閱讀興趣，父母還可在家裡建立「小圖書館」——提供單獨書架。媽媽還可以挪出時間，經常帶她出入書店、圖書館，這樣做有利於培養孩子對書籍的興趣。

告訴孩子閱讀的神奇之處

一天，媽媽帶五歲的樂樂到動物園玩，她這裡看看、那裡摸摸，一雙好奇的大眼睛忙個不停，並不時問媽媽：「獅子吃蛇嗎？」「企鵝為什麼生長在寒冷的地方？」

經常與女兒共讀一本書，
並用交流的方式引導孩子**積極地思考**。

媽媽沒有直接回答她，回到家後，媽媽拿出很多有關動物的書給她看，並神祕地對她說：「所有答案都在裡面。」樂樂高興極了，「哇！裡面有這麼多動物呀！」書上的動物圖片使樂樂看得入迷，一邊看一邊要媽媽讀書上的文字，就這樣開始了讀書識字。往後，她只要在外面看到什麼、聽到什麼，就要媽媽幫她找相關的書，不知不覺中，讀書的興趣就愈來愈濃了。

孩子小的時候往往看到什麼都要問「為什麼」，家長不妨及時向這些表現出求知欲的女孩推薦書，當她們真正體會到「書很神奇」時，就會不知不覺愛上閱讀。

此外，利用講故事的方式來引導女孩子愛上閱讀，也是一個很有效的方法。每個女孩都喜歡聽故事，特別是童話故事，對於喜歡想像的女孩來說，故事無論講多長，永遠沒有完結，她希望永遠講下去。她們會經常問：「後來怎樣了？」「賣火柴的小女孩現在在哪裡？」

這時，家長可以針對女孩的這種心理，先將故事講一半，在孩子急欲知道故事結局時，再趁機把書給她看。這樣一來，女孩自然會對閱讀產生極大的興趣。

讓愛讀書的同伴引導不愛書的孩子

媽媽為小學二年級的女兒欣欣買了很多課外讀物，但是她卻不喜歡讀。暑假某一天，跟欣欣同年的表妹陽陽來家裡做客，陽陽很愛看書，就講了很多書中的故事給欣欣聽。她講得眉飛色舞，欣欣一下就被吊起了胃口。陽陽一走，欣欣就開始翻閱媽媽買的課外讀物了。

很多時候，孩子們彼此的影響比大人對她的影響更大、更直接。近朱者赤，近墨者黑，對孩子來說更是如此。因此，家長要鼓勵女孩和那些愛讀書的同學交朋友，在那些愛讀書的小夥伴的感染和薰陶之下，孩子也會漸漸愛上閱讀。

♀ 樹立崇高而明確的志向

眾所周知，小女孩的志向是善變而可愛的。有些小女孩的志向是當媽媽，因為當媽媽可以生一堆孩子；有些小女孩的志向是當公主，因為公主會嫁給王子；有些小女孩的志向是當新娘，因為只有新娘才是全天下最美的女人……

在年齡還小的時候，由於雌激素的作用，小女孩很早就表現出母性特徵，她們的志向有許多是家庭中「母親」的角色——因為看到媽媽照顧自己，所以她也想要有自己的孩子；因為常常看童話故事，所以她想成為公主；因為媽媽告訴她新娘子很美，她便想當新娘。

當女孩漸漸長大，到了幾歲到十幾歲時，志向也會不斷發生變化。但無論如何，她們的志向始終受到家長的影響。一項調查顯示，八〇%以上的女孩對自己未來的計畫，與家長的職業和家長不時的教導有極大關係。

「我長大想當翻譯，像爸爸一樣。」

「我長大想當律師，因為我媽媽說律師賺很多錢。」

「我想當太太，找個厲害的老公，我媽說她就沒有這樣的福氣。」

細心的父母會發現，**對於善於模仿、更容易順從的小女孩來說，家長們對生活的態度往往決定了孩子的志向**。特別是當家長不自覺地將一些思想灌輸給孩子時，更會左右孩子的人生目標。例如，如果父母經常說「學得好不如嫁得好，以後找個有錢的老公，就什麼都有了」，那麼孩子的志向就很有可能是嫁個有錢人。如果父母在女兒建立志向的時期，不斷積極努力工作，用實際行動告訴孩子，美好的生活需要自己去努力爭取，那麼孩子的志向就很有可能是成

先將故事講一半，
在孩子**急欲知道**故事結局時，
再趁機把書給她看。

為像父母一樣了不起的人。所以，培養女孩對未來的志向，是十分必要的。

女兒會成為一個積極進取或消極等待的人，往往取決於父母的教育是否正確。

讓未來志向與現實接軌

面對女兒變化多端、古靈精怪的各種想法，東方父母們常常會趕緊出言阻止，扭轉孩子不正確的想法。許多國外父母的做法則比我們進步。

一位外國母親問自己五歲的女兒有什麼志向，女兒說長大了要生一群孩子。這時，母親對她說：「嗯，這個願望不錯。可是想要當個好媽媽，妳現在就應該開始學習一些東西，比如要有禮貌、勤勞……這樣才能給妳的孩子做個好榜樣呀！」

過了一段時間，女兒的願望又變了，說長大後要當農場主人，擁有大片田地。母親對女兒的志向表示贊同，並且經常帶女兒到附近的農場去熟悉農作物、觀察每種農作物的特徵。

這位外國母親雖然知道女兒現在的志向只是一種幻想、不切實際，卻依然支持，甚至帶著女兒一起接近她的志向。在孩子不斷尋找志向、確立志向的過程中，她的獲益是良多的。

有志向，就必須肯定和鼓勵

孩子的任何志向都不是憑空而來的，都包含了孩子深刻的思考。而且，任何一個志向都可以成為孩子積極向上的動力。因此，當你得知女兒擁有自己的志向時，無論是否贊同，都應該表現出肯定和鼓勵的態度。

一位年輕媽媽很重視對女兒志向的培養。女兒在十歲生日那天向大家鄭重宣布：「我長大了一定要當老師。」媽媽一聽，心頭為之一震。說實話，她真不希望孩子將來當老師，可是如何向她解釋呢？只能輕描淡寫地說：「妳還小，現在想當什麼還太早！」

女兒對媽媽的態度並不滿意，轉頭問爸爸：「我將來當老師不好嗎？」爸爸機靈多了，高興地說：「好！好！從小就要有志向，志向是美好的！」

這對夫妻面對孩子的前途，表現出截然不同的情緒反應，媽媽對於不符合自己心意的選擇很緊張，似乎孩子長大後真的就會去當老師了；爸爸的態度則理性多了——有志向就是好事，就要給予鼓勵。

給予女孩關於志向的暗示

一位媽媽這樣描述自己引導女兒培養志向的經過：

女兒很小的時候，我就問她：「妳長大了想做什麼呀？」

女兒回答：「要幫媽媽洗衣服。」

我看著女兒哈哈大笑：「嗯，能夠幫媽媽分擔家務也不錯。」

後來，女兒上了小學，我再問她長大後要做什麼，她卻很迷惘，告訴我說不知道。於是，在平時聊天時，我試著給她種種暗示：「女兒，妳看電視上的陶晶瑩阿姨多棒呀，她豐富的內涵、不凡的口才……」多次的暗示以後，有一次女兒看著電視，突然對我說：「媽媽，我想當主持人，像陶晶瑩阿姨一樣做個很棒的女人。」

「妳的志向很棒，為了實現這個志向，妳要多努力喔！」

沒有志向的孩子不在少數，如果孩子不知道將來要做什麼，家長不妨給孩子暗示，「當老師可以整天與一群無憂無慮的孩子在一起」「當醫生可以幫助很多人」……如果孩子對這方面感興趣，自然會把它定為自己的志向，並會為了實現志向而努力。

第七章

熱愛學習的女孩

進入青春期後，女孩的身體及大腦各方面的發育就遠遠落後男孩。再加上對於自身的困惑以及外部關係的複雜化，例如與同學、父母、老師之間的關係等，女孩的精力會慢慢從學習中分離出來，因此此時會有很大一部分女孩會對學習感到力不從心。家長應該承認並尊重這個學習規律，盡力採取措施彌補這一規律對女孩學習所帶來的影響。

巧妙引導，讓女孩自然而然愛上學習

與男孩相比，女孩聽話、安靜、有耐心、坐得住的性格更適合學習，但是由於父母的引導方法錯誤，或父母的功利心太強，導致很多女孩在很小的時候就開始討厭學習。

父母常常會因為女孩應付學習的態度而著急，想要督促她，怕她不想上學；想要批評她，怕她產生自卑心理；放手不管，又怕她隨波逐流……因此很多家長都不由地發出這樣的感慨：教育女兒怎麼這麼難呢？

其實，**不是女兒難教，而是家長沒有用對方法，沒有激起女孩對學習的興趣**。曾有教育學家把女孩比喻成一匹溫順的馬兒，「我們能夠把馬帶到河邊去，卻不能強迫馬兒喝水」。同樣的道理，除非女兒有很強的學習興趣，她才會愛上學習、才會主動去學習。那麼，如何激發女兒的學習興趣呢？

將遊戲導入學習

不管是男孩或女孩，他們有可能討厭學習，但永遠都不會厭惡遊戲。如果父母能抓住這一心理，把遊戲導入學習之中，那麼學習一定也會變得像遊戲一樣有趣。

綺綺剛滿兩歲，媽媽就開始教她識字了，對此她從來沒感覺到厭煩，並且還學得津津有味。當然，這主要歸功於媽媽的教育方法。

這位媽媽在自己的日記裡這樣寫道：

有一天，我把幾張字卡隨手朝空中一扔，和女兒玩起了「幫字找朋友」的遊戲。我給出

「西」，她亮出「瓜」；她拿出「月」，我馬上給出「亮」。

一會兒，我又和她玩起「開商店」遊戲。「瞧！商店裡有很多『貨』。」說著，我把所有的字卡都收在一起。「現在妳來當店員，我來當顧客。」

「好啊，妳要什麼？」

「要買杯子。」

「給妳。」

「我要買毛巾。」

「好。」

這種遊戲非常適合剛剛學識字的小女孩，因為她們喜歡安靜的遊戲、喜歡用扮家家酒的方式扮演各種角色，對於這種寓教於樂的學習法永遠不會感到厭煩。

把學習當成一種獎勵

女孩渴望取悅父母，希望得到父母的表揚和鼓勵。因此，如果把學習當成一種獎勵，就會大大提高學習的積極度。

琳琳四歲時，最喜歡聽爸爸講故事，漂亮的白雪公主、會說話的魔鏡，還有七個可愛的小矮人……每當爸爸講故事時，都會拿著一本書。琳琳知道，爸爸的故事都來自於那本書。

一天下午，爸爸正在看報紙，琳琳問他：「爸爸，你能講個故事給我聽嗎？」

「當然可以，不過妳得把今天在幼稚園學到的那首兒歌唱一遍給爸爸聽，如果唱得好，爸爸就講一個故事。」

琳琳認真唱起來，雖然有好幾次都忘詞，但爸爸還是誇獎她，並講了一個很精采的故事。

漸漸地，琳琳不滿足於聽爸爸講故事了。故事就在書裡，如果自己認字，就不用總是要求爸爸講了。於是琳琳自己提出了識字的要求。

「我要自己看故事！」

「那妳就要學會識字。」爸爸說。

「教我。」琳琳興奮地說。

爸爸覺得現在也的確到了讓她學習識字的時候了，不過，如果只是教她認字，過一段時間她就會感到厭煩，還會把學習識字當成負擔。所以，他採用了另外一種方法：把教琳琳識字也當成獎勵。如果琳琳能夠按照約定收拾好自己的玩具、按時起床，得到爸爸的認可，就教她故事裡面的五個字；如果表現更好，就會獎勵十個字。

琳琳非常喜歡這種獎勵遊戲，因為，當她認識的字愈來愈多，就能自己讀那些童話書了。

隨著琳琳逐漸長大，爸爸的獎勵方式一直在變，從最原始的獎勵故事變成獎勵識字、獎勵查字典、獎勵一個數學原理、獎勵一種物理現象……但不管爸爸的獎勵變成什麼，有一點始終沒有改變，那就是琳琳對於學習這種「獎勵」的興趣始終如一。

對於為女兒的學習而發愁的家長來說，不如**把學習當作獎勵。因為，在這獎勵過程中，不但可以培養女兒的學習興趣，還讓她學會了付出與回報之間的關係**，學習了做家事，甚至還學習了等待和忍耐，這都是成長過程中非常需要的。

將「要她學」變成「她要學」

當女孩有了學習興趣後，不用父母催促，她也會主動去學習。但如何讓女兒對學習充滿興趣呢？做父母的應該學會吊女兒的胃口。

涵涵是個聽話的女孩，但就是不愛學習。她不像其他女孩一樣討厭數學，反而不愛國語，看到那些相似字就傷腦筋，更不用說讓她造句、寫日記、寫作文了。但聰明的媽媽卻懂得吊女兒學習的胃口，在她的引導下，涵涵最終還是愛上了學習，更重要的是再也不懼怕語文了：

一開始我也為女兒不愛語文而煩惱，但我發現要讓孩子喜歡學習，就要增加學習的神祕感，吊她們的胃口，這樣一來她們自然喜歡去學。

有一天，我買了一本《知音漫客》，津津有味地看了起來，被書裡詼諧幽默的故事逗得笑出聲來。女兒對此很納悶，最後終於忍不住好奇心問我：「媽媽，妳在看什麼書呀，這麼好笑？」我還是故意不理她，獨自享受閱讀樂趣。

女兒強烈的好奇心被激發起來，跑過來把我的書搶走。正如我所料，女兒很快就被這本書吸引了，也一邊看一邊笑，我趁機指著書上的漫畫對她說：「妳看，圖畫配上文字變得生動、通俗易懂，這就是語言的魅力。」女兒捧著漫畫書，愈看愈覺得好笑，漸漸喜歡上看漫畫。

之後，我幫她買了《幽默大師》、《唐詩宋詞》和《童話故事》，有些書還配有光碟，透過畫面和音效，整個學習過程變得輕鬆愉快。在不知不覺中，女兒對學習語文有了興趣，語文成績明顯提高。

當然，由於嘗到了學習的「甜頭」，其他科目的成績也不斷上升。

由此可見，父母的教育方法對孩子學習的影響有多大！因此明智的父母不要逼著孩子學習，而要想辦法激發孩子的學習興趣——將「要她學」變成「她要學」！

要讓孩子**喜歡學習**，
就要增加學習的神祕感，吊她們的胃口。

進入青春期，女孩不像小時候優秀？

很多家長一致認為，女孩愈大愈不好教，學習上更是如此。

一位養育過一對龍鳳胎的媽媽曾這樣說過：

上國中前，我的女兒樣樣都比兒子強。當兒子剛學會說話時，女兒已經能夠流利地講故事了；當兒子還熱中於玩警察抓小偷的遊戲時，女兒已經在專心地學識字，並且已經能夠背很多首古詩了；當他們上了小學後，常常因為兒子調皮，我們不得不去見老師，但同時也因為女兒的優異成績而讓老師們刮目相看。

但是，上了國中後，女兒因為學習科目的增加而顯得有些力不從心，也許因此開始討厭上學，甚至多次要求輟學。兒子卻大不相同，就像剛剛醒悟一樣，身體在迅速長高的同時，學習成績也直線上升。

我真為女兒著急，卻又不知如何幫助她，有時甚至懷疑：是不是每個女孩長大後，學習都會愈來愈差？

其實，這與女孩的發育規律有關。進入青春期前，無論身體或大腦，女孩的發育都比男孩快。女孩在兒童期還會表現出很多天賦，例如女孩的語言表達能力比男孩強得多；女孩的記憶力比男孩好；還有其他藝術天賦，如熱愛音樂、舞蹈等。

另外，女孩的優秀還與她們的天性「注重關係」有很大的關係。在很小的時候，女孩們就生活在關係的思維方式裡，能夠感覺到自己每背會一首古詩，父母就愈關注她，對她的寵愛也就愈多；學會一首兒歌、一段舞蹈，老師就愈關注她、愈喜歡她……因此，為了贏得父母、老師以及更多人的關注和喜愛，小女孩會努力去學習、記憶。

但是，**進入青春期後，女孩的身體及大腦各方面的發育就遠遠落後男孩。再加上對於自身的困惑以及外部關係的複雜化，例如與同學之間的關係、與父母之間的關係、與老師之間的關係等，女孩的精力會慢慢從學習中分離出來，因此此時會有很大一部分女孩會對學習感到力不從心。這也正是女孩愈來愈不優秀的主要原因。**

了解了女孩的這一學習規律後，家長們首先應該做的是承認並尊重這一規律，然後盡力採取措施彌補這一規律對女孩學習所帶來的影響。

別苛求女兒，父母別表現出著急的焦慮

對於敏感又注重關係的女孩來說，發現自己不像小時候那樣優秀，就足以讓她們產生很大的困惑了，如果此時父母們還繼續打擊她們：「妳怎麼愈大愈沒出息」「妳到底是怎麼了，還不趕快去看書」……只會使這些敏感的小女孩失去自尊，開始思考：「難道父母不愛我了嗎？」「難道我不值得父母愛了嗎？」

這些想法最終會產生兩種結果：一種是「既然父母不愛我了，我也沒有必要再努力了」，放棄繼續努力的欲望，從而自暴自棄；另一種是「既然父母不愛我了，我偏偏要他們關心我」，於是開始做壞事、上課搗亂等，如果仍然得不到父母的理解和尊重，女孩就會很容易走上歧途。

上了國中後，儘管瑤瑤比以前努力多了，但是學習成績仍然位於班級的中段。面對女兒的努力與回報不成正比，爸爸的心裡比誰都著急，但他從來沒有讓瑤瑤發現他的著急。

一天晚上，已經十一點多了，他看到瑤瑤房間裡的燈還亮著，便敲門進去，發現女兒還在做一道想了好久都找不到方法的數學題，便對女兒說：「瑤瑤，今天累了一天，大腦也該休息了，不如今晚早點休息，明天早上再想。早晨是一天之中大腦最清醒的時候，說不定到時候妳一下就想到解題的方法了呢！」

第二天早上，瑤瑤特意早起，確實如爸爸所說，很快就找到解題的方法。從此，瑤瑤改變了學習方法，早睡早起，每天早晨花一個小時來解決難題，尤其是那些很難的數學題。如此持續了一個學期後，學習成績大幅提升。

對於成績不再像小時候那樣優秀的女孩來說，父母與其跟她們講道理，不如告訴她們一種合適的學習方法。

父母的鼓勵是女孩努力的助力

對待任何事情，注重關係的女孩最先考慮的問題就是「別人怎樣看我」，尤其是「我最親近的人——父母怎樣看我」。所以，當她們不再像小時候那樣優秀時，最關注的是父母的態度。如果父母仍然像以前那樣理解和支持她們，就能成為她們繼續努力的最大助力。

十三歲的萌萌拿著成績單垂頭喪氣地回家，父母沒有直接問她成績，而是企圖讓她不再沮喪。然而沒有用，萌萌已經很努力了，卻沒有表現好，她很傷心，一連幾天心情都不好。

萌萌的媽媽決定找女兒好好談一談。這天，媽媽叫住了無精打采的萌萌，很關心地問她：「女兒，還在為考試而傷心？」

「是呀，我覺得自己已經很努力了。」一說起考試，萌萌的眼淚就在眼眶裡打轉。

「媽媽知道妳很努力，我相信老師也知道，但妳沒有必要如此看重成績，一次成績並不能說明什麼。」

「但是我怕下次還是考不好！」

「下次考得好不好在於妳是否繼續努力。媽媽告訴妳一個祕密，能否繼續努力正是成功者與失敗者之間的差距！」聽完媽媽這句話，萌萌不再垂頭喪氣，並且下定決心繼續努力。

父母的態度決定孩子的未來，聰明的父母知道如何、何時去鼓勵孩子，引導他們繼續鼓勵，而不是一味地指責、批評。

改掉各種壞毛病，建立良好的學習習慣

到了青春期，女孩的智力發育往往跟不上男孩，此時女孩的學習成績往往會明顯下滑。但是，如果女孩從小便養成許多良好的學習習慣，那麼成績下滑的幅度可能會小很多，有時甚至還可以避免下滑現象的產生。

然而，對於女兒學習方面的壞毛病，家長們總有說不完的抱怨：「真拿我們家的女兒沒辦法，她的注意力太容易分散了，本來在寫作業，窗前飛過一隻小鳥，她的注意力馬上就全部被小鳥吸引了。」「我家女兒已經上二年級了，因為粗心，導致成績一直不好。書上明明寫的是51，她偏偏會看成15；平時做作業不是忘了寫答案就是抄錯題。」「我的女兒很迷信老師和標準答案，根本就不懂得自己思考。有一次，我在她的作業本上發現一處錯誤，沒想到她竟然對

對於成績不再像小時候那樣優秀的女孩來說，
父母與其跟她們講道理，
不如告訴她們一種**合適的學習方法**。

我說：『老師就是這樣教的。』」

的確，在每個孩子的成長過程中，都會出現或多或少關於學習的壞毛病。但聰明的家長會巧妙地引導孩子改掉這些壞毛病，讓孩子養成良好的學習習慣。

培養專注、全心投入的好習慣

一位兒童教育專家曾說過：**「孩子必須先形成一種專心的習慣，才有可能在日後對自己的事業全心投入，不被其他事情干擾。」不管是女孩還是男孩，培養做事專注的習慣，都會對一生產生重大的影響。**

那麼，要如何讓女兒養成學習專注的好習慣呢？讓我們來聽聽一位十三歲女孩的想法：

我認為，專心聽老師講課很重要。課堂上，老師講課是一環扣一環的，有一環無法理解，課後即使花雙倍的時間也難以彌補。長此下去，就會愈來愈落後。所以我要求自己做到思路跟著老師轉。

舉個例子來說，有一次上課時，同桌搶走了我的鋼筆，當時我很生氣，真想跟她吵架，但又突然想起，聽課的思路不能打斷。於是，我盡量忍耐，沒耽誤聽講，也沒有影響別人。由於課堂上聽講效果好，我的學習成績一直很好。

這位女孩正是因為懂得專注的重要性，才產生極大的自控力，即使受到別人的故意打擾，也能使自己專心地聽老師講下去。因此，如果你的女孩有學習不專心的壞毛病，不妨把這個女孩的故事講給她講。

培養細心的好習慣

很多父母都抱怨自己的孩子馬虎、不細心，然而只要仔細觀察，就會發現孩子的粗心是有規律的：他們很可能會看錯相似字，卻能將英文的字母表倒背如流；他們可能會做錯計算題，應用題的解題步驟卻答得特別詳細。也就是說，粗心的孩子都是有「粗心點」的。

有一個女孩很聰明，卻很粗心。但是她的粗心「粗」得有意思，僅僅數學一科粗心，而且只在「計算得數」這樣的題目上出錯。當試卷發下來時，常常會出現一些莫名其妙的錯誤，驗算紙上的數字明明是0，抄在試卷上的卻是6。

從這個事例中不難看出，這個孩子最大的「粗心點」就是容易把數字看錯。她的媽媽知道這一點後，便這樣告訴女兒：「妳粗心的原因是每當看到數字時，腦子就打結了。怎麼辨呢？以後妳再遇到這樣的數字題時，先停一下，閉上眼睛數三個數，然後再睜開眼睛往下寫，這樣就不容易錯了。」

女兒按照媽媽教她的方法去做後，每次做作業時，因為粗心出現的錯誤少多了。

孩子的壞毛病並沒有家長們所想的那樣可怕和頑固，因此，**面對孩子的粗心，父母與其批評孩子，不如幫助他們找到問題的癥結，採取正確的方法幫助孩子解決問題。**

培養認真思考的好習慣

前蘇聯女英雄卓婭的母親在《卓婭與舒拉的故事》一書中寫了這樣一個故事：

卓婭的成績很好，雖然某些科目學得很吃力。有時候她做數學和物理學功課做到深夜，可是始終不讓舒拉幫助她。有很多次舒拉早已在準備第二天的功課了，可是卓婭仍然伏在桌上。

只要仔細觀察，
就會發現孩子的粗心是**有規律的**。

「妳在做什麼？」舒拉問。

「代數。算不出這道題目。」

「來，我算給妳看。」舒拉說。

「不用，我自己想想吧。」

半小時過去了，一小時過去了，舒拉生氣地說：「我去睡覺了！答案就在這裡。你看，我放在這裡啦！」

卓婭連頭也不回，舒拉揮揮手離開了。卓婭又做了很長時間，覺得想睡時就用冷水洗臉，洗完後仍坐在桌旁。答案就在旁邊，伸手就可以取來，但是，卓婭連往那邊看一眼也不肯。

第二天，她的數學分數得了優，這事並不使班上任何人感到驚異。可是，我和舒拉都知道這個優的代價是什麼。

這個代價就是付出努力專心獨立思考。聰明的父母在面對女兒的問題時，會啟發孩子去想，去分析，去運用自己學過的知識和經驗，看書，查參考資料等，讓孩子自己尋找答案。孩子在尋找答案的過程中，思考能力就會加強。

讓女兒學會獨自學習，為自己的事情負責

如果孩子實在無法獨立解決問題，父母可以示範，藉由請教他人、查閱資料、反覆思考等，讓孩子學習思考的方法，這對孩子的影響是非常大的。

人們常說女孩長大後解決問題的能力不如男孩，其實主要原因在於在女孩小時候，父母凡事都保護她、替她做，結果使女孩失去了嘗試的機會，開始什麼事情都依賴別人。

在學習方面也是如此，很多父母怕孩子做作業不認真，或是怕孩子作業出錯，便扮演起「家教」的角色，陪孩子寫作業，為孩子檢查作業。但是，正是家長這種行為，才會促使孩子做作業愈來愈馬虎、出錯率愈來愈高、成績愈來愈差。

巧巧的作業每次都得「優」，但在最近一次考試中，她竟然考了個不及格，看著滿是紅叉的試卷，老師找巧巧來談話。

在老師的引導下，巧巧說出了心裡話：「每天晚上做作業時我都想快點做完，因為只有做完了作業才可以上網、看故事書、看動畫。」

「那妳不怕作業出錯嗎？」老師問。

「不怕，因為媽媽每天都檢查我的作業，有小錯誤，媽媽都會發現。」巧巧自豪地說。

「那妳要是遇到很難的題目怎麼辦？」

「我想都不用想，告訴媽媽我不會做，媽媽就會告訴我。」

「那妳以後遇到類似的題目會做嗎？」

「遇到類似的題目，在媽媽的提醒下，我很容易就能做出來。但是沒有媽媽在身邊我就慘了，這次考試就是這樣，看著這些題目都很熟悉，就是想不起要用什麼方法。」

每一位家長的出發點都是「為孩子好」，沒想到結果卻害得孩子成績下降。

其實，家長們陪女孩做作業、為女孩檢查作業的壞處還不僅於此。孩子們都愛玩，為了盡快做完作業，以便去玩，很多壞毛病便從她們的作業中顯現出來，例如粗心馬虎、不認真思考

讓孩子自己**尋找答案**。孩子在尋找答案的過程中，思考能力就會加強。

問題、考慮問題不全面……但即使出現這些問題，女孩也不擔心，因為「反正爸爸媽媽會幫我檢查作業，大不了做錯了再改！」雖然現在看起來只是對待作業、對待學習的態度問題，但長久如此，女孩就會養成做事不認真、不負責任的壞毛病。

更可怕的是，家長陪女孩做作業、幫她檢查作業，將使本來依賴心就很強的女孩對父母更依賴，最後將失去自己思考的能力，變成一個沒有主見的女人。

所以，**如果不希望女兒變成沒有思考能力、沒有主見的女人，就從不要再陪她寫作業，也不要再為她檢查作業了！**

向孩子「示弱」

五年級的小茹非常羨慕同學們的作業每次都得「優」，便向同學們請教做作業的祕訣。當她得知同學們得優的祕密後，便纏著媽媽幫她檢查作業。

但是小茹的媽媽不想孩子依賴自己，便對她說：「媽媽上學時所學的東西跟你們現在所學的這些不一樣，妳的作業媽媽看不懂。」眼看向媽媽求救沒有希望了，她便去尋求爸爸的幫助，沒想到爸爸說：「老師打勾的這道題目爸爸不會做，這樣吧，爸爸正想繼續學習呢，要不妳每天教我一道題目吧？」

依賴爸爸的希望也破滅了，小茹只得老老實實地自己認真做作業。儘管她的作業並不是次次都得「優」，但學習成績始終在班上名列前茅。

不管是面對學習還是生活，對於依賴心比較強的女孩來說，父母應該學會示弱，當她們沒有依賴對象、沒有「靠山」時，自然會自己想辦法解決問題。

但是，在向女孩「示弱」時，父母一定要注意：雖然你幫不上女兒的忙，但一定要表現出關注的態度，如果讓女孩看出你是在應付她，她會很受傷的。

讓女兒學會獨自學習

小蓉上五年級了，學習成績一直很優秀。在家長會上，她的爸爸分享教育她的經驗：

從孩子上學開始，我從沒干涉過她的學習過程，只有告訴她：做作業要認真、不懂的要趕快問。有時候看到女兒因為作業做得不好被老師罵，回家後心情低落，我也很心疼。但我只是鼓勵她改正錯誤，而不是幫她檢查作業。

另外，我還鼓勵女兒獨立思考問題，並鼓勵她藉由自己動手查資料或做實驗來解決問題。一次我故意問女兒：「一杯滿滿的水，放進別的東西後水會溢出來，可為什麼把一條小金魚放到水裡，水卻不會溢出來呢？」

女兒覺得很奇怪，告訴我很多猜測：「是不是金魚的鱗有吸水的功能？或者水進入了金魚肚子裡一部分，所以就不會向外溢了？」

我沒有回答女兒，而是告訴她：「妳自己試一試不就知道了。」

女兒把一隻小金魚放到裝滿水的杯子中，水卻溢出來了，她很高興地對我說：「爸爸，你錯了，金魚放進去，杯子裡的水也會溢出來的。」就這樣，女兒的獨立思考能力和動手能力都特別強，我相信我的女兒將來走到哪裡都能憑自己的能力謀生。

新時代需要有能力的女性，但這些女性的能力由何而來呢？這與她從小接受的家庭教育有很大的關係。如果在女孩小的時候，父母就告訴她：「學習是妳自己的事情，妳必須對自己負

在女孩小的時候，父母就告訴她：
「學習是妳自己的事情，妳必須**對自己負責**。」
當認真成為一種習慣時，她就不會再依賴任何人。

責。」那麼她就會想到，如果對待作業的態度馬馬虎虎，會受到老師的懲罰。為了避免懲罰，她就會認真地對待作業。當認真成為一種習慣時，她就不會再依賴任何人。

提高女孩的學習能力，積極探索新事物

女兒長大後有什麼特長，取決於小時候父母讓她學習什麼。父母讓她學習音樂，即使女孩長大後無法成為歌唱家，但會始終保持對音樂的敏感度；父母讓她學習舞蹈，即使女孩長大後無法成為舞蹈家，至少能夠隨著音樂翩翩起舞；父母鍛鍊她的邏輯思維能力，即使長大後無法成為數學家，至少數學成績不會落後於其他人。

但是，無論家長讓孩子學什麼，她學到的僅僅是一種特殊的技術、一種特殊的本領，然而「授之於魚，不如授之於漁」，讓孩子學再多的東西，不如提高她的學習能力。

在現實生活中，女孩的學習能力有很大的差距。同樣是不會做飯的女孩，經過簡單的學習後，你會發現其中有些人學得特別快，而有些人卻學了好多次都學不會；同一類型的題目，老師已經講過很多次，但在考試時，有些女孩很容易地做出來，而有些女孩還是不會做。同一年級的女孩，年齡相仿，聽同一個老師講課，但成績卻有很大的差距，這說明她們的學習能力不同。

學習能力包括很多方面：接受新事物的能力、觀察能力、分析能力、動手解決問題的能力等。**兒童學家研究表明，孩子學習能力的高低，與她們小時候父母對她們的教育有關。**

孩子小的時候，如果父母積極地引導孩子去探索新事物，孩子接受新事物的能力就很強；如果父母從來不打擊孩子的好奇心，並對孩子感到好奇的事物同樣也表現出驚訝，孩子就會永遠都保持著好奇心，觀察能力和分析能力也會很強；如果父母從來不打擊孩子自己想辦法的欲望，孩子解決問題的能力就會很強。

提升學習的欲望

能力就像一粒粒種子，父母播種什麼，孩子就會收穫什麼。但不管父母讓他們學習什麼樣的本領，都不如讓他們學會如何學習。這也正是「授之於魚，不如授之於漁」所講的道理。

那麼，**家長應該如何讓孩子學會學習呢？——永遠不打擊孩子學習的積極性。**

在一所大學的宿舍裡，四個女孩子正在打撲克牌，另外兩個女孩因為沒有學過，只好當觀眾。但觀看了兩個小時後，其中一個女孩便自信地說：「我會了，我也參加。」當她們邀請另一個女孩也參加時，她卻不好意思地說：「看了半天，我還沒明白是怎麼回事呢！」

「同樣的起步、同樣的學習時間，為什麼兩個女孩的學習效果會有如此大差異呢？」六個讀心理學的女孩同時對這一問題產生了興趣。

因此，她們對這一問題進行分析、研究，最後終於得出了結論：她們從小所接受的家庭教育是引起這種差異的主要原因。

沒有學會打撲克牌的那個女孩，從小接受的家庭教育是這樣的：從小父母就以「淑女」的標準來要求她坐要有坐相、站要有站相，而且不允許她亂動東西、亂學東西。從小時候開始，她對任何新奇的東西都不感興趣、都沒有學習的欲望。

而那個很快就學會打撲克牌的女孩所接受的家庭教育則不同：從小父母就沒阻止過她的學習欲望，她拆過爸爸的手表、拆過媽媽的毛衣、「修壞」過家裡的小鬧鐘。她三歲的時候，忽然對天氣預報感興趣，父母便與幼稚園的老師溝通，讓她當起班上的「天氣預報播報員」。現在她對任何新鮮事物都感興趣，並且觀察能力、分析能力、自己動手解決問題的能力都很強，學習的速度也很快。

不要打擊女兒學習、探索的積極性，否則她的學習能力會很弱，甚至有可能完全失去學習能力。當其他同學詢問那個沒學會打撲克牌的女孩子：「在我們打撲克牌的過程中，我們看到妳也在學，但妳心裡在想些什麼？」這個女孩回答：「其實我什麼也沒想，打撲克牌對我來說是新接觸的事物，但我總找不到學習的興趣和欲望。」

家長們可以想想，當一個孩子對新鮮事物失去了學習的興趣和欲望有多可怕。即使考上了大學，但面對社會這個需要強大學習能力的大學堂，她是否還有能力順利地走下去呢？

不苛求不放縱，理智對待女孩的學習成績

家長們似乎永遠都對孩子的學習成績不滿意，孩子考第十名，他們希望孩子考第五名；孩子考第五名，他們希望孩子考第一名；孩子考第一名，他們希望孩子每次都考第一名。於是，每次考試過後，總會出現「幾家欣喜幾家憂」的情景。看著孩子的成績，有的家長對孩子又是表揚又是獎勵；有的家長對孩子卻怒目以待，不是批評就是打罵。

然而，家長這樣對待女孩成績的態度，會對女孩產生什麼影響呢？讓我們來聽聽這些女孩子的心聲：「與我相比，我的父母更愛分數。」「我覺得我就是為分數而活。」「如果父母再因為分數而不理我、懲罰我，我就決定自殺！」

多可怕的話呀，但這確實是女孩們內心的真實想法。孩子的學習成績重要，但成績並不是孩子的唯一。一位醒悟的父親說過這樣一件事情：

女兒的學習成績始終不怎麼好，每次考試後看到她的成績我不是罵她就是打她。有一次，她考得實在不像話，我很認真地「教育」了她一番。沒想到，女兒因此離家出走了。這時我才徹底醒悟，孩子才是最重要的。也正是在那時，我才意識到，成績是孩子自己的事情，我管太多了。從那次之後，我的心態一下就變了，忽然有種眼前一亮的感覺。後來，女兒考了全班最後一名，她沮喪地把這個消息告訴我，我能看出她已經做好等待「暴風驟雨」的準備。但是，我沒有打她，也沒有罵她，而是說：「太好了，這下妳沒有壓力了！」

女兒不解地看著我。我向她解釋：「考了最後一名，妳再也不用怕別人會超過妳了。但是，只要妳努力，就會很輕易超過別人。」

女兒聽了覺得很有道理，便對我說：「那我就努力試試吧！」

令我沒想到的是，女兒在下一次考試中竟然考了第十五名。這次我說：「太好了，從最後一名到第十五名，妳簡直太聰明了，爸爸從來都沒有進步這麼快過。」

下一次女兒竟然考了第五名，我對她說：「妳簡直太神了，爸爸太佩服妳了。」

再下一次考試，女兒考了第一名，這次我說：「爸爸媽媽從來沒考過第一名，我們真為妳感到驕傲。」從此之後，女兒的成績一直名列前茅。

孩子的學習成績重要，
但成績並不是孩子的**唯一**。

父母的鼓勵往往比打罵更具教育意義，這對於需要父母關注的女孩來說更加適用。當然，這並不是說每個學習不好的女孩都可以透過這個方法來提高學習成績，但因為女孩很注重人與人之間的關係，父母的責打會讓她自卑，甚至放棄學習；而父母的鼓勵則恰恰相反，她會認為父母關注她，對她抱有很大的希望，為了不讓父母失望她也會努力學習。

對於女孩的學習成績，父母要理智對待，要多鼓勵，少抱怨。但在鼓勵孩子的同時，還要讓孩子意識到，學習是自己的事，她不是為父母或老師而學習。只有意識到這一點，她才會有學習的動力。

對於成績不好的女孩，多關注健康和快樂

一位女大學生談起她的學習說：「是爸爸的鼓勵讓我考上了大學。」以下是她的經驗：

爸爸很忙，平時根本沒有時間管我的課業。有一次，爸爸偶爾閒下來，跟我聊天，最後說了一句話：「我這個爸爸當得不稱職，平時根本沒有管過妳的課業。其實爸爸也想管妳，但一則我很忙，二來我看妳很用功，就沒有插手。不過，妳在努力的同時，別搞壞身體呀！」

當時我正在讀國中，成績一般，平時想得最多的就是玩。但父親的這句話讓我覺得愧疚不已，同時又感受到了父親對我的信任。於是，就在那一刻起，我在心裡暗暗告訴自己：一定不能辜負爸爸的信任和關心。事實證明，我做到了。

對於一般的孩子來說，也許平常聽得最多的話就是：「快去念書！」「趕快寫作業！」因此他們會把學習當作一種負擔，進而討厭學習、害怕學習。

但如果父母換一種思維，讓孩子意識到學習是他們自己的事，然後多關注一點他們健康和

快樂，他們就能體會到父母的愛。例如多對孩子說：「學習很重要，但是不用這麼拚命，該玩的時候玩，該學的時候學，要把學習變成一件快樂的事。」「學習很重要，但身體更重要。」

多關注孩子的健康和快樂，同樣是對孩子的鼓勵。尤其是對懂事的女孩來說，這種態度會讓他們產生很強的安全感，會因為自己的努力而自豪、會因為父母的鼓勵而更加努力。

對於成績好的女孩，少驕縱

理智對待女孩的成績，不僅是針對成績不好的女孩，對成績很好的女孩也要理智。

很多父母常常會因為女兒成績好而給她們很多不理智的愛，例如女兒想要很昂貴的書包，父母毫不猶豫地去買；女兒因為成績好就目中無人，看不起同學，父母毫不在乎；女兒成績好就可以不做家事，甚至起床後自己的被子也可以不疊……

與男孩相比，女孩需要父母更多的愛與關注，但想讓女孩健康成長，父母的愛必須理智。成績好並不是目中無人、懶惰，甚至是為所欲為的理由。成績表現的是一種能力，謙虛、勤勞、尊重他人等又是另一種能力。父母不能只看重學習能力，而忽略了其他能力的培養。

提高執行力，制定並確實執行學習計畫

女孩需要把大的目標細化成很多小目標，體驗小目標實現的喜悅和成就感。但女性有一個共同的弱點：計畫的執行力不強。

與男孩相比，女孩需要父母更多的愛與關注，
但想讓女孩健康成長，父母的**愛必須理智**。

針對這一點，女性也許有很多的體會——雖然明白皮膚不保養會加速衰老這個道理，並為此訂出了皮膚保養計畫，如一週敷兩次面膜。也許是出於新鮮感，這個計畫持續了兩週，但後來卻以沒有時間、太麻煩等理由而把這個計畫改為一週敷一次面膜。到最後則完全放棄了這個計畫，並且還用「衰老是很正常」為由來說服自己理所應當地放棄這個計畫。

因為女性的這一弱點，我們的女兒對待學習也正是如此。

一位無可奈何的媽媽曾這樣說過：

我真拿女兒沒有辦法，我不停跟她強調學習的重要性，並且在我的幫助下一起制定了詳細的學習計畫。但計畫已經制定了兩個月了，她的成績不但沒有提高，反而一點點地下降。

一天，她拿著成績單要我簽字，我一看，她的成績又下降了五名，我很生氣地問她：「妳這段時間都在按計畫學習嗎？」

「計畫？」沒想到她竟然把學習計畫給忘了。看到我生氣的樣子，她馬上又補充道：「那個計畫我持續了一段時間，但沒有繼續堅持。」

我不敢罵她，更不敢打她，學習計畫對她也起不了作用，我真不知道該怎麼幫她才好了！

並不是學習計畫對孩子起不了作用，如果這位媽媽了解女性執行力比較差這一弱點，就不會感覺這麼無奈了。相反地，她會抽出更多時間、採取更多的措施來促使女兒執行計畫。

該如何讓女孩持續執行計畫？

把孩子的目標細化，鼓勵他們制定合理的學習計畫，是孩子有效學習的基礎。但對於女孩來說，父母還要採取其他方法提升女孩的執行力。

如何讓女孩學會堅持計畫呢？一位媽媽這樣介紹她的經驗：

我的女兒讀三年級，在我的幫助下，她自己制定了學習計畫。其實女兒的學習計畫很簡單，就是每天晚上把作業做完，然後複習一下當天所學的內容，最後再做一個簡單的預習。計畫執行的前兩天，不用我催，她會很快把計畫都完成，然後炫耀：「媽媽，妳看，我今天的計畫完成了！」

然而兩天剛過，女兒不僅複習、預習的步驟省略了，就連做作業都拖拖拉拉，每天都要熬夜。因此女兒常因為睡眠不足而上課打瞌睡，於是，我想出了一個好辦法。

我跟女兒約定，每天做作業的時間只有一個小時。於是，晚上女兒做作業時，就把鬧鐘調好。一開始女兒還是邊玩邊做，我沒有提醒她。一小時一到，鬧鐘就響起來，女兒大嚷道：「時間怎麼過得這麼快呀，我還有兩道題目沒做完。」說著向我投來求助的眼神，但是我裝作沒看到，毫不猶豫地說：「時間到了，不要做了，睡覺吧！」

第二天，我把女兒沒做完作業的原因告訴老師，老師也支持我的方法。當然，她因為女兒沒寫完作業而責罵她。這天晚上，我調好鬧鐘，女兒竟然在一開始做作業時就抓緊時間，效率明顯提高，不到一個小時就做完了作業。當然，剩下的那些時間，她就可以複習和預習了。

每個孩子都會制定學習計畫，但為什麼有的孩子學習很好，有些孩子卻學習很差呢？其實最關鍵的原因就在於他們是否認真地去執行。

因為女孩們普遍存在計畫的執行力不高這一缺點，所以在某種意義上我們可以這麼說：你的女孩是否有很好的執行力，決定著她成績的好壞，決定著她的未來是成功還是失敗。

把孩子的目標細化，
鼓勵他們制定**合理的學習計畫**，
是孩子有效學習的基礎。

讓女孩學會預習：掌握學習內容

到了青春期後，大多數女孩的學習成績都會走下坡。面對女孩這個學習發展規律，明智的家長會採取措施，幫助女孩向這一生理規律挑戰。

十歲的蘭蘭上課總是不帶課本，只聽老師講課，考試成績卻比認真做課堂筆記的同學要好得多。老師和同學們覺得非常奇怪。

有一次，老師到蘭蘭家裡去拜訪，這才發現了其中的祕密。原來，蘭蘭上幼稚園時，蘭蘭的父母就一直對她強調預習的重要性，並指導她正確預習，讓她養成課前預習的好習慣。因為每次課前都預習，上課時，蘭蘭不像其他同學那樣一邊看課本一邊聽老師講課，而是抬著頭認真地聽老師講課，同時，腦海中浮現出自己已經學過的內容，這樣一堂課聽下來，老師講的內容她就基本掌握了。回家再看一下課本，就完全掌握了。所以每次考試成績都很好。

大多數女孩長大以後智力都會落後於男孩，但如果從小讓她養成良好的學習習慣，不僅可以彌補她與男孩子智力之間的落差，而且這些好習慣還會促使她的成績比男孩子優秀。而在諸多習慣之中，課前預習直接決定了孩子掌握多少知識、孩子成績的高低。

預習是一個人自己學習的關鍵，只有會預習的人，才能漸漸培養自我學習的能力。

預習是一種非常好的學習方法，如果孩子能夠在課前做好預習工作，就能掌握將要學習的關鍵內容，提高學習效率和聽課效率。有效的預習能夠使孩子帶著問題聽課，對於不懂的內容會特別注意，如果發現老師講的和自己想的不一致，就會認真聽老師講解，直到弄懂為止。

對於安靜又聽話的小女孩來說，讓她們養成課前預習的習慣很簡單。但是家長也不要盲目強制她們去預習，一種好的學習習慣是在父母的教育技巧中慢慢形成的。

讓女兒對預習感興趣

小雅就要上小學一年級了，為了讓女兒從小養成課前預習的好習慣，爸爸對小雅說：「女兒，我們來玩一個遊戲好不好？」

小雅高興地說：「好呀，什麼遊戲呀？」

爸爸拿出一本書對小雅說：「爸爸聽老師說，妳最喜歡做數學題，爸爸要考考妳。」聽到要考考她，小雅更有勁了，說：「好呀，怎麼考呀？」

爸爸說：「現在我手裡有一本書，這是一本小學生看的書，不知道我們的小雅有沒有這個水準，能不能夠看懂這本書？」

小雅懷疑地看著爸爸，接過書一看，原來是小學數學課本。她順手就翻看起來了，裡面的內容還真吸引了小雅的注意力。

爸爸說：「這樣吧，妳每天看兩頁就可以了，看完後，爸爸再給妳出幾道很難的題目，非把妳難倒不可。」

「那可不一定，爸爸，我們走著瞧吧！」小雅不服氣地說。

後來，小雅漸漸開始預習起國語等其他課程，養成了預習的好習慣。

孩子剛開始學習預習時，內容不要太多，最好選擇一兩門比較弱的科目進行。在獲得一定的經驗以後，如果時間允許，再對其他的課程進行預習。

預習時不懂是正常的！只需先標記出來！

在預習的過程中，肯定會碰到一些不懂的問題，這時，父母一定要告訴孩子：不懂是很正常的，帶著問題去聽課，收穫才會更多。

當然，父母還要建議孩子製作一套預習符號，比如「？」表示疑問，「～～」表示不太清楚，「△」表示不懂的詞語等。

製作好預習符號後，父母要教孩子採取合適的預習方法。比如，先通讀全文，邊讀邊畫出生字和新詞語，看看字形，想想意思，遇到不懂的在課文旁邊打上問號；然後，對於自己不太明白的內容加強學習，還不明白的，就用自己設定的符號表示出來，在老師講解的時候認真聽，直到弄懂為止。

這種方法會讓學習變得比較輕鬆，不再因為聽不懂老師講的內容而沮喪，進而討厭上課。

預習、寫作業、複習，該怎麼安排？

預習的時間是不是愈長愈好呢？

答案當然是否定的。那麼，家長應該如何教孩子處理預習、寫作業、複習之間的關係呢？

一位媽媽這樣介紹她的成功經驗：

要讓孩子處理好這三者之間的關係，父母首先就應該讓孩子有時間觀念。

女兒每天晚上五點放學，五點半回到家後，她會先複習一下這一天所學的內容，大約半小時後，我們就開飯了。吃過飯後，女兒先看半小時的卡通，然後開始做作業，做作業大約需要一個小時左右。最後再花半小時預習第二天的學習內容。

我對女兒的要求是：寧可做不完作業，也一定要複習；寧可不能預習，也一定要把作業做完。其實，當女兒有了時間觀念、熟悉並掌握了這一流程後，每次把這一流程完成。

當孩子準備預習時，父母要告訴孩子，預習的主要目的是掌握基礎性的知識，熟悉教材，在聽課時能夠有目的性和針對性。對於一時看不明白的問題，可以做個記號，留到課堂上認真聽老師講解，不需要將所有問題都在預習中弄懂，否則太浪費時間，無法達到好的效果。

讓女孩學會複習：保持優異成績

與預習一樣，複習同樣是女孩保持優異成績的「致勝法寶」。距今二千五百多年前的孔子就已經意識到複習的重要性了，如「學而時習之」、「溫故而知新」。一個善於複習的女孩，往往能夠學到其他人無法學到的知識，比其他人更優秀。

丹丹剛上國中就開始住校了，宿舍裡一共有六個女生，丹丹是她們宿舍、全班同學中學習最好的一個。對此，宿舍的同學都很納悶：「我們每天和丹丹一塊起床、一塊上課，為什麼她的成績比我們好那麼多呢？而且晚上她回到宿舍後就睡覺，難道她就是傳說中的天才？」

在一次班級經驗交流會上，那些女孩心中的疑團終於解開了。原來，丹丹成績之所以這麼優異，關鍵就在於她晚上的「睡覺」。當同宿舍的女孩還在嘰嘰喳喳地聊天時，丹丹便早早地躺在自己的床上，回憶這一天所學的內容。當然，在這個過程中，她會發現很多問題、留下很

預習的主要目的是掌握基礎性的知識，熟悉教材，
在聽課時能夠有**目的性和針對性**。

多疑惑，但她不急於解決，而是等到回憶結束後，拿著書去廁所的燈光下看上兩眼，這樣一來，一天所學的內容都被她消化、吸收了，她才會回到床上睡覺。不用費太多的精力，她便成為了班上學習成績的遙遙領先者，這主要歸功於她的「回憶式複習法」。

複習是學習的重要環節，可以鞏固、加深和充實學過的知識，使它們更加條理化和系統化。複習還可以加深孩子對知識的深入理解和掌握，並提高對知識運用的技巧，進而使知識融會貫通，舉一反三，使知識真正為自己所有。

讓女兒了解「遺忘曲線」，掌握最佳記憶時間

菱菱剛學英語時，總認為自己記憶力好，老師講一遍便可記住，回家後從來不複習。一次測驗後，菱菱垂頭喪氣地拿著不及格的試卷回家，媽媽看著女兒無精打采的樣子，馬上明白是怎麼回事。但她沒有批評菱菱，而是耐心地說：「妳知道為什麼會不及格嗎？」

「不知道。」菱菱不耐煩地搖搖頭。

「因為妳沒有聽科學家的話。」媽媽認真地說：「妳還記得媽媽給妳看的那幅人的遺忘曲線圖*嗎？科學家說，人的遺忘規律是「先快後慢」的。也就是說，如果今天學的英語單字今天晚上及時複習，妳會記得特別牢固；但如果妳等到明天晚上，或者是更晚的時候再複習，想記住它們將會十分困難。妳想想小時候背古詩的經驗，科學家說得是不是很有道理？」

菱菱仔細想了想，媽媽說的確實很有道理。因此，菱菱養成了每天晚上複習的好習慣，從那以後，不僅是英語成績，整體成績都突飛猛進。

如果你的女兒不喜歡複習，不妨把遺忘曲線圖拿給她看，讓她明白複習的重要性。

注*：赫爾曼・艾賓豪斯（Hermann Ebbinghaus，1850-1909）是第一個用實驗方法研究記憶衰退的心理學家。在1885年的實驗報告提到：如果學習後一小時沒有複習，只會記住44.2%；一天後剩下33.7%；一個月後只剩下21.1%。之後還根據數據繪製出遺忘曲線。

當然，要引導孩子複習，家長們還應該注意，孩子複習的時間不能過長，反覆的次數也不要過多，不然會使孩子產生厭倦的情緒，影響複習的效果。

另外，複習的時間應該合理安排，做到側重重點和難點問題，兼顧其他問題，同時，讓孩子交叉複習文科和理科，這樣，可以讓孩子有張有弛，提高複習效果。

選用恰當的複習方法

按照遺忘先快後慢的規律，孩子在記憶或學習了一些內容後，應在當天或第二天抓緊一切可以利用的時間複習。因此，首先應該要求孩子及時複習，避免知識很快被遺忘。

具體的複習方法很多，包括閱讀、背誦、做各種練習以及動手操作等。具體採取哪一種方法應該根據孩子的不同偏好進行，有些孩子偏好視覺記憶，複習的時候就以默讀為主；有些孩子偏好朗讀記憶，複習的時候就以大聲朗讀為主。

值得注意的是，不同的科目採用的複習方法也不一樣，應該讓孩子針對不同的學習內容採用不同的複習方法，例如：英語語法的整體性、連貫性比較強，父母可以建議孩子採用集中複習的方法，即把所學的內容放在一起複習；語文詞語、英語詞彙的記憶等內容比較分散，家長可以建議孩子採用分散複習的方法；數學、物理等科目的思考性較強，父母可以建議孩子採用習題的形式加強鞏固。

同時，要讓孩子學會根據實際條件採用不同的複習方法。比如在一段較短的時間內，可以運用分散複習的方法，學習一些連貫性不強的內容；如果時間和環境比較好，沒有干擾，就可以對整體性、連貫性較強的內容進行複習。

複習的時間不能過長，反覆的次數也不要過多，不然會使孩子產生厭倦的情緒，影響複習的效果。

注意運用複習的技巧

在複習的過程中，父母可以教給孩子一些複習的技巧。例如，複習時：

首先，加強前後知識的連貫性，應該把每天所學的知識納入已經學過的知識體系中。

其次，是運用一些提綱和圖表來促進複習的條理化和系統化，例如讓孩子把數學公式整理出來，看看其中有什麼關聯，這樣有助於全面掌握公式，靈活運用公式來解題。

第三，是讓孩子學會結合回憶與複習，即讓孩子先盡量回憶已學內容，回憶出來的表示還能記住，記不住的就去翻書複習。例如讓孩子背一篇課文，孩子讀幾遍後，就讓他合上書，從第一句開始回想，實在回想不出時再翻書。

一位媽媽介紹了她教女兒複習的方法：期末考試前，女兒正在為複習而傷腦筋，看著女兒一會兒翻翻這本書、一會兒翻翻那本書，我知道這樣是無效的。於是，我先讓她回想一下學期所學內容的大標題，想不出來時再看書。然後，看著書的目錄回想每個標題下的主要內容，這樣一來，女兒便很快知道哪些內容是自己已經掌握的，哪些內容還需要加強複習了。

因為掌握了複習的方法，每次考試前女兒都特別有自信，還經常對我說：「媽媽，妳的複習方法真棒，有了它，月考、期中考、期末考等一切大考、小考我都不怕了。」

讓數學不再是女孩的「痛」

提起數學成績，很多家長都會搖著頭說：「數學終歸是女孩子的弱項，我已經不指望女兒的數學成績了。」

的確，**女孩的邏輯思維能力確實不如男孩，學起邏輯性比較強的數學來確實有些困難**。但事實上，女孩的邏輯思維能力需要父母從孩子小時候就去引導、去開發。

正在讀高中的蕾蕾的數學成績很棒，每次考試，數學成績在全年級都名列前茅。同班的女生都很好奇，同為女生，為什麼她的數學成績這麼出色呢？原來，蕾蕾喜歡學習數學等理科，與媽媽從小對她的教育有很大的關係。

在蕾蕾很小的時候，和其他孩子一樣，也是用鉛筆寫字的。有一次無意中看到母親用鋼筆寫字，非常好奇，便也要用鋼筆寫字。她的媽媽沒有像一般的媽媽那樣斥責孩子「小孩子用什麼鋼筆呀！」而是給了小蕾蕾一支舊鋼筆讓她自己看看鋼筆和鉛筆有什麼不一樣。

在媽媽的鼓勵下，蕾蕾把那支舊鋼筆拆開了，她覺得裡面的結構很有意思，反覆摸索後終於了解鋼筆寫字的原理，還學會了自己幫鋼筆灌墨水。後來，家裡的收音機壞了，蕾蕾就把它拆開來研究。爸爸的手表壞了，蕾蕾也把它拆了做研究。久而久之，蕾蕾的空間想像和邏輯思維能力愈來愈強。

現在，面對那些複雜的數學公式和繁瑣的立體幾何，很多女生都會皺著眉頭說：「這太複雜了！」但蕾蕾卻說：「這像我兒時的遊戲一樣有趣！」

誰說女孩天生學不好數學，蕾蕾的事例不正是對這個觀點的有力反駁嗎？女孩的邏輯思維能力、空間立體感確實不比男孩，但如果在她們小的時候，父母就有意識地去培養她們這方面的能力，那麼高級代數、立體幾何等對她們來說，就像蕾蕾所說的那樣：這些都像我兒時的遊戲一樣有趣。

女孩的**邏輯思維**能力需要父母從孩子小時候就去引導、去開發。

告訴女兒：妳能做到！

女孩子是很容易放棄的，因此當女兒畏懼數學時，家長可以接受她的情緒，但一定要告訴她：妳不是天生的弱者，男孩子能做的事情，妳也一定能做到。

一個五年級的小女孩在自己的日記裡這樣寫道：

這次我的數學成績又沒有考好，我真的懷疑自己是不是太笨了，沒有能力學好數學。我都有點想放棄數學了，但媽媽說我不是天生的弱者，男孩子能考好，我也一定能考好。媽媽還幫我把試卷分析了一遍，這時我才發現，試卷上好多做錯的題我都會做，並且能夠很快做對，是我太緊張了，一聽到數學就害怕，所以每次數學都考不好。

後來，我仔細想想又發現，我確實很有可能超過班上數學好的男生。因為他們太馬虎了，而我做題很仔細。因此即使特別難題我做不出來，但只要夠細心，我絕對能超過他們。

是媽媽的鼓勵讓這個女孩重新燃起了對數學的希望。雖然女孩沒有男孩那樣強烈的競爭心理，但也不甘落後於他人。所以家長的激勵和鼓勵是她們保持信心的有力武器。

另外，女孩學不好數學往往有很多原因，可能是考試時緊張、或者一聽數學就害怕、或者馬虎、或者……唯有幫她們找到數學考不好的原因，才能有效提高她們的數學成績。

慢慢引導女兒探索數學規律

很多數學題都是有規律的，如果父母能夠引導女兒自己探索數學的規律，她對數學的興趣絕對一發不可收拾。

在瑗瑗小的時候，爸爸就經常出數學題給她做，但瑗瑗爸爸出的數學題往往與別的家長不一樣，不會問女兒「1+2=?」，而是問女兒哪兩個數相加等於3。這意味著什麼呢？這意味著培養孩子的逆向思考能力，同時幫助孩子去探索數學的規律。

一天，爸爸給瑷瑷出了這樣一道題目：「哪兩個數相加是10？這樣的算式共有幾個？」

瑷瑷馬上寫出了答案：「0+10，1+9，2+8，3+7，……，10+0。」

爸爸又問他：「女兒，妳真聰明，妳看看能從它們中間找到規律嗎？」

瑷瑷看了一會，驚奇地說：「如果我把0到10都一字寫開，對稱的數位相加，它們的和都等於10，那我就能很快地知道哪兩個數相加等於11、相加等於12……相加等於100……」從那一刻起，瑷瑷喜歡上了做數學題。

其實，任何一個人學數學都是這樣，當他解出一道很難的題目時，往往會產生很大的成就感，而這種成就感便成為愛上數學的理由。對於對數學沒有太大興趣的女孩來說，家長應該引導她去探索數學規律，讓她自己體會數學規律的奇妙性。當她真正體會到這些時，便會對數學產生濃厚的興趣。

從分析、判斷、推理，漸漸培養女孩的邏輯推理能力

邏輯思考能力指的是從已知的條件判斷未知的結果，並懂得分析、判斷、推理，能說出得出結果的原因依據。數學是最好的培養孩子邏輯推理能力的工具，孩子的邏輯推理能力愈強，數學成績就會愈高。

那麼，家長應該如何培養女孩的邏輯推理能力呢？

一位爸爸介紹了他的經驗：一天，我幫女兒瞳瞳買了一個小天平。回到家後，她忽然心血

數學是最好的培養孩子邏輯推理能力的工具，
孩子的邏輯推理能力愈強，數學成績就會愈高。

來潮想稱一盆水的重量，但天平太小，根本沒辦法稱。

於是，我引導她：「一盆水的重量沒辦法稱，但一杯水的重量是可以稱的。」

女兒看看那滿滿一盆水，又看看小天平和她刷牙的杯子，忽然興奮地對我說：「爸爸，我只要知道這盆水裡有多少杯水就好了。」

就這樣，女兒在廁所一邊忙，嘴裡一邊說著：「這盆水一共可以裝十杯水，一杯水五十公克，這盆水一共五百公克。」

如果每位家長都能像故事中的爸爸一樣引導女兒去分析、判斷、推理，那麼女孩的邏輯思考能力肯定會很棒，並且因此而愛上數學。

讓女兒成為小小文學家

大多數的女孩天生就具有語言天賦，她們能說、會說、愛說，因此有很多家長會說：「我女兒將來寫作文肯定會很棒！」

真的是這樣嗎？女孩有語言天賦就說明她能寫好作文嗎？

答案當然是否定的。**說是一種思維，寫又是另一種思維。只有靠家長的正確引導，女孩的語言天賦才會變成寫作的優勢。**

一位媽媽曾介紹過她的經驗：

我的女兒從小就愛說話，是一個小演說家，而我和她爸都是忠實聽眾。我想，如果把她所說的這些話稍微再加工一下，就是一篇很好的文章，為什麼不試著讓她把這些寫下來呢？

有天女兒放學回家，又開始跟在我的後面滔滔不絕地說個不停，說老師今天稱讚她了。當女兒的「演說」告一段落後，我對她說：「女兒，知道嗎？妳剛才所說的那段話如果再加工一下，就是一篇很出色的作文。如果妳把它寫下來後去投稿，說不定還能在報紙上發表呢！」

女兒一聽到可以在報紙上發表，馬上興奮地說：「媽媽，我現在就去寫。」

但當女兒寫完後，我一看，她只寫了一百個字左右，很多精采的內容都省略了。

「老師讚美妳時，妳的心情如何？」我問她。

「我心裡緊張極了，像敲起了咚咚的小鼓。」

「這不是說得很好嗎，妳為什麼不把它寫到文章裡呢？」

「要是都寫出來就太多了，再說，當我寫的時候，我又忽然覺得沒那麼多話可說了。」

「寶貝女兒，這就是說與寫的差距，如果妳希望自己的文章能發表在報紙上，必須從現在開始就練習寫作，妳願意嗎？」

「我願意！媽媽，每次我寫之前，我先跟妳講一遍，然後再寫，到時候妳再幫我對照，是說得好還是寫得好！」

經過一段時間的鍛鍊，女兒「寫」的能力大大超過了「說」的能力。

的確，說是一種思維，寫是另一種思維。說的時候，邊想邊說，思維比較連貫，所以往往有聲有色。但是由於寫字速度較慢，寫完一句後，再回來思索，就缺乏連貫性；再加上由於寫字慢，不願意寫得太多，所以往往會造成說與寫的脫節。

隨著女兒年齡的增長，這種狀況就會慢慢得到改善。但要培養孩子的寫作能力，還需家長有意識地引導孩子把語言天賦轉變成寫作的優勢。當然，**對於初學寫作的女孩，家長千萬不要要求她寫的和說的內容完全一樣，這有悖女孩的思維規律。**

激發女兒對寫作的興趣

不管做任何事情，唯有使孩子對這些事情感興趣，他才有可能把它們做好。讓孩子學寫作更是如此。

小玉小的時候，媽媽就有意識地讓她看《安徒生童話》，現在小玉剛上一年級，就這樣對媽媽說：「媽媽，安徒生是我的偶像，我也想像他那樣寫書。」

「安徒生從小的時候就喜歡寫作，妳也可以像他一樣從現在開始寫呀！」

「可是我不會寫字怎麼辦？」

「妳現在不是學注音了嗎，把妳想寫的話用注音寫在本子上，寫滿了就是一本書呀！」

「太好了！我要寫我們的小金魚在水中自由自在地游泳，小白兔鬧肚子在沙發底下拉便便，小松鼠為了磨牙把媽媽的褲子啃了個大洞。」她指著家裡養的各種小動物說著。

於是，在《安徒生童話》的影響下，小玉開始用注音記錄周圍的一切以及自己的生活。她的作品有些發表在兒童類的報紙上，當然，這一切又促使她對寫作的信心愈來愈堅定了。

興趣是最好的老師。每個孩子都不是天生的文學家，想要讓孩子寫的能力出色，家長就要在他們小時候引導他們對此感興趣。當然，也沒有孩子天生就害怕寫作文，因為在孩子的世界裡，沒有能與不能，只有想與不想。如果父母了解這一點，就不會逼迫孩子天天記日記了，而是會把寫作變成孩子描繪童年生活一件最有情趣的事。

讓你的女孩學會「添油加醋」

在學校裡，很多老師用續寫故事的方法讓孩子鍛鍊想像能力和寫作能力，家長也可以把這個方法運用到對孩子的家庭教育。

一位媽媽對此很有經驗：一天，孩子一放學回家就對我說：「媽媽，今天我學了一個成語叫『胸有成竹』。講的是做事情要有十足的把握，才能成功。」

「那妳知道這個成語還有一個故事嗎？」

「不清楚，妳講給我聽吧。」

「好吧，不過這個故事不是由我自己來講，而是由我們倆合作。我只說開頭和結尾，妳來講故事的過程。」

於是，我告訴她，宋朝有一位著名的大畫家文與可，他擅長畫竹。文與可日復一日、年復一年地畫，終於畫出了栩栩如生的竹子。他的朋友為他題詩：「與可畫竹時，胸中有成竹。」

「該妳了，妳要講講文與可是怎樣日復一日、年復一年地作畫的。」

女兒想了想，講道：「春天，竹子破土而出，好奇地望著這個嶄新的世界。葉子顏色翠綠，小葉子滑滑的，無數個雨滴在上面溜滑梯。夏天，竹子變得又細又長，葉子也從莖上抽出，連接處透露出一絲絲新綠。文與可大汗淋漓，臉都晒黑了，可他仍堅持觀察。秋天，竹子飽經風雨，葉子漸漸落了，文與可在瑟瑟秋風中繪畫。冬天，文與可每天都要出門觀察……」

這下，小女孩的敏銳的觀察力就派上用場了，當然如果上述事例中的小女孩沒有仔細觀察過竹子，下次再與父母去公園時，她一定會認真觀察的。

這種「添油加醋」補充法不僅適合用於指導孩子描寫具體事物，還可以引導孩子補充故事

人物的內心想法等。這樣既調動了孩子的生活體驗，又體現出孩子豐富的想像、開闊的視野，還能引導孩子從細節著手，寫得具體而生動。

在遊戲中引導女孩發揮語文天賦與想像力

想像力是決定孩子寫作水準的重要因素，因此聰明的家長會抓住時機引發孩子的想像力。

貞貞看完動物世界後說：「爸爸，燕千鳥好勇敢！竟然敢到鱷魚嘴裡去找食物吃。」爸爸看著女兒驚訝的表情突發奇想，說：「女兒，我們來演一段話劇吧！就演燕千鳥到鱷魚嘴裡去找食物的故事。」

「好呀，我扮演勇敢的燕千鳥。」貞貞興奮地說。「我是一隻燕千鳥，別看我個頭很小，可是我非常勇敢。你聽說過鱷魚嗎？牠十分兇猛，就連幾百公斤重的大野牛也能吃掉。你可別以為這和我沒有什麼關係，其實關係大著哩！」女兒披著床單假裝翅膀，翩翩起舞。

「哎喲，我的牙好痛呀！只吃了三隻羚羊，怎麼又塞牙了?!」爸爸扮演鱷魚配合貞貞。

「好朋友，我來了，幫你剔剔牙！看，我多勇敢。人們都不記得我叫什麼名字了，乾脆叫我『牙籤鳥』。我要走了，要去別的鱷魚嘴裡去找食物了！」

戲演完後，爸爸要求貞貞把剛才演的戲寫成「劇本」。

小女孩天生愛扮家家酒，在扮演喜歡的角色的過程中，她們的想像力能夠任意馳騁。因此，父母要扮演好女兒的玩伴，配合她們演戲，讓她們的語言天賦和想像力在遊戲裡淋漓盡致地發揮出來。當然，如果父母把握好時機，讓女兒把她們所演的戲寫出來，對於提高女兒的寫作能力來說，絕對是很好的鍛鍊機會。

讓女孩輕鬆學好英語

與男孩相比，女孩在語言上表現出很明顯的天賦，除了母語說得很流利之外，對於第二外語英語似乎也不像男孩那樣懼怕。也正因如此，不論是在小學還是中學，女孩的英語成績往往比男孩好。

然而，並不是所有的女孩都喜歡學英語，也並不是所有的女孩英語成績都很好。而有時，這往往與父母強烈的功利心有很大的關係。我們經常會聽到家長這樣教育孩子：「妳怎麼這麼笨呀，我像妳這樣大的時候都能和外國人對話了」、「別的女孩的英語成績都很好，妳怎麼就考這麼幾分」、「看人家小靜都能用英文講故事了，妳怎麼連這幾個單詞還學不會」。

事實上，**任何一個人學習語言都有「靜默期」，就像小孩子剛出生其實就具備發聲能力，但他們要到一歲多才開始咿咿呀呀地說話一樣，必須經過一年多的「輸入」才會有「輸出」**。所以，孩子學習外語，父母的心態首先要理智。如果家長的功利心太強，盲目地與其他孩子比較，只會使孩子學英語的積極性大受打擊，從而討厭學英語。

如果你的女孩很喜歡學英語，並且英語成績也很好，那麼以下的方法將能幫助她的英語成績更上一層樓；如果你的女孩很不喜歡學英語，成績也不是很理想，那麼以下的方法將能幫助她們愛上英語，提高英語的學習成績。

養成有效的學英語習慣

習慣是一種巨大而持久的力量，許多重要的事情正是靠習慣的力量去完成的。在女孩學習英語的過程中，養成良好的學習習慣，能促使她的英語整體能力大大提高。

首先，要讓女孩養成認真聽、耐心聽的習慣。先用心聽CD，聽準了、聽會了，才跟著學說。如果剛開始聽就急著跟著說，會使孩子對CD產生依賴，沒有了CD，就什麼都不會說了；也不要聽不準就跟著說，這樣不利於提高聽力，也會使她的口語表達不流利。

其次，家長要鼓勵別害羞，大聲地朗讀出來、勇敢地與別人對話，這樣不但有利於鍛鍊口語，當她的發音、語法出現錯誤時，也能及時發現並糾正。

再來，家長要鼓勵女孩大膽地實際做出動作，例如孩子在讀「鼻子」這個詞時，可以要她去摸摸鼻子。人們的語音語言和身體語言是相輔相成的，做動作可以說明女孩理解語言，表達語言，也有助於記憶。

讓你的女孩當老師

沛沛的媽媽從小就幫她報名英語班，因此當沛沛上學後開始接觸英語時，就學得很輕鬆，而且成績非常好。

正因如此，沛沛對自己的英語很有自信，每次放學回家跟父母說的第一句話肯定與英語有關：「媽媽，我們英語課今天學了……」「奶奶，我來教妳英語吧！」沛沛的父母看女兒對英語如此有熱情，便想出了一個好辦法延續這份熱情。

週末時，他們在家裡開設了「英語輔導班」，「老師」是沛沛，「學員」是爸爸、媽媽、奶奶。後來因為沛沛的「輔導班」名聲遠播，連鄰居家的小弟弟也參加了，大大加強了沛沛「教學」的動力。在這個教與學、學了又教的過程中，沛沛的英語成績在全校一直名列前茅。

無論女孩的英語成績是好是壞，**只要家長在合適的機會向女孩請教難度適中的問題，都會提高她學習英語的興趣和認真學習的程度**。所以，家長們不妨創造機會，讓孩子當「老師」，例如教奶奶學英語、教小妹妹小弟弟學英語等，這些都能激發女孩學習的積極性。

當然，如果家長的英語也不好的話，只要有信心和女兒一起學習，對女孩來說就是一個很大的鼓勵，同時也會增強她學習英語的信心。

多為女孩創造英語語境

由於不處於隨時說英語的環境中，即使孩子有語言天賦，學起來也會很困難。因此，在日常生活中，父母要多為孩子創造英語語境，例如讓孩子多聽英語兒歌、多看英語動畫等。

如果父母有一定的英語水準的話，不妨增加與女兒用英語對話的機會。這樣一來，即使你的女兒一開始很不適應，但等她們慢慢適應了，對於學習英語將有很大的幫助。

惠惠學英語已經兩年了，說話時經常冒出英語單字：「媽媽，我要吃apple!」「爸爸，我需要你的help!」惠惠的父母也開始用英語與她對話，沒想到這令她很反感：「我聽不懂外國話，請說中文。」為了保護女兒學習英語的興趣，他們尊重女兒這個要求，但也跟女兒一樣，偶爾就會冒出幾個英語單字。

有一次，惠惠生病了，媽媽買了些蛋糕給她吃，當媽媽把蛋糕拿給她時，故意逗她說：「惠惠一看到蛋糕，眼睛都變大了。」

沒想到惠惠聽到後，馬上說：「惠惠look cake，眼睛怎麼說？」

「Eye.」

父母要多為孩子創造**英語語境**，
例如讓孩子多聽英語兒歌、多看英語動畫等。

「惠惠 look cake，eye big.」

媽媽意識到女兒正在造句，於是便說：「惠惠 looks at cake，eyes turn big.」並讓女兒跟著說一遍，接著再趁機說：「惠惠學習英語這麼積極，獎勵妳一塊大蛋糕。」

嘗到了學英語「甜頭」的惠惠說：「媽媽，不如我們以後用英語對話吧，這樣就能學到好多單字呢！」

自然，惠惠的英語從來都沒有讓父母操心過。

如果父母能夠時常與孩子用英語溝通，不僅等於為孩子創造了學習英語的環境，還能大幅提高孩子學習英語的積極度。

第八章

引導女孩順利度過青春期

女孩從十到十二歲起開始進入了青春期，這段時期，既是女孩身體的急速發育期，也是家庭教育的關鍵期。

小時候的女孩需要父母關注她的一舉一動，長大後需要父母給予關注及一定的自由空間；小時候的女孩需要父母對自己的表現做出評價，長大後則希望父母理解她們的行為和情緒。想要讓孩子健康成長，父母要在了解孩子心理的前提下，尋找最適合青春期女兒的教育方式。

青春期女孩更需要父母的關注

人們常說，不管男孩或女孩，青春期是他們最容易變壞的時期，女孩的家長對這一說法更深信不疑。青春期女孩的父母常常會發出這樣的疑問：女兒長大了怎麼就像換了個人一樣呢？以前那個有禮貌的女兒不見了，現在她嘴裡動不動就會冒出一串髒話；以前那個活潑、可愛的女兒不見了，現在她不愛動、不愛說話，而且稍微不滿意就會掉眼淚；以前那個文靜、善解人意的女兒不見了，現在她常常會亂發脾氣，而且動不動就甩門；以前那個什麼事情都和自己說的女兒不見了，現在她有了心事常常會憋在心裡，甚至連日記本都上鎖了。

是女孩真的變壞了嗎？讓我們來聽聽這些女孩的心聲：「班上的女孩都喜歡說髒話，她們好酷，我也要學她們！」「有一天洗澡的時候我發現胸部突然鼓起來了，穿衣服也遮不住，醜死了！這可怎麼辦好呢？我好煩！」「最近總是感覺很煩，老師看我不順眼、爸媽老是指責我，最好的朋友也不理我了，我覺得整個世界都拋棄我了！」「我喜歡上了隔壁班的男生，但他從來沒有注意過我。每次經過他們班，我都會故意大聲說話，希望引起他的注意，但他從來沒有正眼瞧過我，這些事情又不能對父母說，我只好把它們寫到日記裡。」

到了青春期，女孩的行為、情緒、情感等都會發生很大的改變，強烈需要別人——尤其是父母——理解她們。當她們得不到他人的理解和尊重時，即使天性很注重關係，還是會把不滿表現出來，例如大發脾氣、甩門、寫日記發洩等。

小女孩在父母的愛中才能快樂成長，長大後更需要父母的關注，只是這種關注與小時候有所不同。小時候的女孩需要父母關注她的一舉一動，而長大後的女孩需要父母給予關注並給予一定的自由空間；小時候的女孩需要父母告訴她穿什麼樣的衣服、玩什麼遊戲，而長大後的女孩需要父母尊重她的選擇；小時候的女孩需要父母對自己的表現做出評價，而長大後則希望父母理解和尊重她們的行為和情緒。

也許如此大的落差讓女孩的父母一時無法接受，但想要讓孩子健康成長，父母要在了解孩子這些心理的前提下，改變以往的教育方式，尋找最適合青春期女兒的教育方式。

如果父母們因為擔憂女兒變壞就嚴加監視、禁止她做這個、不允許她做那個，往往會起反效果，更容易把女兒推向「壞女孩」的邊緣。那麼，如何才能教育好青春期女孩呢？

教導正確的青春期知識

及時地教青春期女孩一些知識，可以避免很多麻煩，例如：如果父母在女孩月經初潮前就告訴她一些關於月經的知識，那麼女孩經歷月經時就不會太過無助和擔憂；如果父母在女兒的胸部尚未發育前，就告訴她什麼是女性曲線美，女孩就不會因為自己鼓起的胸部而害羞；如果父母在孩子談戀愛前，就向她灌輸理智的戀愛觀，那麼女兒也許就不會那麼懵懂，並且把更多心力放在課業上；如果父母及時向孩子灌輸性知識，那她就能勇敢地面對性騷擾。

因此，父母送給青春期女兒最好的禮物就是及時、全面地讓她們了解青春期知識。

給予明確的道德標準

青春期的女孩雖然已經是大孩子了，但有時由於沒有自己的原則，於是便會出現盲目跟隨流行的現象：跟著別人剪奇怪的髮型、跟著別人說髒話、跟著別人穿奇裝異服。面對這些狀

父母送給青春期女兒最好的禮物就是
及時、全面地讓她們了解**青春期知識**。

況，父母要寬嚴相濟，即孩子穿奇裝異服，父母可以寬容她，但如果她滿口髒話，就絕對不可以容忍，要給她們一個明確的道德標準。

關於這一點，有一位爸爸做得很棒：

前陣子，我發現女兒也學會說髒話了，於是我嚴肅又不失和氣地說：「不許說髒話！」

「我們班同學都這樣說！」女兒不服氣。

「我不管別人怎樣，我們家的人不論在家裡還是在外面，都不允許說髒話！」

以後，每當女兒講出髒話時，我都這樣提醒她。就這樣，女兒愛說髒話的毛病改掉了。

有時，女孩即使知道說髒話不對，但大家都說，她往往也會跟著說。這時，**如果父母一味地講道理，往往沒什麼效果。但如果父母直接告訴她：我們家是不允許說髒話的，女孩就會明白這是家裡的規範。**隨著年齡的增長，她會體會到不說髒話的好處，到那時就會因為自己家裡有這樣一條道德標準而感到自豪。

媽媽是幫助女孩順利度過青春期的關鍵

研究顯示，女孩在七歲之前會十分依賴媽媽，與媽媽的關係最好。但七到十歲之間，女孩更樂意模仿爸爸、與更有權威的爸爸交流。等到女孩進入青春期，因為媽媽的「貼心」，女孩與媽媽的關係又一點點地升溫。

青春期的女孩情緒很不穩定，常常會莫名其妙發脾氣。這時，媽媽雖然不能使女兒在短時間內心情變好，但媽媽貼心的容忍往往可以阻止女兒壞脾氣的蔓延。所以，當女孩的青春期穩定後，就會因為體會到媽媽的苦心，而與媽媽更加親近。

一個十五歲的小女孩這樣說：我十一歲時某一天，媽媽告訴我她最近不太舒服，她說這叫「月經」，成熟的女人每個月都會經歷一次。媽媽說：「妳也會有的，蘇珊。這就意味著妳長大了。」媽媽給我看她買的書，還有一些衛生用品。一年以後，我意識到自己有些不一樣了。一切都像媽媽預料的那樣發生，我和媽媽為此感到高興。媽媽為我做了充足的準備，我很感謝她，我們的關係更加親密了，就像好朋友一樣。

當女孩青春期來臨，就會受到荷爾蒙的週期影響，促使女孩以新的方式去面對世界。荷爾蒙週期使得女孩的情緒像波浪一樣起伏不斷、變化無常——當波浪上升的時候（雌激素較多），女孩感覺良好，身邊的一切都會讓她快樂，她也像糖果一樣討人喜歡；波浪下降後，女孩的世界就會烏雲密布，她也會無精打采、煩惱和沮喪。這種變化是正常的。第一次經歷月經的女孩可能會驚慌失措，甚至產生羞恥感，這時候，媽媽是女孩最有效的安慰劑。

處於青春期的女孩很容易過早談戀愛，她們的感情是美好的，但有時她們的行動是盲目的，這時媽媽與她的交流，不僅會讓她認真思考這段感情，從而用理智支配自己的行為，而且這個時候的交流，能夠大大增進母女之間的感情。

給女兒理智的愛

中國某著名大學的女大學生，在考取出國留學的獎學金後，卻因焦慮過度而精神失常。

原來，由於她是獨生女，從小備受寵愛，甚至上了大學後，媽媽還要每週到學校為她料理

第一次經歷月經的女孩可能會驚慌失措，
甚至產生羞恥感，這時候，
媽媽是女孩最有效的安慰劑。

生活。在考取出國讀書的獎學金後，她一想到自己將要獨自在國外求學，無人照顧，不知將如何生活，便因焦慮而失常。後來，這個女大學生的媽媽對記者說了一句令人深思的話：「我們一心一意地愛她，凡事為她著想，誰知卻害了她。」

愛孩子是父母的天性，但是不能愛得過於盲目、沒有理性，忽略了孩子未來發展與獨立生活，沒有為孩子提供自主發展的空間，否則孩子在習慣了消極的依賴之後，一旦需要獨自面臨新的挑戰時，便會無所適從。

媽媽決定了女孩會變成怎樣的人

女孩小時候就會模仿媽媽的言行：給自己的洋娃娃餵奶、哄自己的洋娃娃睡覺、訓斥不聽話的洋娃娃等；媽媽經常責打她，她就可能學會以相同的方式去對待同伴，變成愛「攻擊」的兒童；媽媽經常挑剔她的行為，她也可能會成為「喜歡挑剔別人」的人。

女孩長大後，媽媽對待生活的態度也會影響女孩，媽媽樂觀，女孩也會樂觀地對待身邊一切事情；媽媽總是抱怨生活，女孩的生活也會充滿抱怨……

在某種意義上來說，媽媽決定了女孩將會成長為一個什麼樣的人。所以，做媽媽的一定要切記：想讓女兒成長為一個什麼樣的人，做媽媽的首先就要成為那樣的人！

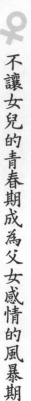

當女兒進入了青春期，面對女兒身體的發育，很多父親不再像以前一樣和女兒親近，而是慢慢地疏遠女兒。但在這一時期的女兒們是怎樣想的呢？一位成年女士回憶道：

小時候我和爸爸非常親密，爸爸是我最喜歡的人。但當我到了十三歲，爸爸似乎在我的生活裡消失了，他不再和我一起玩，也不再像以前一樣和我討論問題。我很納悶，為什麼爸爸忽然不喜歡我了，於是我千方百計地想吸引他的注意：我上課為難老師，故意讓老師把爸爸請來；我交男朋友……但沒有用，父親再也不像以前那樣疼愛我了。

對女孩來說，如果青春期時父親忽然和她們疏遠，會讓她們感到迷惑。就像上面那位女士說的那樣，為了爭取父親的注意，她們會故意「闖禍」，但這樣做很危險，稍不留神，就會走上歧途。

還有一些女孩因為父親不再對她們那樣親密了，便會懷疑自己做錯了什麼，久而久之，這種自責的心理演變成自卑心理，從此為以後的人生道路埋下自卑的種子。

當然，還有一些女孩因為父親的疏遠而抱怨父親，甚至是仇恨父親。

因此，有**心理學家把女孩的青春期稱為父女感情的風暴期**。

女孩進入青春期後，對自身本來就有很大的疑惑，父親的故意疏遠，更會加深她們的困惑，造成女孩在心理和行為上都極易出現問題。

如果父親能夠在女兒的青春期給予足夠的支持和理解，女兒就能順利地度過青春期；相反，如果父親故意疏遠女兒，父女感情的風暴就會愈來愈兇猛。那麼，父親要如何對待青春期的女兒，才能順利度過父女感情的風暴期呢？

對女孩來說，如果青春期時**父親**忽然和她們疏遠，
會讓她們感到迷惑。心理和行為上都極易出現問題。

自然看待女兒的身體發育

小女孩十三歲了，面對女兒的身體發育，爸爸媽媽都沒有為此而表現出驚慌和異樣。當女兒的胸部開始隆起時，媽媽對女兒說：「妳該像媽媽一樣穿胸罩了。」爸爸也在旁邊附和：「星期天讓媽媽帶妳去買內衣。」

在這樣的環境中，小女孩並沒有對自己的身體發育感到難堪，每次遇到月經來而不舒服，爸爸又恰好約她去打羽毛球時，她也會坦誠而自然地對爸爸說：「對不起，我今天月經來了，不舒服，不能陪你去打球了。」這時，爸爸仍不忘關愛女兒：「沒關係，以後我們再去，記得不要吃冰的呀！」

試想，在這樣的環境中，女兒對爸爸還有什麼可隱瞞的？在這樣的氛圍中，女兒還會對青春期感到疑惑嗎？

其實，如果家庭裡每個成員都自然看待性：女孩子長大了，胸部就應該發育；女孩子到了一定年齡，就應該來月經……那麼，女孩也會以平常心看待自己的身體發育，不會因為自己的身體表現出女性特徵而有意與爸爸疏遠。

信任、尊重女兒

在女兒的青春期，還有另一種父親，他們生怕女兒受到壞人的誘騙或傷害，從而給女兒制定很多規矩：不許和男生一起玩、不許談戀愛、不許……

曾經聽一位父親親口講述：「女兒十五歲的時候，一個同班的小男孩來找她玩，我故意在客廳裡擦拭那支很久都沒有用過的獵槍，以此來警告那個小子：我也是過來人，我知道你想幹什麼，我會保護我的女兒，你休想傷害她！」

然而，父親的獵槍射程能有多遠，他能一輩子都保護女兒嗎？

當然不能。**如果父親對青春期的女兒太過嚴厲，很容易就會激發女兒的反叛心理。**

一位很後悔的女士曾這樣說過：「小時候爸爸對我很嚴厲，尤其是當我上了國中後，他更不允許我和男生走得太近。我和班上一個男生由於經常一起討論問題，建立了深厚的友誼，但班上卻傳出了我們在談戀愛的謠言。

這些話傳到了爸爸耳裡，他不允許我解釋，首先把我罵一頓，然後嚴厲警告我：如果我再和他來往，就打斷我的腿。然而，面對鋪天蓋地的謠言和爸爸的不理解，甚至是挖苦、打擊，我和那個男生達成了協議：既然大家都說我們在談戀愛，我們不如真的試試。就在這種叛逆思想的引導下，我最終為自己的行為付出代價：我流過產，最終還被他拋棄。現在，我甚至還是有點恨爸爸，如果他當初信任我、尊重我，我也許不會受到那麼大的傷害！」

父母對待孩子，尤其是父親對待青春期的女兒，最關鍵的就是信任並尊重她們，否則這些敏感的女孩肯定會與父親發生衝突，不僅傷害父女之間的感情，甚至會使女孩走上歧途。

教女兒性知識

與女兒談論性知識，即使是媽媽都覺得有點為難，更別說爸爸了。但如果爸爸把這一切看成很自然的事情，便不會有不好意思的感覺。

一位美國單親爸爸曾在日記裡這樣寫道：「當女兒的胸部開始發育時，我知道她不久就會有月經了。我的前妻只要談到與性有關的事就很不自在，我想這個任務應該落在我的身上。我

父親對待青春期的女兒，
最關鍵的就是**信任並尊重**她們。

覺得女兒身上出現性徵是很自然的事情，用自然的態度去接受它就可以了，於是決定把這樣的想法傳達給女兒。於是，我買了一些衛生棉和內褲，等女兒再來看我時，我便告訴她這些衛生棉的用途，月經對她意味著什麼，然後教她怎樣把衛生棉貼到內褲上。

在學習過程中，她的臉都是紅紅的，但我覺得這不重要，重要的是她學會了月經來時該怎麼辦。從那以後，她會帶著問題來看我，和我談她的男朋友、談他們之間相處的問題。我知道自己取得了她的尊重和信任。」

也許對東方的爸爸來說，能做到像例子中這位父親這樣，確實有很大的難度。但你也許想知道**如果女兒的性知識是從爸爸那裡得來的，這意味著女兒往後對待性會更加理性，意味著她與爸爸之間的關係更加親密、意味著她對爸爸更加尊重和信任。**

多溝通，走進青春期女孩的內心世界

家有處於青春期女孩的父母都會發現，女兒最愛說的話就是「真無聊！」父母邀女兒去逛街，女兒以「無聊」為理由而拒絕；父母帶女孩去參加親戚的婚禮，回家後，女兒扔給父母一句「真無聊」便回到自己的房間；父母要她念書，她更會說「真無聊！」那麼，對於這些青春期女孩來說，什麼才是「有聊」、「有意思」的呢？其實她們自己也說不出個所以然來。

讓父母擔心的還不只這些，正因為感到「無聊」，女孩們會感覺孤獨，有時還會抑鬱。

紋紋是家裡唯一的女孩，爸爸媽媽把她當成掌上明珠，無論她想要什麼，父母都會滿足。

但她竟在自己的日記裡這樣寫道：「我好孤獨！沒有人了解我！」

也許父母們會說，現在的孩子真是身在福中不知福，簡直就是無病呻吟。然而，孩子並不是無病呻吟。**到了青春期，孩子「內心的祕密」增加了，強烈需要與人交流，但又信不過周圍的人。於是在矛盾的心理衝突中，孩子就會產生孤獨感。**

另外，進入青春期的孩子都會覺得自己是大人了，於是在這種心理的作怪下，父母的關心不再像過去那樣讓她感覺溫暖，反而覺得嘮叨煩人；老師似乎也失去了往日的慈祥和耐心，愈來愈喜歡與自己作對了；就連平日最要好的姊妹淘，現在也沒那麼親密無間、無話不談了……她們有一肚子的心事，卻不知道跟誰講，所以會覺得孤獨、沒人能理解她們。

如果孩子這種孤獨的感覺一直得不到別人的認同，無法採取有效的措施驅散這種感覺，很可能就會走進抑鬱的漩渦。輕微的抑鬱可以使孩子情緒低落、思維遲鈍、意志衰退、無精打采；嚴重時，會使孩子消極悲觀、嚴重自責，甚至還會產生輕生的念頭。

那麼，父母應該怎樣做才能讓女兒遠離孤獨與抑鬱呢？其實方法很簡單：溝通，走進孩子的內心世界。

說到溝通，也許有父母會說，我天天與女兒溝通，也沒有什麼效果呀！其實，這種溝通，只是一廂情願式的單向溝通，並不是真正的溝通。這種溝通不僅沒有效果，還會使孩子愈來愈反感，愈來愈感到孤獨。

那麼，什麼樣的溝通才算是真正的溝通呢？看一位有經驗的媽媽怎麼說：

我的女兒十五歲了，她整天把「真無聊」掛在嘴邊，我問她什麼才「有意思」，她卻回答：「反正你們都不了解我！」

正因為感到「無聊」，女孩們會感覺**孤獨**，
有時還會抑鬱。

我知道女兒屬於敏感、內向型的孩子，這樣下去對她的心理健康會有損害。我試著與她溝通，但無論如何都無法走進她的心裡。我沒有放棄，一直尋找與女兒溝通的最好方法。

一次，朋友送我兩張《鐵達尼號》的電影票，我便帶女兒一起去看。當電影播放到船沉下，女主角凍成冰人時，我聽到女兒在哭。回家的路上，女兒的話比往常多了，她問我：「媽媽，為什麼她都變成冰人了，大家都死了，她卻能活下來呢？」

「因為這是愛的力量，她的心中有愛呀！」看著女兒迷茫的眼神，我繼續說：「舉個例子，有一次我發燒燒到四十度，當時你爸爸又不在家，我就硬撐著幫你做晚飯。因為我是妳的媽媽，我怕妳餓著，這也是一種愛的力量！」

聽了我的話，我能感覺到女兒把我的手拉得更緊了。從那以後，女兒跟我的話明顯多了起來，她會跟我講學校發生的事、講她的同學，甚至連她的小祕密也會告訴我。自從女兒話變多以後，我發現她常掛在嘴上的「真無聊」也少多了！

與青春期的孩子溝通並沒有父母所想像的那麼難，關鍵在於父母要有耐心，也許這種方式不適合你的女兒，但終歸有一種方式她會接受。**唯有保持有效的溝通、走進孩子的內心，孩子的心理才不會出現問題，才會順利地度過青春期。**

正確看待身體發育，抬頭挺胸做個小美女

大多數女孩到了青春期都愛低著頭、駝著背走路，很多父母看不順眼，動不動就會嘮叨：

「妳就不能挺起胸、抬起頭來嗎？」其實，青春期女孩們之所以駝背是有原因的。

一位十三歲的女孩在自己的日記裡這樣寫道：「最近不知為什麼，我的胸部長得特別快，穿上衣服還是遮不住，醜死了。我覺得走在路上大家都在看我的胸部，讓我很不自在。於是，我就看上前年已經穿不太下的小背心，把胸部束得平平的，但穿上衣服後仍然看得出來。後來，我和好姊妹們訴說了這個煩惱，沒想到她們也為此煩惱！最後，我們商量出一個妙招：只要駝著背，胸部就沒那麼明顯了。」

的確，那些駝背、束胸的女孩，往往都是由於對青春期知識了解得不夠，才會出現這種奇怪的行為。但這些行為對她們身體的發育是極為有害的。青春期的女孩身體正在快速發育，如果一直駝背，骨骼就會定型，即使之後想糾正駝背的壞毛病，骨骼已經定型、習慣已經形成，想改掉這個壞毛病不是那麼容易的事情。

青春期是女孩胸部發育的最佳時期，如果女孩在胸部剛發育的時候就穿緊身的內衣，故意把胸部束得平平的，對她來說只有百害而無一利。

第一，束胸會影響女孩的形體美。青春期發育為女孩塑造健美的形體提供了一次不會再有的機會。女孩在發育乳房的同時，臀部、大腿也逐漸豐滿，女性之美盡顯於人。此刻，如果女孩堅持束胸，會使體形顯得不協調。

第二，束胸會影響女孩的身體健康。束胸是自外向內施加壓力，對於胸廓的壓迫很大，很容易使由脊椎、胸骨和肋骨組成的胸廓變形；束胸還會使胸部不能自主地呼吸，持續束胸兩年的女孩，與不束胸的女孩相比，肺活量、肺容量等肺功能大約低了一五到二五％；束胸也是對乳房發育的嚴重摧殘，在長期外力的壓力下，乳腺無法正常發育，對於將來生育、哺乳都會造成不良的影響。

那麼，父母應該如何讓女孩接受自己胸部的發育，並保護自己的胸部呢？

告訴女兒：抬頭挺胸的女孩最美

看到自己十四歲的女兒開始駝背，娟娟的媽媽意識到，該給女兒上一堂青春期健美課了。於是，媽媽帶娟娟去買胸罩，在女性用品專櫃前，娟娟羞得臉紅。媽媽一邊幫她挑選一邊輕聲對她說：「穿上胸罩，女性之美才能完全表現出來，妳已經是個成熟少女了，到時候妳也會對自己的美感到驚訝的。」

回到家後，媽媽鼓勵娟娟穿上胸罩試試，當娟娟穿好胸罩再套上平時穿的衣服，站在穿衣鏡前時，她真的驚訝極了——那個亭亭玉立的少女是自己嗎？戴上胸罩的她一下子挺拔了，胸線、腰線、臀線都恰到好處，她簡直不敢相信自己的眼睛。

第二天，娟娟不再駝背，而是自信地走進教室時，班上的女生一片譁然：「娟娟真美！」娟娟馬上把自己的經驗告訴這些同學，並且熱心地對她們說：「要是妳們不好意思去買，讓我媽媽帶妳們去吧！」

只要讓女孩意識到胸部是她身上的驕傲，她就不會再為自己胸部的發育而不好意思了。

當然，每個女孩的發育與遺傳等因素有關，父母還應該讓她們了解，每個人的身體都是天賜的，這樣她才不會為自己的胸部太大或太小而感到自卑。

幫女兒選擇合適的胸罩

穿緊身衣束胸與戴胸罩是兩個完全不同的概念，束胸是壓迫乳房，使其不能很好地發育；而戴胸罩可以使乳腺負擔匀稱，促使乳房發育。戴胸罩的另一個目的是，當女孩在做劇烈運動時，可以使乳房避免因震動造成疼痛與不適。

那麼，女孩應該在什麼時候開始戴胸罩才算適時呢？這時媽媽要告訴她們：每個人的發育情況不同，沒有必要看別人是否戴了再決定自己戴不戴。當妳的乳房發育到一定程度，或是上體育課跑步時乳房感到不舒服，就應該戴胸罩了。

當女兒應該佩戴胸罩時，媽媽還應該幫女孩選擇合適的胸罩。女孩應該穿尺碼適合的吊帶式全棉胸罩，測量胸罩的尺碼要在乳房的根部量胸圍，以活動自如又不憋氣為適當。因為，胸罩太大無法發揮支托的作用，太小則有礙呼吸與胸廓的發育。另外，女孩的活動量大，出汗較多，最好選擇吸汗、透氣度好的全棉胸罩。

不盲目減肥，保持匀稱的曲線與健康的身體

不管女性到了哪個年紀，最忌諱的永遠是「胖」。於是，運動減肥、節食減肥、藥物減肥……與減肥有關的一切就成為女性最時尚的話題。當然，愛美的青春期女孩也不例外。

十六歲的月兒前幾個月活潑好動，一副青春靚麗的模樣，但最近幾日卻面黃肌瘦，見了人

只要讓女孩意識到胸部是她身上的**驕傲**，
她就不會再為自己胸部的發育而不好意思了。

連打招呼的力氣都沒有了。一次，老師要她回答問題，她才站了五分鐘便對老師說：「老師，我頭暈！」剛說完，就真的暈倒了。

原來，月兒正在減肥。她們宿舍幾個小女孩一致認為，女孩子胖了不好看，於是一起減肥——拒絕一切脂肪，而且牛奶不喝，蛋類不進，就連唯一能吃的青菜也減了又減。結果，幾個月下來，減肥效果是很明顯，她們的身材變苗條了，但皮膚卻變黃了，而且動輒還會出現頭暈、心悸等現象。像月兒這樣，動不動就暈倒，不得不請幾天假回家休養，真是得不償失。

的確，身體過胖不僅影響美觀，還會影響身體健康，如高血壓、心臟病等都與過多的脂肪有關。於是一些想減肥的女性便拒絕一切與脂肪有關的食物，而這也促使了青春期的少女盲目地模仿，很容易造成營養不良。青春期女孩的學習壓力比較大，於是很多疾病就會隨著她們身體營養不良而降臨，月兒突然暈倒就是一個很好的例證。

實際上，青春期的女孩只知道「胖了不好看」，對自己的體重和身體健康並沒有正確的認識。對此，青春期女孩的父母有必要告訴女兒一個標準體重的公式：

標準體重（上下浮動一〇%）（千克）＝（身高的釐米數減100）×0.9

理想體重（kg）＝標準體重加減一〇%。

超重＝實測體重≥一〇%，但<二〇%標準體重。

偏瘦＝實測體重≤一〇%標準體重。

其實，那些整天嚷著「減肥」的女孩，大多數都屬於標準，甚至是偏瘦的行列。藉由這個公式讓她發現自己竟然處於偏瘦的行列時，也許她就會放棄減肥。

讓女孩擁有正確的審美觀

愛美之心人皆有之，女孩更是如此。那麼，父母應該如何讓女兒看待減肥？如何讓她們正確認識減肥呢？一位優秀的媽媽提供她的經驗：

女兒上小學三年級時，有一天從學校回來就一直向我抱怨：「媽媽，我好胖呀！」其實她不胖不瘦剛剛好，我也從來沒有在她面前抱怨過自己的體重或評論過別人的體型等，我想她可能是聽別人說了些什麼。於是，我問女兒：「妳是不是聽別人說了些什麼呀？」

「今天上體育課的時候，我後面的兩個男生一直在嘲笑我們班那個胖胖的女生。」

「是不是那個叫小娜的女孩呀？」

「是呀。」

「開家長會時，我聽你們老師說過這個女孩，她經常做好事，像是幫成績不好的同學補課、扶老奶奶過馬路什麼的，我覺得不管她的外表和體型如何，因為她有一顆美麗、善良的心，所以她才是最美的。連你們老師都這樣說。」

女兒聽了我的話認真地點了點頭，從此再也沒提過自己很胖這件事。

現在我女兒上國中了，身體也開始發育。我發現她開始為自己隆起的胸感覺不好意思，覺得有必要讓她認識什麼是真正的女性美了，於是找了個很好的時機與女兒聊天。

「女兒，妳覺得什麼樣的女人最美？」

「那些瘦瘦的女人。」

「傻女兒，那只是一部分人的眼光。真正的女性美是有曲線的美，如堅挺的乳房、豐滿的臀部、柔軟的腰肢等，這才是真正的女性美。」

如果青春期女兒一直嚷著要減肥，
你有必要告訴她，什麼是**真正的女性美**。

聽了我的話，女兒雖然有點不好意思，但此後從未受那些盲目減肥的同學影響而去減肥。

的確，與男性相比，女性全身的脂肪會更多一些，大約占全身的二二%。但是，如果女性沒有這些脂肪，根本談不上美，平平的胸、平平的臀部……這樣的女性與男性又有什麼區別呢？所以，如果青春期女兒一直嚷著要減肥，你有必要告訴她，什麼是真正的女性美。

另外，父母還應該告訴女兒，如果她們想把自己減成「紙片人」，除了表現不出女性美外，還會為自己惹來許多麻煩：影響發育、月經紊亂、體弱多病，甚至會影響將來的生育等。

了解女孩心理與生理的發展，灌輸正確的性教育

以紳士和淑女自稱的英國人，不好意思對孩子進行性教育，因此最近英國每年都有近十萬名少女未婚懷孕，其中一〇%的人還不滿十六歲。這個數字在歐洲高居榜首。

荷蘭則恰恰相反。對荷蘭的小朋友而言，學習性知識就和其他學科一樣，沒有什麼特別。兒童從六歲進小學開始性教育，甚至會在餐桌上和父母討論這方面的話題。然而，荷蘭性開放並非像外界擔心的那樣造成青少年性氾濫，青少年懷孕比例反而是歐洲國家最低的。

泰國公共衛生部家庭計畫及人口控制署不久前宣布，為了遏制少女懷孕及愛滋病問題繼續惡化，將推出一項新計畫，將性教育提前到幼稚園推行。

由此可見，對孩子的性教育愈早愈好。然而，東方的家長羞於談性，直到女兒月經來時，父母（一般是媽媽）才會草草地告訴女兒：「這是正常的。」然而由於女孩得不到關於性的知

識，對此又很好奇，所以會去言情小說、色情網站尋找，甚至會做出「以身試性」的傻事。因此，家長應積極參與性教育，使孩子從小就得到正確的性教育。

從心理學角度來說，不同年齡階段的女孩，其性教育的內容也完全不同：

五歲之前：此時的性教育主要是解決性別認同問題。家長應在洗澡、睡前很自然地讓孩子認識自己的身體。

五到七歲：此時的女孩在求知欲驅使下常對男女的差異感到迷惑不解，會向父母提出各種問題，此時父母應該根據自然現象，簡單明瞭地回答她們的問題，不需要過分詳細地講述性、生殖等情節。如果講不清楚，孩子的好奇心得不到滿足，反會更覺得神祕。

七到十四歲：這期間家長應對女孩進行較有系統的性知識教育。在和青春期前的孩子談性時，可藉助自然現象、童話、寓言故事，採用比喻的手法將性教育內容穿插其中。例如可以在看《動物星球頻道》等節目時，用動物的生殖活動進行比喻，和孩子談蝴蝶的交配，金魚或雞、貓的繁殖等，以幫助孩子理解性知識。

在教導性知識的同時，父母還須進行性道德教育，幫助女孩控制自己萌發中的性衝動。

十四到十八歲：這段期間父母應主動關心詢問孩子的性困惑。

孩子發問時要及時給予解答

通常女孩到了四、五歲，不但會對自己的身體感到好奇，也會想認識他人的身體。當她看到別人的身體和自己不同時，會想知道原因。這時，父母就應對她講解身體各部位及功能。此外，當孩子對電視電影的某些鏡頭產生疑問時，父母也不應當避諱不答。

一個六歲的小女孩和媽媽一塊看電視，當看到一對男女接吻的鏡頭時，她問媽媽他們在做什麼，媽媽平靜地說：「他們在接吻，等看完電視，媽媽就告訴妳接吻是什麼，好不好？」看完電視後，媽媽對女兒說：「親吻是人與人交流感情的一種形式，就像人們見面要問好、握手一樣，一點都不神祕。而且，不同場合、不同形式的接吻也有不同的含義……」

談及性問題時，父母最容易犯的錯就是對很多「性詞彙」避而不談或吞吞吐吐。殊不知這樣反會讓孩子覺得神祕，覺得一定有什麼不對勁，進而產生探索的欲望。

利用書籍協助進行性教育

女孩月經來了，她很驚慌，但又不好意思告訴父母，偷偷把弄髒的內褲和床單藏起來。但媽媽在幫女孩收拾屋子時發現了，意識到自己應該對女兒講一些性知識了，但她又羞於開口，於是便買了一本有關青春期的書放在女兒的書桌上……

有些父母覺得很難對孩子開口談性教育，也有些父母覺得自己在這方面的知識太少，無法對孩子實施教育。在這樣的情況下，**不妨買一些相關的教育書籍放在顯眼的地方、讓孩子主動閱讀，既避免尷尬，也可以有很好的教育效果。**

了解青春期女孩的性心理

青春期女孩的性心理發展，一般經歷以下幾個階段：

性意識朦朧覺醒，嚮往與異性的交往，有的少女為了吸引異性注意，一日三換衣服，處處表現出與眾不同。

幻想與自慰，想入非非，做白日夢，進一步就是自慰。過去人們認為只有男孩才會自慰，事實上女孩也有這個現象。

模仿與嘗試，性生活的大膽實踐。

青春期女孩性心理自發的發展，可能出現兩種不良傾向：一是受性本能、性心理的驅使，出於無知和好奇，過早地進行性體驗和性嘗試。二是視青春期出現的性心理為醜惡，產生強烈的羞恥感和罪惡感，變得孤僻、自卑、內向。

因此，**當女孩到了青春期，家長們就應該告訴她：「性心理」是人很正常的心理活動，但青春期的孩子是無權嘗試性行為的。另外，父母還應該對這階段的女孩，加強性道德教育。**

告訴女孩，要珍視自己的第一次

當你的女兒了解足夠的性知識後，家長就應該告訴她：要珍視妳的第一次！

發現了十六歲的女兒正在跟一個男孩談戀愛時，一位在醫院婦產科工作的媽媽，跟女兒聊起自己工作時遇到的一件事：

今天，一個剛滿十八歲的小女孩去我們醫院做流產手術，她旁邊有一位表情冷淡的人，看那女人的年齡像她媽媽，但為什麼媽媽如此漠不關心呢，即使女兒犯了天大的錯誤，在女兒做這種痛苦的手術時，做媽媽的也不應用這種態度對待她呀！出於好奇，我小心地問那個做手術的女孩：「陪妳的是誰？」女孩遲疑了一下，小聲地回答：「是我媽媽。」

手術後，我送這個女孩走出手術室，趁女孩上廁所的機會，我問那個冷漠的女人：「她是妳的女兒嗎？」沒想到她瞪了我一眼，生氣地說：「我才沒有這樣的女兒，那是和我兒子亂搞

談及性問題時，父母最容易犯的錯就是
對很多「性詞彙」避而不談或吞吞吐吐。

的丫頭！」

我當時很生氣，真想給她一巴掌，但我無權那樣做。這件事她兒子也有責任，為什麼女孩做這麼大的手術，她兒子卻不出現呢？我還想繼續了解，便接著問她：「妳兒子呢？」

「我兒子還要繼續念書呢，哪能因為這點小事而毀了前程呢！」聽完這個女人的話，我想揍她的欲望愈來愈強烈，我怕控制不住自己，便離開了那裡。

講完這個故事後，我繼續跟女兒嘮叨：「這社會對女孩子太不公平了，男孩子的家長認為這是小事，不能耽誤兒子的前程，但這件事對女孩的傷害卻無法形容。不過，也怪這個女孩，她應該好好珍惜自己的第一次！」

聽了我的嘮叨，女兒馬上氣憤地說：「他們兩個都有錯，要是我是那個女孩，我才不會那麼傻呢！」

講完故事後沒多久，我便聽說女兒與那個男孩分手了，還給了那個男孩充分的理由：我們根本沒有能力承擔我們的諾言，還是好好念書吧！要是我們有緣，長大後還會在一起的。

為了避免讓女兒受到心理和身體上的傷害，身為父母，絕對有必要為她好好地上一課，讓她知道應該珍惜自己的身體。

教導女孩堅守原則，學會適時說「不」

教室裡沒有別人，這時一個男孩走到身邊，吞吞吐吐地說：「放學後我們一起去看電影，好嗎？」雖然我們不停要求女兒：「放學後要早點回家！」她心裡也明白，但就在此時，她嘴邊上的那個「不」字就是沒有說出來。

校門外，有個不良少年擋住了女兒的去路，要和她交朋友，而且還拉住她的自行車、搶走她的書包，女兒急得直哭，但就是不敢說「不」。

你的一位男性同事是家裡的常客，每次來家裡做客時都會給女兒小禮物，還常常與女兒閒聊，但他常常趁你不在場的時候，有意無意地將手搭在女兒的肩上，有時還會拍拍女兒的臀部。這時，她會感覺很彆扭，卻不敢說「不」。

因為我們的女孩不敢說「不」、不會說「不」，所以常常會受到很大的傷害。父母應該從小時候就教她們學會說「不」——對違背自己原則的事情說「不」，對那些有所企圖的惡人說「不」，對那些有損自己利益的事情說「不」。

堅持自己的原則

不管是大人還是孩子，都要有自己的做人做事原則。有原則，並堅持原則，才能維護自己的正當利益，並且不易受到壞人的哄騙。

曾有兒童學家在一所幼稚園裡做了這樣一個試驗：

孩子們放學正在等家長來接，老師有事暫時離開了，這時一輛外面貼著「中央電視臺」的車在孩子們面前停下，從裡面走出幾個人，其中一個說：「孩子們，你們好，我們是中央電視臺的，要請你們去錄節目，願意去的趕快上車。」

一聽要去中央電視臺錄節目，大多數孩子上車了，有一小部分孩子還在觀望。這時，那個

有原則，並**堅持原則**，才能維護自己的正當利益，並且不易受到壞人的哄騙。

自稱是中央電視臺的人問沒有上車的那些孩子：「你們不想去中央電視臺玩嗎？」

其中有孩子說：「我怕父母找不到我會擔心！」

「到了之後，我們會打電話給你們的父母。」

又有一部分孩子上車了。

這時，那人又說：「凡是上車的孩子都會收到禮物。」說著就給上車的孩子禮物。

所有孩子差不多都上車了，只有一個小女孩沒有動。那人問她：「妳為什麼不上車呀？」

「因為我爸媽說，不能隨便跟任何人走！」小女孩認真地說。

多好的回答呀，「不能隨便跟任何人走」就是那個小女孩的原則。

藉由這個試驗，兒童心理學家得出結論：第一次上車的孩子中，女孩占了大多數，這說明這些女孩的自我保護意識不強。有些孩子一聽到會給父母打電話，父母會知道自己的去向，或者一聽有禮物可拿，或者看別的孩子都上車了，他們便欣然跟著上車了，這都顯示他們的自我保護意識很薄弱，同時還反映了這樣一個問題：他們沒有自己的原則，或者說父母從沒告訴過他們，要有自己的原則。

因此，希望女兒不被傷害，父母平時就應該為她訂下原則：放學後要早點回家，如有特殊情況要打電話給家裡，或打手機給父母；不能隨便跟任何人走；遇到壞人要敢於反抗；不要隨便接受男孩的邀約；不要隨便接受別人的小禮物；不要隨便接受陌生人的幫忙……

有了這些原則，女孩長大後就不會因為貪圖小便宜而上壞人的當，不會因為不敢拒絕而被壞人傷害了。

學會有禮貌地拒絕

由於女孩很注重關係，經常為了維護關係而放棄正當利益。因此，**在日常生活中，父母既要教導女孩有自己的原則，還要教會她在不傷害關係的前提下，如何委婉而禮貌地拒絕。**

面對男生的無理糾纏，一位媽媽是這樣教女兒的：

十四歲的蕾蕾收到了一個男孩的小紙條：放學後我們一起去看電影，好嗎？蕾蕾不知道該怎麼辦，一放學就急匆匆地跑回家了。

回家後，她把小紙條拿給媽媽看，媽媽問她：「妳想接受他的約會嗎？」

女兒搖搖頭。

「那你可以大方地告訴他：不，謝謝，我放學一定要早點回家，不然媽媽會擔心。」

「那他會不會很尷尬？」

「不會的，因為妳的態度是禮貌的，而且妳說的也是事實呀！」

「那他一直糾纏我怎麼辦？」

「妳可以跟他說：再這樣我就要告訴老師了！」

蕾蕾真的按照媽媽教她的去做，結果那個男生再也沒有糾纏她。

教女兒學會禮貌地拒絕，不僅能夠使她維護自己的正當利益，而且等她長大後，也將變成她的一種能力和氣質。

對性騷擾說「不」

青春期的女孩常常會對自己的身體發育感到尷尬，因此當有人「騷擾」她們時，她們會想：「是不是因為我不好才引來這些壞人？」不但不敢聲張，甚至還不將這些事情告訴父母。

綺綺爸爸的同事經常到家裡做客，每次都會買些零食或小飾品等禮物給十三歲的綺綺。有一次，這位叔叔竟然趁爸媽不注意時，故意碰綺綺剛發育的胸部，而且手總是不經意地放在綺綺的屁股上。綺綺感覺很彆扭，但因為他是爸爸的同事，所以不好意思說什麼。叔叔走後，這件事一直在綺綺心裡揮之不去，因此做什麼事都心不在焉。媽媽看出女兒的異樣，便追問女兒是不是病了。在媽媽的再三追問下，綺綺才對媽媽說出了這件事。

媽媽聽了很氣憤，她對綺綺說：「不用怕，這不是妳的錯，這位叔叔的作風在爸爸的單位裡就有點問題，以後我們不會再讓他來家裡了。」接著又對女兒說：「綺綺，妳已經長大了，要學會自我保護。如果下次再遇到這種情況，就應該勇敢地對那位叔叔說『不，不要這樣！』如果你一直忍耐，默不作聲，他就會繼續欺負妳。知道嗎？」

不管孩子是遭遇熟人或陌生人的騷擾，父母首先要對她說明：這不是妳的錯。並且告訴孩子不要害怕，父母會幫助她。

另外，**父母還應該告訴孩子：女孩子的胸、腹、腰、陰部、臀部，都是不允許別人隨意觸摸的部位，當然這些人之中也包括父親、兄弟、親戚、朋友等異性。如果有人觸摸妳身體的重要部位，一定要大聲拒絕：「不能這樣，不許這樣！」**

與男孩相比，女孩對明星的迷戀程度似乎更瘋狂。她們會毫不猶豫地購買偶像的專輯，不辭辛苦地跑去看偶像的演唱會，在演唱會的現場瘋狂地對偶像大喊「我愛你」……

其實，每個孩子進入青春期都會出現某種程度的迷戀行為，父母們不用太擔心。隨著年齡增長，孩子對偶像的迷戀程度會慢慢淡化。但如果父母不能正確看待她們的迷戀行為，反而會促使她們更加任性、叛逆，甚至做出傻事。

小潔在小學時是個品學兼優的好學生，上了國中後，成績卻一直走下跌。為此，小潔的媽媽傷透了腦筋，也用盡了辦法，請老師多關注孩子、為孩子請家教、陪孩子做作業……但她的成績一直沒有上升的趨勢。

一次媽媽在幫女兒打掃房間時發現，女兒的抽屜裡放了二十多封沒有寄出去的信，信封上一律寫著「張信哲收」；打開女兒的MP3，裡面全是張信哲的歌；翻開女兒的另一個抽屜，裡面全是與張信哲有關的海報、唱片……媽媽馬上明白，女兒是在追星。

女兒放學回家，媽媽控制不住自己的怒氣，大聲對女兒喊道：「我為妳的功課費盡了心思，想不到，妳的魂都讓明星勾走了。」

女兒想解釋，媽媽拿起她書桌上的MP3就砸，接著把抽屜裡的信都拿出來，當著女兒的面撕得粉碎。女兒「哇」的一聲哭了起來，扔下書包就向門外衝去。當天晚上，女兒沒回來，媽媽一夜沒有闔眼；第二天，媽媽去學校找女兒，但女兒沒有去上學……過了將近一星期，這位媽媽才在員警的協助下，在一條小河邊找到了女兒的屍體。

顯然，是小潔媽媽的教育方式釀成了這樁悲劇。也許正是由於現實生活中的課業壓力，她才用追星來尋找精神寄託。然而媽媽卻沒有給予女兒應有的理解和同情，並且還讓孩子的自尊

每個孩子進入青春期都會出現
某種程度的**迷戀行為**，父母們不用太擔心。

心受到傷害，最後做出了這種傻事。

其實，追星是孩子成長過程中一種特殊的心理，只有了解這種心理，女孩的家長們才能明白孩子的行為，正確地引導孩子走出盲目追星的漩渦。

填補情感空白：女孩在十二、三歲時開始進入青春期，也進入了「心理斷乳期」。一方面想掙脫父母的全面呵護，建立自我的獨立形象；另一方面，她們因脫離對父母的信賴而產生「情感空白」，需要新的依戀之情來填補空白。心理學家指出，孩子的偶像崇拜是對幻想中傑出人物的依戀，但這種幻想常常被過分地強化和理想化。偶像崇拜也可以說成是女孩掙脫父母「愛的鎖鏈」之後的一種「移情別戀」。

尋找自我：青春期的女孩處於確定自我意識的重要階段，心中尚未建立起穩定的自我形象，不知道自己將來該做什麼、該成為什麼樣的人、該往哪個方向努力。她們急需一個看得見的、活生生的形象做為榜樣，於是便把目光放在這些公眾人物身上。

因此，與其說女兒是在追星，不如說她是在「追夢」，她們是在明星耀眼的光環下編織著自己未來的夢。

精神寄託：進入青春期的女孩都會有某種程度的「心理閉鎖」現象，不再像小時候那樣什麼都願意告訴父母。由於害怕父母否定自己，女孩往往不會與父母進行親密無間的溝通，而身邊的同學又難以具備足夠的權威和吸引力，況且與同學的交往中有時還會引起一些摩擦與不快。相比之下，與從未見過面但又異常崇拜的偶像訴說則不會引起這些麻煩。正如一位小女孩在給偶像的信裡所說：「我夢想當一名演員，尤其是看了你的信之後，我更想當演員……但是這些話我不敢告訴爸爸媽媽，怕他們說我愛做白日夢；我也不敢告訴老師和同學，只能自己一個人默默地想、默默地流淚……」

因此，寫信給她們崇拜的偶像，既滿足了溝通的需要，又有十足的安全感，而且這也是女孩被壓迫的個性、情感得到宣洩和釋放的方法。

情竇初開的情感體驗：青春期的女孩生理大致成熟了，性意識開始萌發，她們情竇初開的時間往往比男孩早一至兩年，因此，當她們看到周圍的同齡男生都還懵懵懂懂、乳臭未乾時，便會把浪漫情懷投向青春偶像。那些已經功成名就的明星瀟灑英俊、風流倜儻，常令這些純情少女怦然心動，成為她們的「夢中情人」和「白馬王子」。

當然，女孩們追星還有其他原因，如從眾心理、追求時尚、放鬆心情等。不管她們基於什麼心理而追星，唯有了解了她們的心理，才有可能順利阻止不理智的追星行為。

引導女兒將網路變成最佳學習工具

與男孩相比，女孩似乎不那麼迷戀網路，但在電腦愈來愈普及的現代社會，也愈來愈多女孩走進了網路的虛擬世界。

一位傷心的媽媽曾說：「網路讓我的女兒變成了怪人。我們不讓她上網，她竟然試圖自殺。現在，我們全家都不敢在她面前提『網路』這兩個字。為了上網，她連學校都不去了，除了上網，她對別的事都不感興趣，白天睡覺，晚上熬夜，跟她說什麼她都嫌煩。她很少出門，而且特別害怕陌生人，連出去買東西都害怕。她的脾氣愈來愈暴躁，很少和我們說話，一說話

與其說女兒追星，不如說她是在「**追夢**」，
她們是在明星耀眼的光環下編織著自己未來的夢。

就是對我們發脾氣，整天窩在房間裡沉迷在網路的虛擬時空中……」

現在愈來愈多父母都為女兒過於沉迷網路而感到傷心和焦慮。究竟為什麼網路會對孩子有如此巨大的吸引力呢？孩子為何會對網路情有獨鍾呢？

一個小女孩曾在論壇發出感慨：「都說我們是幸福的一代，可又有誰知道我們的孤獨？」這並不是孩子的無病呻吟，現今的孩子大都是獨生子女，在心理上很渴望與同齡的友伴交流。但當他們進入青春期後，對父母的反抗、對老師的抗拒、對同學的不信任，使她們最終將目光投向了網路。

因為對於青春期的女孩來說，在網路上聊天是一種交流，可以宣泄自己內心真實的快樂、煩惱、孤獨、痛苦；在網路上，她們可以根據自己的喜好扮演不同的角色，彌補真實生活的缺憾。這種亦真亦假的狀態格外受到孩子們青睞，使他們得以釋放來自於家庭和學校的壓力。但如果孩子長久沉迷於網路的虛擬世界，會無法適應現實生活、懼怕現實生活中的人，還會因此而與現實中的人失去聯繫……

那麼，身為父母，該如何引導女兒正確上網；女兒面對網路時，我們能為她做些什麼？

制定一份電腦使用規則

莉莉剛剛接觸電腦時，父母就制定了這樣的規則：

1. 使用電腦要以學習為主，娛樂為輔；
2. 電腦放在客廳裡，沒有特殊情況不得移位；
3. 每天使用電腦不得超過半小時，週末及節日和寒暑假每天不得超過兩小時；

4. 不論是網路下載的遊戲或是買來的遊戲軟體，都要經過父母審查；
5. 因為莉莉還未成年，上網時要有父母陪同，並盡量上適合青少年的網站；
6. 不把有關家庭的資訊暴露給網路上的陌生人；
7. 在網路上遇到他人騷擾等事立刻與父母商量，如果父母不在家，應立即關閉電腦；
8. 若違反規則，視情節輕重，減少使用電腦時間或在一段時間裡停止使用電腦的處罰。

在這個規則的約束下，莉莉在使用電腦和上網方面很少出現問題。

小女孩一般還是會相信規則的權威，在規則的約束下，她們在網路上出現錯誤的可能性就會小很多。但是，**對於大一點的女孩來說，特別是青春期女孩，規則往往沒有用，這時父母就要採取措施告訴她們如何在網路上進行自我保護。**例如，在女兒剛學會上網時就告訴她：「網路上有陷阱，要提高警覺。」等女兒大一點，再藉由一些案例說明自我保護的重要性。

切記不能使用強制手段

如果你的女兒很喜歡網路，最錯誤的教育方法就是無端指責和限制。

有的孩子由於某些原因喜歡上網咖，剛開始時並不嚴重，但父母被氣昏了頭，不分青紅皂白打孩子……當親子之間產生隔閡，父母愈打，孩子就愈想躲到網咖。到了後來，父母和孩子簡直沒辦法溝通，雙方處於敵對狀態。這樣的家長無異於自己放棄了教育權。

紋紋的媽媽一到暑假就坐立不安，因為放假時女兒每天會花大量時間玩電腦。擔心女兒對網路上癮，媽媽從孩子坐在電腦前就開始緊張不已，一直在房間內走來走去，對孩子不停囉嗦，接下來乾脆在電腦上設置密碼，甚至拔掉了網路線。女兒對此非常氣憤，經常偷偷跑到外

現今的孩子大都是獨生子女，
在心理上很渴望與**同齡的友伴**交流。

面的網咖去上網。

其實孩子如果每天上網不超過兩個小時，就不能算是網路上癮，家長大可不必過於緊張。加上網路是現代社會不可或缺的交流、學習工具，對於孩子的學習和生活也十分有幫助。

明智的家長會引導孩子健康地使用網路，告訴孩子如何利用網路來學習知識、充實生活，並積極地參與孩子所喜好的網路生活！

積極拓展網路的正面作用

任何事物都是利弊相成的，網路也是如此。只要利用得當，網路不僅可以為孩子提供學習上的幫助，更能成為家長和孩子之間溝通的橋梁。特別是對於一些內向、害羞的女孩來說，網路更是她們向父母傾吐心事的最好途徑。有位爸爸如此分享：

半年前，剛上國中的女兒迷上了上網。而我因為工作原因，經常接觸網路，知道網路上有些東西對孩子有害。孩子迷戀上網引起我與妻子的擔憂：強制不讓孩子上網，可能會適得其反。然而又有什麼良策呢？

經過仔細考慮，我決定偷偷當女兒的網友。

幾經旁敲側擊，我終於知道女兒常上的網站和她的帳號。我也申請了帳號，此後只要孩子去網咖，我就在書房裡和她在網路上聊天。幾次接觸後，取得了她的信任，成為知心網友，也走進了她的心靈世界……有許多話她不願告訴現實世界的老爸，卻告訴了網路中的老爸。對的，我給予鼓勵；錯的，我給予引導。

透過網路這扇視窗，我時時掌握女兒的心理動態以及她的成長航向，讓她成為一個更愛學習、更懂事的孩子。

安裝保護軟體，過濾色情、暴力內容

對於身心幼小的女孩來說，網路上很多的色情、暴力內容危害甚鉅，也是最難防範的。對此，家長可以購買相關軟體，在自家的電腦上設置防護措施，將這些網路「毒素」清出孩子的網路世界之外。

此外，家長還應教給孩子一些基本的網路安全常識，如上網交友時不能輕易說出自己的真實姓名、電話、住址、學校名稱等個人資訊。

告訴女兒網路交友的注意事項

不要試圖阻止孩子上網聊天，因為孩子即使不在家裡上網，也可以去網咖，這樣更增加了她受騙的可能性。

十六歲的小晴在網路上交了很多朋友，例如師長型的、志同道合型的、玩鬧型的……但在網路上從來沒有遇過壞人，也從未和網友談戀愛。難道是她天生運氣好嗎？其實，用她自己的話說就是：「我能一眼看出誰是好人，誰是壞人，我只和好人接觸，不和壞人接觸。」

原來，小晴的父母在她剛學會上網聊天時，父母就制定了網路交友的原則：

1. 故意打聽妳個人資料的人不是好人，例如故意問姓名、年齡、住址、電話號碼等。不

對於一些內向、害羞的女孩來說，
網路更是她們向父母**傾吐心事**的最好途徑。

要和這樣的人聊天；

2. 和妳聊一些情色內容、給妳看色情網站的人不是好人，不要和他聊天；

3. 故意給妳好處的人不是好人，例如主動寄給妳小禮物、主動要求幫妳過生日等，不要與這樣的人聊天。

4. 故意找藉口尋求妳幫助的人不是好人。

5. 總是找機會想與妳見面的人不是好人。

面對女兒和網友談戀愛，要以理解代替責打

如果孩子和網友談戀愛，父母的責打只會讓他們對現實世界愈來愈失望，從而更快投入網路上那個虛擬男人的懷抱。所以，面對這件事，父母應該保持理智，如此才能了解女兒和網友戀愛的原因，進而從根本解決這個問題。

一位媽媽曾講述幫女兒走出「網戀」的經過：

有一次，幫女兒洗衣服時，在口袋裡找到一封疊成心形的信，信的正面竟然寫著「愛你一生一世」。於是迫不及待地把信打開看，內容讓我大吃一驚：剛滿十三歲的女兒正在談戀愛。我真想找女兒來問個明白，但我沒有那樣做，而是極力控制自己的情緒，拿著那封信很平靜地跟女兒說：「媽媽把信還給妳，告訴媽媽那個男孩子是誰好嗎？」

原來，給她寫信的男孩是她的網友，而她與這個男孩成為好朋友完全是偶然。女兒說：「那天，我去上廁所，發現我的裙子後面都是血，我很害怕，當時爸媽都不在家。當時我在上網，就把情況告訴他，他對我說，妳是月經來了，每個女孩長大都會這樣。在他的指導下，我

處理好一切，後來我們就經常在網路上聊天，上個星期還見面，這封信就是他給我的。」

看著女兒，我知道她的自我保護能力還很差，於是跟她說：「妳已經是成熟的大人了，但妳要學會自我保護，現在網路上壞人很多，妳不可以單獨接受陌生人的邀約。」之後，我又講了很多女孩子因為和網友碰面而受傷害的案例。從那以後，女兒再也沒有接受網友的邀約。

一般來說，女孩會和網友談戀愛，往往是由心理需求引起的，也許是渴望了解異性、也許是尋找精神寄託、也許是想轉移課業和家庭壓力等，唯有了解背後的原因，才能對症下藥。

如何面對青春期女孩渴望戀愛的心理？

女孩進入青春期，父母最害怕的事情就是她們過早談戀愛，怕女兒因為這樣而耽誤學業，怕女兒在這份不成熟的感情中受到傷害，怕女兒因為好奇和衝動而過早嘗到苦果……

一般來說，不管是男孩或女孩，甚至在小學階段就會對異性產生好感，這都屬於正常現象。其實，青春期以前所謂的「好感」、「喜歡」，不能稱為戀愛。受現代社會電視、廣告、電影等媒介影響，很多孩子在小學階段就會產生性別意識，進而對異性產生好感。這時候的情感大多是純真的友誼，往往會隨著年齡增長漸漸趨於理性。因此，我們所定義的「早戀」，一般是指即將進入青春期或已經進入青春期階段的非理性愛戀。

早戀的危害人盡皆知，特別是女孩的家長更是視為洪水野獸。其實父母們的擔憂有一定的道理：與男孩相比，因為女孩更注重關係和感情，所以很容易在這段非理性的感情中受傷。

如果孩子和**網友談戀愛**，
父母應該保持理智，如此才能了解女兒和網友戀愛的原因，進而從根本解決這個問題。

曾有人分別問一所中學的男孩和女孩：「如果你喜歡上異性同學，你能喜歡他（她）多久？」男孩子們的回答多半是：「一個星期。」「兩星期。」「一個月或者更長一些。」而大多數女孩的答案卻是：「永遠！」

在這些不理智的戀情中，女孩往往扮演受害者的角色。於是一些看似有先見之明的家長，在女孩小的時候就向她們灌輸這樣的想法：「別跟男孩玩」「離男孩子遠一點」……聽話的女孩真的不跟男生說話、不和男生交朋友，甚至對男老師也不理不睬。但是，讓這些家長們想不到的是，青春期談戀愛的女孩大多都是「乖乖女」。

為什麼會有這種現象呢？專家指出，孩子到了青春期都會對異性產生好感與好奇，由於這些「乖乖女」從小很少接觸異性，所以這種好奇和好感會更強烈，「早戀」的機率會更高。

由此可見，對待青春期孩子的想談戀愛的心理，防堵根本不能解決問題。那麼，家長應該如何「疏導」，才能讓女孩子理智對待「早戀」呢？

及時發現女兒的早戀傾向

對於早戀，早發現、早提醒、早幫助，是一種十分有效的解決方式。以下問題，只要超過三項，家長就該格外留神了——你的女兒不一定正在戀愛，但一定有了早戀傾向：

她最近突然變得很愛打扮，並常對著鏡子左顧右盼；

一向樸素的她，竟然要求父母添置時髦衣服；

她的學習成績突然有明顯下降，並持續了一段時間；

活潑好動的她開始變得沉默起來；

她回家後喜歡一個人躲在房間裡，不太喜歡和父母交流；

她對某異性的名字特別敏感；

她經常會在無意間談起公園、溜冰場、音樂茶座等一些場所。

讓女兒理智對待早戀

一天，女兒對爸爸說：「爸，我喜歡班上的一個男生，他既帥、功課好，還很關心別人，我能跟他結婚嗎？」

父親說：「好呀，他也喜歡妳嗎？」

女兒有點不好意思地說：「他也喜歡我。」

「這很好，妳能被一個男生喜歡，說明妳很優秀；妳能喜歡上一個男孩子，說明妳已經長大了，會欣賞別人了。爸爸不會阻止妳跟誰結婚，但一定要幫妳把這件事分析清楚：如果妳以後想在這裡發展，就繼續跟他交往；如果妳以後想去大城市發展，就應該去大城市解決這個問題；如果妳希望自己有一天能出國，就應該根據自己的志向再去解決這個問題。」

女兒想了想，自己的夢想是當一個外交官，能夠在全國各地飛來飛去，如果現在就把自己的未來限制在這裡，有點為時過早了。想清楚後，女兒很快就放棄了那段不理智的感情。

青春期孩子的戀情大多是不理智的，只想眼前，根本不會考慮以後。這時，如果父母多提提她們的理想，或是講述當年自己或朋友的故事，告訴她們：妳的這段戀情是美好的，但如果過早把自己束縛起來，妳將失去更多更美好的東西。

只要父母能使女兒真正明白這些道理，她們不但會理智地放棄這段感情，還會更堅定自己

「乖乖女」從小很少接觸異性，所以這種好奇和好感會更強烈，「**早戀**」的機率會更高。

的理想和目標。

告訴女兒，影視劇中的愛情是虛幻的

女孩都喜歡浪漫，常會因為電視或電影中浪漫而勇於奉獻的愛情感動得痛哭流涕。但往往也正是這些媒體誤導她們的戀愛觀。例如剛上國中的小女孩說：「如果父母不同意我和阿強談戀愛，我就和他私奔！」「我們要白頭偕老，永不離棄『山無稜，天地合，才敢與君絕！』」一位家長對此提出了自己的觀點：媒體影響女兒的思想，但我會給女兒「洗腦」。讓我們來看看他與女兒之間的故事。

女兒又在為《還珠格格》裡的愛情故事而感動，眼淚就是止不住，這時爸爸在旁邊不失時機地說：「他們就是生活在瓊瑤小說裡，不用為工作和生計而發愁。要是在現實社會，讓他們辭掉工作兩個月試試，不餓死才怪呢！」

女孩子愛幻想，有時甚至會把自己想像成浪漫故事裡的女主角，這時父母有必要告訴女兒：那僅僅是在童話或故事裡才會有的。幫助女兒樹立正確的戀愛觀。

教女兒對不理智的戀情說「不」

芳芳最近很煩惱，因為她收到了一個男孩子的情書。就是因為這個事情，芳芳吃不下飯、睡不好覺，最後甚至影響到了成績。媽媽發現了女兒的異樣，便找了個機會與她聊天，在媽媽的引導下，芳芳終於說出了心事。

「妳想和這個男孩談戀愛嗎？」媽媽問道。

「不想，但是我心裡挺高興的，因為有男生喜歡我了。但我又怕拒絕他會傷害他。」

「在你們這個似懂非懂的年齡，每個少男少女都會產生類似的感情，有的甚至不止一次，這很正常。但是，妳這樣拖下去，不但會害了他，還害了你自己。」媽媽很認真地說。

「那我該怎麼辦呢？」

「給他一個明確的答覆，告訴他在這個階段最重要的目標是什麼。」

最後，芳芳送給那個男生一件很特別的禮物：國立高中的招生簡章，並把自己的目標告訴那個男生。這段不理智的戀情就這樣結束了。

善良是女孩的天性，她們常常會以「我不想傷害他的感情」為由，而無法拒絕她不想接受的那段感情。這時父母就要告訴她：「如果妳不懂拒絕，不僅會害了他，還會害了妳自己。」當然，這對女孩長大後理智地選擇對象也有一定的幫助。

絕對尊重女兒的隱私權

到了青春期，女孩在父母面前不再那樣透明了，開始有了自己的小祕密，似乎有意與父母疏遠，常常把自己的日記本鎖在抽屜裡。

也許正是由於孩子的這些變化，父母對女兒會更加「關注」：女兒到底有什麼心事呢？她需要我的說明嗎？她是不是談戀愛了？她要是遇到壞人怎麼辦？……正是在這種心理的推動下，許多父母把目光放在女兒的日記本上，於是便出現了這樣的情況：

十四歲的露露是個乖女孩，但最近因為一件小事與媽媽吵翻天，甚至發誓再也不理媽媽。

原來，有天早晨露露去上學，剛走到樓下，忽然想起作業本沒有放進書包裡，於是急匆匆地跑上樓。進門後，她被眼前的景象嚇呆了：書桌的幾個大抽屜都被拉開了，裡面的信件、賀卡，還有她收藏的小飾品等都撒了一地。更讓露露感到氣憤的是，媽媽竟用指責的口氣指著她的日記本問：「妳跟那個男孩子是什麼關係？」

露露沒有回答媽媽的問題，而是搶回自己的日記本，哭著對媽媽說：「妳侵犯我的人權，妳偷看我的日記是犯法的行為。」

「妳是我的女兒，我有權教好你，好了，快去上學去吧，不然要遲到了。」媽媽竟毫無道歉的意思。

「孩子的日記該不該看？」孩子到了青春期，每個家長都會面臨這個問題。

當父母的都知道，女孩的內心既敏感又脆弱，父母希望自己能夠幫助她們，但孩子有什麼心事卻不願與父母說，做父母的也找不到與孩子溝通的管道，於是便常常採取偷看孩子日記的方式來了解孩子的內心世界。

但是，這麼做究竟有沒有幫孩子解決煩惱？或是促進了親子之間的良好溝通？從上述的案例中我們可以看出，答案是否定的。孩子不但不會體會到父母這種行為背後的好意，反而認為父母這種行為傷害了自尊，導致親子之間更無法溝通、親子關係更加惡化。更嚴重的是，孩子也許會因為父母不尊重她、不理解她，甚至是誤解她，從而走入歧途或做出傻事。

進入青春期後，每個女孩都會有自己的祕密，即使有些「祕密」讓她們很煩惱，但也不想讓別人知道，尤其是父母，因此總愛把自己的抽屜上鎖。其實，這是孩子進入青春期很正常的心理，它體現了一種獨立意識和自尊意識。她用這把鎖向全世界宣布，她已經成長為一個擁有祕密的成人，不再像童年時期那樣，心裡有什麼話都願意向父母敞開心扉。

任何一個人的祕密都不希望別人知道，敏感的小女孩更是如此，無論這些祕密對她的成長是有利還是有害，孩子都十分看重這些內心深處希望保留的祕密。

因此，偷看日記並不是了解孩子內心的最佳途徑，反而會使孩子將內心封鎖得更緊密，甚至時刻提防父母，拒絕溝通。一旦這種情況發生，對於孩子的成長才是最不利的。

那麼，青春期女孩的父母要怎麼才能了解女兒的內心世界？如何正確對待孩子內心的祕密？如何引導孩子健康成長呢？

不要窺視女兒的祕密

據調查，十到十八歲女孩的父母，竟有五分之一曾經未經孩子允許就翻閱孩子的日記與信件。為此，有很多孩子放棄寫日記，或為了防止父母「突襲」，不得不在日記裡「撒謊」。

做為女孩的父母，你應該知道，從發展的角度而言，如果女孩沒有私密權的意識，她將很難成為一個有獨立人格的人。一旦你的「窺視」被女兒發現，她往往會對你產生信任危機。

如果你確實有過「偷窺」孩子祕密的行為，而且被孩子發現了，首先應該真誠地向孩子道歉，然後再告訴她：「妳的所作所為讓我很不放心，我才會出此下策。爸爸（媽媽）向妳保證，以後絕對不會再出現這種情況。」

善良是女孩的天性，她們常常會以
「我不想傷害他的感情」為由，
而**無法拒絕**她不想接受的那段感情。

送女兒一本帶鎖的日記

青春期的女孩異常敏感，很在乎自己的小祕密，有的女孩會在日記本裡放上頭髮之類的東西，用以探測父母是不是動過他們的日記、書信。這種方式看起來很幼稚，或許根本沒有必要，但這個時期的女孩內心是十分脆弱的，當她有了小祕密時，便會格外珍惜這個小祕密。

那麼，父母應該如何對待女兒的小祕密呢？如何既尊重女兒的隱私、又使女兒不至於封鎖自己的內心呢？一位女孩的爸爸這樣做：

菲菲十五歲生日那天，爸爸送她一個讓她很感動的禮物：一個帶鎖的精美日記本。菲菲拿著這個精美的日記本，很興奮又有點不好意思地對爸爸說：「還是老爸最了解我！」

然而爸爸卻一本正經地對她說：「我們送妳一本可以讓妳用來記錄成長過程的日記本，一把可以用來適當封鎖自己的鎖，因為我們知道這是妳需要和渴望的。爸媽只想告訴妳，我們會理解並且支持妳想擁有祕密的願望，但是我們必須約法三章！」

爸爸又恢復了往常的幽默，繼續對菲菲說：「第一，我們尊重妳的隱私權，但妳也要尊重我們的需要：經常和我們交流、談心；第二，如果有什麼自己無法解決的問題，不能獨自煩惱，必要時一定要向我們求助；第三，相信我們永遠會在妳身邊，願意隨時提供任何幫助。」

相信父母在向女兒表明了如此開明的立場後，女兒都會愉快地接受這份平等「契約」！

與女兒談談自己當年的日記

父母尊重孩子，就應該允許孩子有自己的隱私。父母對孩子愈尊重，孩子就會對父母愈信任，從而主動與父母分享自己的祕密。

莎莎五年級了，養成寫日記的好習慣。一天她在房間寫日記，聽到有人敲門，「是誰？」

「是媽媽，我可以進來嗎？」

「請進！」莎莎一邊答應，一邊把日記本合起來。

原來媽媽是送水果來了。「又在寫日記啊？」媽媽問道。

「是啊，妳不能偷看哦！」莎莎「警告」媽媽。

「好，媽媽不看。其實媽媽小時候也像妳一樣，不只是寫日記，還拿個小鎖把日記本鎖住，生怕別人偷看我的日記。」媽媽一邊摸著莎莎的頭髮，一邊說道。

「那有人偷看過妳的日記嗎？」莎莎好奇地問媽媽。

「沒有，他們看我日記上有鎖，就知道我不希望別人看，也就不看了。想想那時候挺好玩的，一把小鎖，彷彿鎖住了自己的快樂，呵呵。」媽媽笑著對莎莎說。

「我的日記裡也有好多快樂。」莎莎對媽媽說。

「我知道，其實媽媽很希望能分享妳的快樂和憂愁。不過媽媽會尊重妳的意願，不會偷看妳的日記！」媽媽真誠地說。

「既然媽媽這麼說，我倒願意和妳一起分享我的日記了。」

就這樣，媽媽既尊重了莎莎的意願和隱私，又得到了莎莎的信任和愛。

尊重孩子的隱私權，是促進親子關係、獲得孩子信任的基礎。生活中，父母要密切注意女兒在態度和行為上的細微變化。當女兒希望自己的房間沒有人打擾時，父母就不要隨便進入；當女兒希望擁有記錄自己祕密的日記本時，父母就不要偷看，更不能採取打罵體罰的方式。

當你用自己的語言和行為去賞識和尊重女兒，女兒也會同樣尊重你，從而把你當成好朋

偷看日記並不是了解孩子內心的最佳途徑，
反而會使孩子將內心封鎖得更緊密，
甚至時刻提防父母，拒絕溝通。

友，遇到什麼事情或心中有祕密的時候，才有可能主動向你談起。

父母們應該記住：你愈尊重孩子的隱私，你與孩子的距離也就愈近！當你需要進入女兒的房間時，應該敲門，並禮貌地問她：「我可以進來嗎？」當女兒寫日記或寫信時，如果你想看，必須經過她的允許。你可以說：「孩子，在寫什麼呢？媽媽可以看看嗎？」當你想幫女兒收拾房間、書桌或書包時，最好讓她知道，應該問她：「讓媽媽幫妳收拾，可以嗎？」

生死教育——讓女兒理性地認識生與死

「生死教育」應該在孩子還小的時候就進行，但我們將它放在青春期這個章節有一定的目的——很多青春期的女孩不了解生命的價值，動不動就用死來威脅父母：「你們再煩我，我就死給你們看！」「你們只在乎我的成績，看我死了你們還在乎什麼！」

當然，這與父母錯誤的教育方式有很大的關係，但一個即將長大成人的青春美少女照理來說應該有一定的生命價值觀了，卻每天把「死」掛在嘴邊，動不動就以死來威脅父母，這說明她們對自己生命的價值沒有正確的認識，反而認為活著更痛苦，因為她們要面對沉重的學業、繁複的人際關係以及所有不順心的一切。

秀秀十五歲時，媽媽因病去世了。這對她來說簡直是天大的打擊，用她自己的話說就是「我的世界崩毀了，我也想跟媽媽一起走！」事情過了一年，秀秀還是無法從媽媽去世的陰影裡走出來，對一切事情都失去了熱情，上學的路上哭、在教室裡哭、回到家裡還是哭。後來淚水哭乾了就開始發呆，每天都呆呆地坐著。最後，爸爸沒有辦法，只好幫她辦理了休學手續。

我們都知道，女性的「痛點」比男性低很多，最疼愛自己的母親去世了，即使是成人女性也難以接受這個事實，對於青春期的女孩來說更是重重的打擊。

在女孩們的眼中，世界是美好的，父母和老師應該永遠對自己好、生離死別只是童話裡的故事，但當她們進入青春期，隨著學業的加重和人際關係的複雜化，她們才明白，世上有競爭、有煩人的人際關係、有真正的生離死別，世界並沒有想像中那樣美好……

無論是女孩有輕生的念頭，或是因為親人的去世而在痛苦中無法自拔，我們只能鼓勵女孩堅強、堅強，再堅強。

此外，對於女兒還小的父母來說，有必要及早進行生死教育，讓女兒理性認識生與死。父母要給她們堅強有力的心靈，而這種堅強有力的表面，絕大部分源於她們對待生死的態度。

讓女兒認識自己生命的價值

如果有一天，才上幼稚園的小女兒忽然問你：「人為什麼要活著？」你不必被女兒的問題嚇壞，她只是好奇而已，然而你又該怎麼回答孩子的問題呢？

一位聰明的媽媽這樣回答：「寶貝，妳這個問題問得真好。媽媽認為，人是因為愛而活著。舉個例子來說，媽媽是因為有爸爸、妳、還有外公外婆的愛而活著。因為你們的愛，我很有成就感，所以我活著。」

「那我們要是不愛妳了呢？」

「那我會把我的愛無私地奉獻給你們，為你們能感受到我的愛而活著。」

尊重孩子的**隱私權**，
是促進親子關係、獲得孩子信任的基礎。

「我知道了，我也要為了愛媽媽而活著。」

「人為了什麼而活？」對於成人來說，可能會有不同的看法、不同的答案。但回答孩子這個問題時，一定要針對孩子的年齡。如果你的女兒已經上小學或進入了青春期，當她問你這個問題，表示她遇到了困難，需要你的說明。這時父母可以靈活地回答：「為了理想而活著、為了愛與被愛而活著、為了責任和目標而活著……」

無論父母的答案是哪一種，都必須向女兒灌輸這樣一種思想：生活是美好的，無論遇到什麼困難，都要堅強地活著。

讓女兒坦然接受生命的結束

在孩子幾歲時進行死亡教育最合適呢？因為孩子對死亡的概念極其淺薄，如果她沒有主動問，就等到她進入學齡階段再講最合適。

在現實生活中，孩子常常會接觸死亡，例如家裡養的小金魚突然死了、社區裡有人去世了、在路邊突然遇到一隻死去的小狗……這些都是父母對她們進行死亡教育的最佳時機。

佳佳養的小兔子病了，已經好幾天沒吃東西了。看著女兒著急的樣子，媽媽知道有必要對她進行死亡教育了。於是，媽媽對她說：「小白兔病了，媽媽知道妳很傷心，這兩天多陪陪牠吧！也許牠很快就死了。」

「媽媽，小白兔死了會怎樣？」佳佳睜大眼睛問。

「小白兔死了就不會吃東西、不會走路了，也不會跟佳佳玩了。」媽媽很認真地說。

「媽媽，我不想小白兔死，我想和牠玩。」佳佳急得眼淚都流出來了。

「傻孩子，不僅是小白兔，任何人老了或是生重病都會死的，這是很正常也很自然的事情。就像爸爸媽媽老了也會離開妳一樣。」媽媽摸著佳佳的頭溫柔地說，佳佳還是傷心地哭。

媽媽接著說：「妳想想，如果世界上的人都不會死的話，像媽媽的奶奶、媽媽奶奶的媽媽等，如果那些人都還活著的話，地球上就會因為人太多，而被我們壓垮了，那到時可能就不會有人類了。妳希不希望這樣呀？」

佳佳張大了嘴，搖了搖頭。

「所以，我們要坦然面對人類和小動物生老病死的規律，好不好？」

佳佳似乎明白了，重重地點了點頭。

如果在女孩小的時候，父母就對她進行這樣的生死教育，那麼每個女孩都能堅強地面對親人的去世，即使那個親人是她最親密的家人。

另外，對孩子進行生死教育時，家長千萬不能說謊，比如說：「XX死了，就是他走了，到別的地方去了」、「XX死了，就是他睡著了」等，否則當她長大一點以後知道真相時，就會覺得你欺騙她，從而對你不再信任。

父母必須向女兒灌輸這樣一種思想：
生活是美好的，無論遇到什麼困難，都要堅強地活著。

作　者　雲曉

野人文化股份有限公司
社　長　張瑩瑩
總編輯　蔡麗真
責任編輯　蔡麗真、陳韻竹
協力編輯　楊惠琪
專業校對　林昌榮
行銷企劃　林麗紅
封面設計　黃育蘋、周家瑤
內頁排版　洪素貞

讀書共和國出版集團
社　長　郭重興
發行人兼出版總監　曾大福
業務平臺總經理　李雪麗
業務平臺副總經理　李復民
實體通路協理　林詩富
網路暨海外通路協理　張鑫峰
特販通路協理　陳綺瑩
印　務　黃禮賢、李孟儒

出　版　野人文化股份有限公司
發　行　遠足文化事業股份有限公司
地址：231新北市新店區民權路108-2號9樓
電話：（02）2218-1417　傳真：（02）2218-1142
電子信箱：service@bookrep.com.tw
網址：www.bookrep.com.tw
郵撥帳號：19504465遠足文化事業股份有限公司
客服專線：0800-221-029
法律顧問　華洋法律事務所　蘇文生律師
印　製　成陽印刷股份有限公司
初　版　2011年6月
二　版　2016年9月
三　版　2020年12月

國家圖書館出版品預行編目資料

教出好女兒：培養快樂、優秀、氣質女孩的教養經典(適合0-18歲)/雲曉著. -- 三版. -- 新北市：野人文化股份有限公司出版：遠足文化事業股份有限公司發行，2020.12
面；　公分. --(野人家；71)
ISBN 978-986-384-463-1(平裝)

1. 親職教育 2. 子女教育 3. 婦女教育

528.2　　109017088

原書名：《培養完美女孩的100個細節》
作者：雲曉
本著作物經廈門墨客知識產權代理有限公司代理，由朝華出版社有限責任公司授權野人文化股份有限公司出版中文繁體字版。非經書面同意，不得以任何形式任意重製、轉載。

野人文化
官方網頁

野人文化
讀者回函

教出好女兒

線上讀者回函專用 QR CODE，你的寶貴意見，將是我們進步的最大動力。

野人文化
讀者回函卡

書　名

姓　名　　　　　　　　□女 □男　年齡

地　址

電　話　　　　　　　　手機

Email

□同意 □不同意　收到野人文化新書電子報

學　歷　□國中(含以下) □高中職　□大專　□研究所以上
職　業　□生產/製造　□金融/商業　□傳播/廣告　□軍警/公務員
　　　　□教育/文化　□旅遊/運輸　□醫療/保健　□仲介/服務
　　　　□學生　□自由/家管　□其他

◆你從何處知道此書？
□書店：名稱 ____________　□網路：名稱 ____________
□量販店：名稱 ____________　□其他 ____________

◆你以何種方式購買本書？
□誠品書店　□誠品網路書店　□金石堂書店　□金石堂網路書店
□博客來網路書店　□其他 ____________

◆你的閱讀習慣：
□親子教養　□文學　□翻譯小說　□日文小說　□華文小說　□藝術設計
□人文社科　□自然科學　□商業理財　□宗教哲學　□心理勵志
□休閒生活（旅遊、瘦身、美容、園藝等）　□手工藝／DIY　□飲食／食譜
□健康養生　□兩性　□圖文書／漫畫　□其他 ______

◆你對本書的評價：（請填代號，1. 非常滿意　2. 滿意　3. 尚可　4. 待改進）
書名 ____ 封面設計 ____ 版面編排 ____ 印刷 ____ 內容 ____
整體評價 ____

◆你對本書的建議：

野人文化部落格 http://yeren.pixnet.net/blog
野人文化粉絲專頁 http://www.facebook.com/yerenpublish

廣 告 回 函
板橋郵政管理局登記證
板 橋 廣 字 第 143 號

郵資已付 免貼郵票

23141
新北市新店區民權路108-2號9樓
野人文化股份有限公司 收

野人

請沿線撕下對折寄回

野人

書號：0NFL6071